权威·前沿·原创

皮书系列为
"十二五""十三五""十四五"时期国家重点出版物出版专项规划项目

BLUE BOOK

智 库 成 果 出 版 与 传 播 平 台

河南省社会科学院哲学社会科学创新工程试点项目

河南蓝皮书
BLUE BOOK OF HENAN

河南农业农村发展报告
（2025）

ANNUAL REPORT ON AGRICULTURAL AND RURAL AREAS
DEVELOPMENT OF HENAN (2025)

深化城乡融合发展

Deepen the Development of Urban–rural Integration

主　编／李同新　陈明星

副主编／宋彦峰

社会科学文献出版社
SOCIAL SCIENCES ACADEMIC PRESS (CHINA)

图书在版编目（CIP）数据

河南农业农村发展报告 . 2025：深化城乡融合发展 /
李同新，陈明星主编；宋彦峰副主编 . --北京：社会
科学文献出版社，2024.12. --（河南蓝皮书）.
ISBN 978-7-5228-4765-8

Ⅰ . F327. 61

中国国家版本馆 CIP 数据核字第 2024J26T10 号

河南蓝皮书

河南农业农村发展报告（2025）
——深化城乡融合发展

主　　编／李同新　陈明星
副 主 编／宋彦峰

出 版 人／冀祥德
组稿编辑／任文武
责任编辑／高振华
文稿编辑／刘　燕
责任印制／王京美

出　　版／社会科学文献出版社·生态文明分社（010）59367143
　　　　　地址：北京市北三环中路甲 29 号院华龙大厦　邮编：100029
　　　　　网址：www. ssap. com. cn
发　　行／社会科学文献出版社（010）59367028
印　　装／天津千鹤文化传播有限公司

规　　格／开 本：787mm×1092mm　1/16
　　　　　印 张：21.25　字 数：317 千字
版　　次／2024 年 12 月第 1 版　2024 年 12 月第 1 次印刷
书　　号／ISBN 978-7-5228-4765-8
定　　价／128.00 元

读者服务电话：4008918866

主要编撰者简介

李同新　河南省社会科学院党委副书记。长期从事社会科学研究和管理工作，撰写的学术活动研究综述数十次被省委、省政府领导批示肯定，多项对策建议被政府相关部门采纳应用。撰写著作多部，发表研究成果30多万字，个人学术成果多次获省级以上奖励。

陈明星　河南省社会科学院农村发展研究所所长、研究员，享受河南省政府特殊津贴专家、河南省学术技术带头人、河南省宣传文化系统"四个一批"人才。主要研究方向为农业经济与农村发展，近年来先后发表论文80多篇，独著和合著学术著作5部，获省部级奖10多项，主持国家社会科学基金项目3项、省级课题6项，完成的研究成果进入决策或被省领导肯定批示10多项。

宋彦峰　管理学博士，河南省社会科学院农村发展研究所副所长、副研究员，主要研究方向为农村组织与制度、贫困治理，近年来先后发表论文20余篇、独著和合著学术著作4部，获省部级奖1项，主持省级课题3项，参与国家课题2项，完成的研究成果进入决策或被省领导肯定批示9项。

摘　要

本书由河南省社会科学院主持编撰，以"深化城乡融合发展"为主题，深入系统地分析了 2024 年河南农业农村发展的形势、特点，对 2025 年进行了展望，立足河南农业农村发展现状，实证测度了河南省各省辖市城乡融合发展水平，多维度、多角度探索了深化城乡融合发展的实现路径。本书由总报告、评价报告、城乡产业融合、城乡空间融合、城乡改革联动、城乡治理优化 6 个专题共 23 篇报告组成。

2024 年是实现"十四五"规划目标任务的关键一年，做好各项工作意义重大。河南深入贯彻党的二十届三中全会精神，对完善城乡融合发展体制机制进行部署，认真推动"三农"领域各项改革任务落地落实。

本书的总报告对 2024~2025 年河南农业农村发展形势进行了分析和展望，指出 2024 年全省农业农村发展整体呈现稳中有增、稳中有进、稳中提质的态势，粮食生产恢复增长，乡村产业势头良好，加快推动农业现代化建设，农民收入稳定增长，用好"千万工程"经验，农村改革持续推进，但也存在农业防灾减灾能力仍然不足、农业产业结构转型升级受阻、城乡公共设施存在较大差异、县域经济发展质量亟待提升等问题。2025 年是"十四五"规划的收官之年，河南农业农村发展依然面临一些挑战，但有利的支撑要素也在逐渐积累，在粮食产能提升行动、新质生产力、全面深化改革、新型城镇化战略等有利因素叠加下，通过推进城乡规划体系完善、优化城乡产业发展政策、破除城乡要素流动壁垒、健全城乡人口管理制度、探索城乡公共供给机制等措施，全省农业农村发展将呈现持续向好的态势，统筹城乡融合发展、推进乡村全面振兴和建设农业强省也将再上新台阶。

评价报告对河南省各区域城乡融合发展水平进行了测度与评价。报告认为，河南作为全国经济大省与农业大省，推动城乡融合发展是实现共同富裕的重要路径，也是推进中国式现代化建设河南实践的必由之路。研究测评现阶段河南省城乡融合发展水平，对推进乡村全面振兴、加快农业农村现代化建设具有重要价值。报告主要基于统计年鉴数据，对全省区域城乡融合发展水平进行了综合测度和评价，为更好统筹城乡融合发展，报告提出，要加强城乡产业互动、深化体制机制改革、强化城乡规划建设、优化城乡公共产品供给、完善城乡生态体系。

城乡产业融合部分探讨了城乡融合背景下乡村产业高质量发展的实现路径，主要就农业产业链延伸与价值链提升、乡村产业融合发展、农产品网络零售发展、健全现代农业社会化服务体系以及畜牧业、奶业、预制菜产业高质量发展进行专题研究，并从强化科技创新引领、提升品牌影响力、加强消费引导、优先保障要素投入等方面提出了促进乡村产业高质量发展的对策建议。

城乡空间融合部分以省域、市域和县域三个不同层面的区域研究为切入点，通过理论探讨、现状分析和案例研究，分析和提炼河南在城乡融合发展中存在的问题、典型做法及经验启示，认为深化城乡融合发展应强化中心城市引领作用、筑牢县域经济底盘、夯实实体经济支撑、促进城乡要素双向流动等。

城乡改革联动部分着眼于农业农村领域的进一步全面深化改革，分别就优化农地经营、提升耕地质量、统筹建立粮食产销区省际横向利益补偿机制、探索新型农村集体经济有效实现形式、探索农村土地流转价格形成机制等方面进行专题研究，提出深化农村改革应加强顶层设计、注重发挥市场机制、强化农村改革创新、完善改革配套集成等。

城乡治理优化部分主要就农村党建引领乡村治理、提高农业防灾减灾救灾能力和促进农民持续稳定增收等进行专题研究，认为提升乡村治理水平应突出基层党组织建设、构建完善的制度网络、建立协同高效的运行机制等，提高农业防灾减灾救灾能力应完善防灾减灾救灾联动机制、汇聚多元主体协同合力、筑牢防灾减灾救灾的基础支撑等，促进农民持续增收应稳定农民非农收入、推动乡村产业高质量发展、持续深化农村产权制度改革等。

关键词： 深化城乡融合发展　乡村全面振兴　河南

目 录 ⤵

I 总报告

II 评价报告

III 城乡产业融合

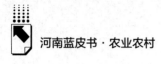

Ⅵ　城乡治理优化

皮书数据库阅读**使用指南**

总 报 告

B.1

深化城乡融合发展　推动乡村全面振兴

——2024~2025 年河南省农业农村发展形势分析与展望

河南省社会科学院课题组*

摘　要： 2024 年是实现"十四五"规划目标任务的关键一年，做好各项工作意义重大。河南深入贯彻党的二十届三中全会精神，以学习运用"千万工程"经验为引领，加快建设农业强省，全省农业农村发展整体上呈现稳中有增、稳中有进、稳中提质的态势，粮食生产恢复增长，乡村产业势头良好，农民收入稳定增长，乡村建设扎实推进，农村改革持续推进，但也存在农业防灾减灾能力仍然不足、农业产业结构转型升级受阻、城乡公共设施存在较大差异、县域经济发展质量亟待提升等问题。2025 年是"十四五"收官之年，河南农业农村发展依然面临有利因素和不利因素并存的局面，但在进一步全面深化改革的推动下，农业农村发展的活力动力将不断汇聚，统

＊ 课题组组长：李同新；成员：陈明星、宋彦峰、刘依杭、生秀东、李国英、侯红昌、苗洁、乔宇锋、李婧瑷、梁信志、马银隆、张坤、张瑶、李天华、张俊华、熊津津；执笔：宋彦峰、刘依杭。

筹城乡融合发展、推进乡村全面振兴和建设农业强省也将再上新台阶。为更好推进农业农村发展，本文建议抓好以下五个方面的工作：一是推进城乡规划体系完善，建立"梯次有序、功能互补"的新型城乡空间关系；二是优化城乡产业发展政策，建立"链条齐备、价值共生"的城乡产业融合关系；三是破除城乡要素流动壁垒，建立"平等交换、高效配置"的城乡要素市场体系；四是健全城乡人口管理制度，建立"人财一体、财随人转"的人口自由迁徙制度；五是探索城乡公共供给机制，建立"瞄准需求、精准有效"的城乡公共供给体系。

关键词： 城乡融合　乡村全面振兴　河南省

一　2024年河南农业农村发展形势分析

党的二十届三中全会审议通过的《中共中央关于进一步全面深化改革　推进中国式现代化的决定》（以下简称《决定》）提出城乡融合发展是中国式现代化的必然要求，并对完善城乡融合发展体制机制做出重要战略部署，把新型城乡关系提升到一个前所未有的新高度，这必将对推进中国式现代化产生重大深远影响。新形势下加快推进城乡融合发展，是顺应我国城镇化工业化发展趋势、事关推进乡村全面振兴和农业强国建设的重要举措。河南贯彻落实党的二十届三中全会精神，审议通过了《中共河南省委关于贯彻党的二十届三中全会精神，进一步全面深化改革、推进中国式现代化建设河南实践的实施意见》，对完善区域协调城乡融合发展体制机制进行部署，认真推动"三农"领域各项改革任务落地落实。2024年是实现"十四五"规划目标任务的关键一年，做好各项工作意义重大。河南各地深入贯彻党的二十届三中全会精神，以学习运用"千万工程"经验为引领，加快建设农业强省，全力以赴抓好粮食和重要农产品生产，持续巩固拓展脱贫攻坚成果，分类有序推进宜居宜业和美乡村建设，扎实稳妥推进农村各项改革，保持了农业农村发展的良好势头，进一步筑牢中国式现代化建设河南实践的"三农"根基。

（一）基本态势

1. 稳中有增：农业经济形势总体向好

前三季度，河南全省农林牧渔业总产值为 8459.38 亿元，同比增长 4.0%，农业、林业、牧业、渔业、农林牧渔专业及辅助性活动产值均实现较快增长。其中，农业产值为 5754.81 亿元，同比增长 3.6%；农林牧渔专业及辅助性活动产值为 671.29 亿元，同比增长 9.3%。2024 年全省夏粮播种面积保持稳定，全省夏粮播种面积为 8515.20 万亩，继续稳定在 8500 万亩以上；夏粮总产量为 757.14 亿斤，比上年增加 47.13 亿斤，同比增长 6.64%，总产量稳居全国第一位。全省秋粮播种面积继续稳定在 7600 万亩以上，为扛稳全年粮食安全重任打下坚实基础。畜牧业生产稳定，主要畜禽产品快速增长。前三季度，生猪出栏量为 4297.53 万头，同比增长 0.8%，居全国第二位；存栏量为 4076.92 万头，同比下降 0.2%，居全国第一位；能繁母猪存栏量为 377.25 万头，居全国第一位，猪肉产量为 343.05 万吨，同比增长 4.5%。全省家禽出栏 77053.75 万只，同比增长 23.8%；禽肉产量为 104.08 万吨，同比增长 24.0%，禽蛋产量为 299.35 万吨，同比增长 0.2%。全省蔬菜及食用菌播种面积为 2039.39 万亩，同比增长 1.6%，产量为 5970.23 万吨，同比增长 2.6%。其中，蔬菜产量为 5837.80 万吨，同比增长 2.6%；食用菌产量为 132.43 万吨，同比增长 3.9%。瓜果播种面积为 420.55 万亩，同比增长 1.9%；产量为 1494.41 万吨，同比增长 2.7%。园林水果产量为 624.95 万吨，同比增长 1.9%。[①]

2. 稳中有进：和美乡村建设有力有效

建设宜居宜业和美乡村是农业强省建设的应有之义，也是加快推进河南农业农村现代化的重要举措。河南锚定"两个确保"，持续在乡村振兴中建设农业强省，深入学习运用"千万工程"经验，将"因地制宜、分类

---

① 《河南统计月报》。

施策"作为新时期河南学习"千万工程"的核心逻辑，有序有力推进宜居宜业和美乡村建设。考虑到不同地理面貌的特点和特质，河南围绕提升乡村产业发展水平、乡村建设水平和乡村治理水平，以"片区化"理念分类推进乡村建设，突出"分片推进"的方法论，集中力量解决群众可感可及的实事，引领带动更多乡村实现美丽生态、美丽经济和美好生活的有机融合，探索各具特色的宜居宜业和美乡村建设模式和路径。围绕保障粮食安全和促进乡村发展，周口、平顶山、驻马店等地区探索了以田破题、田村一体的平原农区建设模式，走具有平原农区特色的乡村建设道路。以乡村富民产业发展为核心和根基，济源、信阳等地立足当地资源禀赋和种养传统，聚焦做好"土特产"，把资源优势转变为产品优势和产值优势，推动产村融合发展，走具有丘陵地区特色的乡村建设道路。5月、8月和10月，河南分别召开全省学习运用"千万工程"经验建设宜居宜业和美乡村平原片区、丘陵片区和山区片区现场会，持续深入推进宜居宜业和美乡村建设。

3. 稳中提质：城乡融合发展持续深化

推动城乡融合发展是解决城乡发展不平衡、农村发展不充分问题的内在要求。河南将新型城镇化和乡村全面振兴有机结合，持续探索农业大省、人口大省城乡融合发展的有效路径。一是以县域高质量发展为抓手，推进大中小城市和小城镇协调发展。深入贯彻落实习近平总书记关于县域治理"三起来"重大要求，持续探索县域高质量发展的实现形式。为进一步发挥示范引领作用，河南省人民政府先后出台了《河南省人民政府关于支持台前县域经济高质量发展的意见》和《河南省人民政府关于支持兰考建设高质量发展富民强县试验区的意见》，打造县域高质量发展的新样本。二是以补齐农村公共设施短板为重点推进城乡均衡发展。河南以服务"三农"为重点，着力提升农村公共设施建设水平，推动城乡基本公共服务均等化、基础设施联通化发展。在公路建设方面，以"四好公路"为抓手，加快城乡基础设施对接延伸，推动城乡基础设施联合共建、联网共享，全省城乡交通运输一体化水平不断提升。2024年，河南持续把"加快推动'四好农村路'

高质量发展"纳入民生实事，计划新建、改建农村公路 5000 公里，改造危旧桥梁 500 座，实施安防工程 500 公里，通过提升路网技术等级促进城乡融合发展。三是以生产要素自由流动为牵引推动城乡经济互促发展。稳妥开展农村土地改革，持续推进第二轮土地承包到期后再延长 30 年改革试点工作。支持先进技术和人才下乡，持续深入推进"人人持证、技能河南"建设，2024 年计划开展职业技能培训 200 万人次，新增技能人才 150 万人，新增高技能人才 90 万人。探索金融服务乡村振兴模式，河南省农业农村厅与工商银行河南省分行签署全面战略合作协议，持续加大"三农"领域信贷投入力度，以高质量农村金融供给服务农业农村现代化建设。四是以试点示范为抓手推动体制机制改革。围绕破除城乡融合的体制机制障碍，扎实推动改革试点市县当好探索城乡融合发展的排头兵。持续推进许昌国家城乡融合发展试验区高质量发展，积极推动洛阳市、新郑市、禹州市、兰考县等国家和省级新型城镇化综合试点工作。

（二）主要特征

1. 粮食生产恢复增长，产能提升行动已见成效

河南始终把保障粮食安全作为全省工作的头等大事，坚决贯彻落实粮食安全党政同责，全力以赴抓好农业生产，深入推进"藏粮于地、藏粮于技"战略，加大强农惠农富农政策力度，充分调动农民务农种粮积极性，稳住保障粮食安全的面积基础，夏粮总产量接近灾前水平，为全年粮食生产稳定赢得主动权，为确保国家粮食安全贡献了河南力量。如表 1 所示，夏粮播种面积稳中略减，2024 年夏粮播种面积为 8515.22 万亩，比上年下降 0.19%。其中小麦播种面积为 853.06 万亩，比上年下降 0.19%。夏粮单产实现恢复性增长，通过落实关键集成技术和高产示范带动，2024 年夏粮平均亩产为 444.58 公斤，比上年增加 6.84%。其中小麦平均亩产为 444.65 公斤，比上年增长 6.84%。

表1　2016~2024年河南夏粮产量、播种面积和平均亩产

年份	产量（亿斤）	播种面积（万亩）	平均亩产（公斤）
2016	725.66	8595.36	422.12
2017	743.20	8611.97	431.49
2018	722.74	8655.17	417.52
2019	749.07	8577.98	436.63
2020	750.75	8514.42	440.87
2021	760.64	8538.21	445.43
2022	762.61	8525.64	447.25
2023	710.02	8531.10	416.13
2024	757.14	8515.22	444.58

资料来源：2016~2022年数据根据历年《中国统计年鉴》整理，2023年和2024年数据根据国家统计局关于夏粮产量数据的公告整理。

2024年夏粮实现增产丰收。一是实施粮食大面积单产提升行动。贯彻落实2024年中央一号文件，将粮食增产的重心放到大面积提高单产上，河南省人民政府办公厅印发了《河南省主要粮油作物大面积单产提升行动方案》，实施粮食单产提升工程，旨在通过稳定粮油播种面积、提高粮油作物单产，全方位夯实粮油大省根基，扛稳扛牢粮食安全重任。在推进路径中，河南聚焦重点作物、重点领域、重点环节、重点主体，健全粮食安全保障制度，推动良田、良种、良法、良机、良制"五良"集成融合，实现生产要素的优化组合，通过挖掘蕴藏在农业生产关系中的新质生产力，打造粮食大面积均衡增产的"河南模式"。二是持续提升农业防灾减灾救灾能力。河南除了在粮食增产端发力，还多措并举做好粮食生产的减损工作。围绕粮油作物全程机械化服务，依托农技推广区域中心、区域农机服务中心、农业社会化服务组织、为农服务中心等，打造县域内平急两用"一体化""一站式"农业综合应急服务中心，提升防灾减灾能力。5~6月出现持续高温天气，导致土壤失墒严重，旱情持续发展，省财政及时安排3000万元省级抗旱资金，第一时间下拨9230万元中央农业生产救灾资金，支持各地抗击旱情。同时实施大范围多轮次增雨作业，缓解旱情。全省累计抗旱浇水1.04亿亩

次，保障了夏播有序进行。①

2.乡村产业势头良好，"三链耦合"助力提质增效

河南立足各地特有资源做好"土特产"文章，聚焦乡村产业发展中的产业链、创新链和价值链，抓好"三链耦合"，发展壮大县域富民产业，培育乡村新产业新业态新模式，构建现代农业产业体系、生产体系和经营体系，不断夯实粮食和重要农产品的供给保障能力，不断提升农业科技创新能力，不断增强乡村产业的竞争力和可持续发展能力，持续推动乡村产业高质量发展。截至2023年底，全国名优特新农产品数量居全国第二位，累计创建7个国家级优势特色产业集群，国家级现代农业产业园达到12个，农业产业化龙头企业达到4495家。2024年前三季度，全省农林牧渔业增加值为4702.01亿元（见图1），增速为4.0%，实现较快增长。其中，第一产业增加值为4367.20亿元，增速为3.7%；农林牧渔服务业增加值为334.81亿元，增速为9.6%。②一是延长产业链，优化产业布局。河南坚持"一群多链、聚链成群"的原则，深入推动十大优势农业全产业链发展，强化小麦、生猪、肉牛、食用菌、中药材等20个特色产业链的建设。实施绿色食品业转型升级行动，强化牧原集团、双汇等传统龙头企业和蜜雪冰城、卫龙、千味厨房等新兴企业的带动作用，巩固农产品加工业作为全省两个万亿级产业之一的支柱地位，建设具有世界影响力的万亿级绿色食品集群。二是打造创新链，强化创新赋能。立足河南乡村产业发展中的难点痛点，围绕产业链打造创新链、围绕创新链布局产业链。以中原农谷为龙头，建设高能级创新平台，形成"研究—开发—转化—产业化"全链条创新生态圈。中原农谷建设全面起势，围绕"种子、种苗、种畜"三大任务，初步形成了以种业研发、生产、推广、运用为主体的创新全产业链。为有力支持中原农谷创新发展，《河南省中原农谷发展促进条例》于9月开始施行，为中原农谷高质量发展提供坚实的法治保障。三是提升价值链，强化富民增收。一方面推进品

---

① 《央媒看河南｜河南：降水增多解旱情　抓实田管夺丰收》，河南省人民政府网站，2024年7月4日，https://www.henan.gov.cn/2024/07-04/3017008.html。

② 《河南统计月报》。

牌强农，提高农产品价值。河南省人民政府办公厅印发了《豫农优品天下行活动实施方案（2024—2026年）》，河南省农业农村厅印发了《河南省农业区域公用品牌"豫农优品"商标及标识管理办法（试行）》，进一步提升农业区域公用品牌知名度和影响力，增强农产品市场竞争力。另一方面通过优化整合乡村产业发展载体，探索富民增收的发展模式。平舆县聚焦县、乡、村产业链群融合发展，创新推出县级主导产业工业园、乡级乡村振兴产业园、村级共同富裕加工园"三园"同构，纵深推进县、乡、村产业链群融合发展，联农带农打通县、乡、村三级融合的"毛细血管"，锻造主导产业，促进县域城乡、产业、产城深度融合，以乡村产业振兴助力乡村全面振兴。

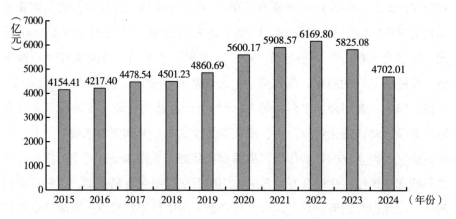

图1 2015年至2024年第三季度河南农林牧渔业增加值

说明：2024年为1~9月数据。

资料来源：《河南统计月报》。

3.加快推动农业现代化建设，数字赋能助力智慧农业

为加快推动农业现代化建设，河南将新质生产力融入农业生产，强化数字技术对农业转型的引领作用，让农业生产经营更加智慧高效。河南省发展和改革委员会等20部门联合印发了《河南省"数据要素×"行动实施方案（2024—2026年）》，将"数据要素×现代农业行动"作为重点行动之一，实施农业智慧生产专项和农产品产业链延伸专项。一是强化数字技术在高标

准农田中的应用。高标准农田是"藏粮于地、藏粮于技"的核心载体和具体体现。河南持续强化高标准农田建设，完善推广"投融建运管"一体化市场化推进机制，打造高标准农田示范区。2024年河南相继发布了《高标准农田建设规范》《高标准农田气象保障标准体系建设指南》等7项地方标准，补齐农业基础设施短板，增强农田的防灾抗灾减灾能力。同时，河南在推动高标准农田建设时，大力推进科技兴田、数字管田，发展智慧农业，通过"藏粮于技"让越来越多的"望天田"变成旱涝保收的"智慧田"。兰考是全国首批整县级推进高标准农田建设试点，中国移动5G+依托大数据、物联网等先进技术，助力兰考打造一系列高标准农田信息化产品，实现了农田种植、管理、运行等全方位的智能化升级，有效提升了农业生产效率和作物产量。二是强化智能农机装备的研发推广。农机装备是农业现代化的关键支撑，近年来，河南以培育先进农机装备产业链为抓手，推进农业生产的全程化、全面化和智慧化。特别是围绕粮油等主要作物大面积单产提升，推广水肥一体化设备、北斗终端、大马力智能拖拉机等高端智能复式农机产品，实现了全省农机装备信息化、智能化水平的显著提升。为进一步发挥产业创新的引领作用，解决农机部分关键核心技术存在"卡脖子"现象、高端农机装备发展不足等问题，2024年1月河南发布了《河南省人民政府关于印发河南省重大技术装备攻坚方案（2023—2025年）的通知》，将先进农机装备列入主攻方向，力争到2025年争创先进农机装备国家级先进制造业集群。

4. 农民收入稳定增长，脱贫攻坚成果持续巩固

深化城乡融合发展，就是要以缩小城乡发展差距和居民生活水平差距为目标，提高农民收入是缩小城乡差距的一个关键因素。在深化城乡融合发展以及农村进一步全面深化改革的背景下，土地、劳动力等要素资源在城乡之间的优化配置将赋予农民更大的收入增长空间。2024年省委一号文件提出，多渠道促进农民增收，实施农民增收促进行动。2024年上半年，河南深入实施各项增收促进行动，随着"人人持证、技能河南"建设工作深入推进、稳就业17条政策效应逐步显现、乡村产业的稳定发展以及新型农村集体经济的不断发展，农民收入持续增长。2024年上半年，全省农村居民人均可支配收入为9285元，与上年同期相比增加593元，比上年同期增长6.8%（见图2），分别高于同期全省居民人均可支配收入增速、城镇居民收入增速1.1个、2.2个百分点。城乡收入差距逐步缩小，城乡居民人均可支配收入比值由2015年的2.36缩小至2023年的2.01。[1] 分结构看，河南农村居民收入四大项均实现平稳增长，上半年全省就业形势良好，农村居民人均工资性收入为4035元，与上年同期相比增长7.2%，占农村居民人均可支配收入的比重为45.8%，拉动农村居民增收3.1个百分点，是农村居民收入增长的主要部分；农村居民人均经营净收入、财产净收入和转移净收入分别增长7.5%、4.4%、5.9%。[2] 2024年，河南持续巩固拓展脱贫攻坚成果，为推进乡村全面振兴打牢基础。只有不断增加脱贫人口收入，才能实现脱贫成果的持续巩固。河南将促进脱贫人口增收放在巩固拓展脱贫攻坚成果的关键位置。为夯实衔接期的脱贫成果，2023年底，河南省人民政府办公厅印发

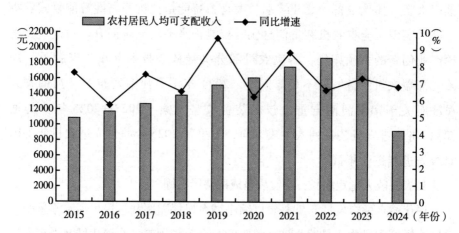

图2　2015年至2024年上半年河南农村居民人均可支配收入及其同比增速

说明：2024年为1~6月数据。

资料来源：历年《河南统计年鉴》《河南统计月报》。

---

① 河南省统计局。

② 河南省统计局。

《河南省脱贫人口增收行动方案（2023—2025年）》，明确了到2025年全省脱贫人口人均纯收入与全省农村居民人均可支配收入比例提升到1∶1.1左右。信阳、郑州、济源等地区也相应出台和实施脱贫人口增收三年行动方案。

5. 用好"千万工程"经验，创新乡村建设体制机制

学习运用"千万工程"的经验，就是要立足农业农村发展实际，切实把其所蕴含的世界观和方法论转化为具体工作举措，将学习"千万工程"的经验成果转化运用到扎实推进乡村全面振兴、建设宜居宜业和美乡村上来，特别是要健全推动乡村全面振兴的长效机制。一是创新乡村建设机制。各地区立足区域地貌、资源禀赋等，探索适宜的乡村建设模式。周口淮阳区立足传统平原农业大县、全国产粮大县实际，把县（区）域作为整体，将高标准农田建设规划与村庄规划深度融合，统筹推进高标准农田建设、乡村建设和农村人居环境整治。潢川探索了城郊融合型乡村建设模式，打造城乡融合、村村联通、美美与共的宜居宜业和美乡村。济源立足丘陵地区实际，在前期美丽乡村精品村和休闲旅游村庄建设的基础上，形成了以地域整合为中心、抱团联动为重点、全域提升为导向的连片提升机制。二是创新乡村运营机制。在实践中，各地将高标准农田的"投融建运管"模式创新运用到乡村建设运营中来，推动建管一体化，通过市场化运行破解乡村建设在管护中的资金难题，实现乡村建设的可持续发展。新乡市以"三通一规范"工程为切入点，统筹推进乡村基础设施和公共服务设施建设，以"六位一体"推进机制为抓手，探索乡村建设"投融建运管"一体化新模式，实现政府、企业和群众三赢的局面。兰考将高标准农田建设与农村人居环境整治结合起来，实施"五融三用一管控"，以"高标准农田建设+规模化经营+洁美乡村建设+共富工坊+种养结合"新模式推进农业农村全面发展。

6. 农村改革持续推进，农业农村发展活力汇聚

河南以处理好农民和土地关系为主线，持续探索农地经济发展新路子。坚持用好深化改革这个法宝，不断健全"三农"发展的体制机制，激发农村各类要素的潜能和发展活力，为农业强省建设汇聚活力。一是持续推进农

村土地制度改革试点。稳妥开展第二轮土地承包到期后再延长三十年试点工作，结合高标准农田建设工作，推进"小田并大田"改革，解决农户分散经营和耕地细碎化问题，促进规模经营更加高效。二是探索新型农村集体经济的实现形式。河南各地充分利用农村集体自身资源条件、经营能力等，探索资源发包、物业出租、居间服务、资金参股等多样化的新型农村集体经济实现形式。鹤壁淇县赵庄村依托旅游产业项目发展村集体经济，年接待游客80万人次，村级经济收入达100万元，户均增收5万多元；鹤山区娄家沟村发展室内循环水密集式水产养殖项目，走出一条浅山丘陵地带利用山泉水订单式养殖海鱼的致富道路，集体经济收入突破100万元。三是推动农村产权流转交易规范化发展。做好农村产权流转交易规范化建设，对盘活农村资源资产、推动农村产权溢价升值、助推乡村全面振兴有重要意义。在农业农村部批复的全国农村产权流转交易规范化试点中，河南有洛阳市、信阳市和许昌市3个整市试点，有长葛市、南乐县、兰考县和中牟县4个整县（市）试点，这些试点因地制宜地探索了多种交易中心建设模式。洛阳在实际工作中搭建了市县乡村四级服务体系，通过政府的合理引导和市场的有效调节，引入多重风险保障机制，形成了"政府指导底价+产权交易市场公开竞价"的定价模式，有效保障了多主体权益，促进了土地流转市场健康发展。

（三）突出问题

1. 农业防灾减灾能力仍然不足

一是农田基础设施依然存在短板弱项。截至2023年底，河南累计建成高标准农田8585万亩，占全省耕地总面积的76%，还有将近1/4的耕地没有实施高标准农田建设。[①] 同时，一些高标准农田在防灾减灾能力方面还存在短板和弱项。项目建设中重"灌"轻"排"，解决了灌溉的痛点，实现了"旱能浇"，但是"排涝"难题始终存在，项目建成后，排涝土沟土渠很快

---

① 《2023年河南省经济运行情况新闻发布会》，河南省人民政府网站，2024年1月24日，https：//www.henan.gov.cn/2024/01-24/2891898.html。

就被填埋、复耕，遇到大雨，田间积水无处可排，造成粮食减产。二是农民防灾减灾意识和能力较弱。农民是农业生产经营主体，其防灾减灾能力直接影响农业防灾减灾效果。目前，由于大量劳动力外流，从事农业生产经营的多为妇女和老年人，这些群体的劳动能力和文化素质相对较低，灾害发生时，往往采取盲目和被动的应对措施，在一定程度上影响了农业防灾减灾工作的开展。三是应急服务体系不健全。特别是在粮食产地烘干体系能力建设方面需要进一步完善。2024年省委一号文件强调，在粮食生产大县规划建设一批平急两用的农业综合应急服务中心，提升农业综合服务能力。

2.农业产业结构转型升级受阻

河南是粮食生产大省，保障粮食安全的任务艰巨，在制止耕地"非农化"、防止耕地"非粮化"的政策背景下，涉农产业面临的土地、水等资源要素约束明显趋紧，经济作物种植、畜牧业养殖、农业设施建设用地的空间受到一定挤压。如何在保障国家粮食安全的前提下，实现粮食安全和现代高效农业相统一、实现农业产业结构的优化升级是当前需要关注的问题。设施农业是生产力最高的农业，对践行"大食物观"和保障农民增收都起到重要的作用，但是全省设施农业种植规模偏小，设施农业基础设施建设质量不高，设施蔬菜产量仅为山东的1/4，农户种植收益也较低。另外，受非粮化整治和城镇化进程的影响，蔬菜瓜果、景观苗木、中草药材等经济作物种植缺少财政资金、物化补贴政策，种植利润不高、风险较大，依靠农户自发促进经济作物发展难度较大。

3.城乡公共设施存在较大差异

农村基础设施和公共服务短板弱项较多依然是城乡发展不平衡的主要因素。一是基础设施依然存在短板。随着乡村建设的持续投入，农村公路、供水、供气、供电等有了很大改善，但是基础设施的覆盖广度、深度和强度明显低于城市地区，不少地区农村基础设施的建设与当地经济社会发展需求和人民群众对高质量生活的需求差距较大。如在农村污水管网覆盖和污水处理设施建设方面存在严重不足；农村寄递物流服务网点主要位于乡镇所在地和一部分人口基数较大的行政村，物流派送"最后一公里"难题依然存在。

二是公共服务供给不充足不完善。一方面农村基本公共服务供给不充分。如由于城乡差距大、基层待遇低、工作条件差等原因，农村基层卫生人才引进难、留住难、流失多的问题突出。另一方面农村公共服务内容不完善，文教卫设施、养老保障与城市相比还存在较大差距。

4. 县域经济发展质量亟待提升

县域连城带乡，是城乡融合发展的主要载体，也是推动城乡融合发展的重要切入点。推动城乡融合发展，必然要发挥县域作为城市经济与乡村经济融合发展的重要纽带作用，以县域为突破口，开辟城乡融合新路径。近年来，河南县域经济实力明显增强，产业结构持续优化，但是县域高质量发展仍面临一些挑战。根据迪赛顾问发布的 2024 年百强县榜单，河南仅有 3 个百强县，而同属中部地区的湖北则有 8 个，湖北百强县数量居中部第一位、全国第四位。根据历年百强县榜单，河南百强县在数量上出现了"失速"现象，由 2019 年的 8 个减少至 2024 年的 3 个，落后于湖北。究其原因，当前河南县域经济发展中存在县域产业能级提升难、集群优势不足、集聚能力偏低、发展动能不足等情况，县域经济高质量发展亟待提质扩面。因此，河南在推动乡村全面振兴和城乡融合发展中，需要加快推动县域经济的高质量发展，形成推动全省高质量发展的稳固支撑。

二　2025年河南农业农村发展形势展望

新的发展阶段，继续破解我国城乡发展不平衡、农村发展不充分等问题，必须进一步全面深化改革，统筹新型工业化、新型城镇化和乡村全面振兴，加快形成适应中国式现代化建设要求的城乡融合发展新格局。2023 年河南常住人口为 9815 万人，近 42% 在乡村。[①] 处理好工农关系、城乡关系是探索中国式现代化建设河南实践的必答题。深化城乡融合发展，促进城乡

---

① 《2023 年河南省国民经济和社会发展统计公报》，河南省统计局网站，2024 年 3 月 30 日，https：//tjj. henan. gov. cn/2024/03-29/2967609. html。

共同繁荣，把农业农村改革纳入城乡融合发展大局考虑，对推动乡村全面振兴和建设农业强省意义重大。2025年是"十四五"收官之年，按照《河南省"十四五"乡村振兴和农业农村现代化规划》目标，到2025年河南乡村振兴和农业农村现代化将走在全国前列、在城乡融合发展方面将走在全国前列，达成这些目标，仍面临潜在不利天气影响、农民持续增收压力大等挑战，但是在粮食产能提升行动、新型城镇化战略、全面深化改革等有利因素叠加下，河南将顺利完成"十四五"规划目标任务，统筹城乡融合发展、推进乡村全面振兴和建设农业强省也将再上新台阶。

（一）有利因素

1. 粮食产能提升行动进一步夯实粮食安全根基

当前，我国粮食安全总体有保障，但是自然资源约束的趋紧、居民消费结构的升级及国外不稳定因素等挑战对粮食生产提出更高的要求，未来一段时间，现有的产需缺口可能会进一步扩大，需要进一步提升粮食产能。2024年中央一号文件提出，扎实推进新一轮千亿斤粮食产能提升行动。为有效保障国家粮食安全，国务院印发了《新一轮千亿斤粮食产能提升行动方案（2024—2030年）》，旨在保障粮食综合生产能力。河南作为"大国粮仓"，在保障国家粮食供应方面需要承担更大的责任。为响应国家新一轮千亿斤粮食产能提升行动，河南省人民政府办公厅印发了《河南省主要粮油作物大面积单产提升行动方案》，将粮食产能提升的重心放到大面积提高单产上，抓住单产这个关键变量，在实施路径上重点推动"五良"集成融合。河南实施粮油作物大面积单产提升行动，将全方位夯实产粮产油大省根基，既探索了粮油作物大面积均衡增长的河南模式，也在保障国家粮食安全上展示了新担当新作为。

2. 新质生产力为农业强省建设注入新动能

发展新质生产力是推动农业高质量发展的内在要求和重要着力点，加快建设农业强省必须发挥新质生产力的引领作用，将新质生产力向农业农村各领域渗透和扩散作为当前加快建设农业强省的驱动力。河南是传统农业大省，农业农村现代化水平亟待提升，同时河南农业领域也是发展新质生产力前景最广阔、最有潜力的产业领域。河南围绕农业强省建设目标，锚定"三强两高"主攻方向加快培育农业新质生产力，在保障粮食安全、农业科技创新、农业从业人员素质提升方面已见成效。中原农谷起高峰，以及国家生物育种产业创新中心、国家农机装备创新中心、神农种业实验室、河南种业集团等科研机构的建设，将重构重塑河南农业创新体系，进而引领河南农业产业体系提档升级。"人人持证、技能河南"建设，也将为农业强省建设贡献更多高素质技能人才。

3. 全面深化改革驱动农业农村现代化建设

党的二十届三中全会对完善城乡融合发展体制机制做出了系统部署，明确提出了农村改革的重点任务，为新时期农村改革提供了方向和重要遵循。河南学习贯彻党的二十届三中全会精神，在省委十一届七次全会上明确了农村改革的内容和方向。在巩固和完善农村基本经营制度方面，河南稳妥推进第二轮土地承包到期后再延长三十年试点，探索解决承包地细碎化问题的思路和方法，持续深化农村承包地"三权分置"改革；在健全粮食安全保障制度方面，河南正在积极实施粮食大面积单产提升行动，加强应急服务体系建设。随着这些改革举措的不断落实落地，以及未来一段时间全面深化改革相应支持政策的不断出台和完善，农业农村现代化建设的活力也将不断汇聚。

4. 新型城镇化战略加快推进城乡融合发展

城乡融合发展要求城镇化先行，继而带动乡村发展，新型城镇化是新时期乡村全面振兴的重要依托。"十四五"以来，我国城镇化增速有所放缓，但是城镇化依然有较大的提升空间。2024年7月，国务院发布了《深入实施以人为本的新型城镇化战略五年行动计划》，并明确部署了新型城镇化的"四大行动"，为经济社会高质量发展提供更好支撑。对河南来说，在更高水平上推进城乡融合，更要强化新型城镇化的牵引力。河南的城镇化既是河南高质量发展的巨大潜力，也是支撑全国城镇化水平持续提升的重要力量。未来五年，新一轮农业转移人口市民化、潜力地区城镇化水平提升、现代化都市圈培育、城市更新和安全韧性提升"四大行动"的落地部署，也将进一步深化河南城乡融合发展。

（二）不利因素

1. 农业农村要素投入增长乏力

推进乡村全面振兴、加快建设农业强省需要大量的资金、人才等要素的投入。党的二十届三中全会提出，坚持农业农村优先发展，完善乡村振兴投入机制。当前，受多种因素影响，河南在推进乡村全面振兴中依然存在要素投入不足的问题，与河南农业农村现代化建设的要求不匹配。第一产业固定资产投资是促进乡村全面振兴的重要支撑，全省第一产业固定资产投资（不含农户）自 2021 年 6 月出现负增长后，一直保持负增长状态，直到 2024 年 9 月才出现正增长（见图 3）。2023 年第一产业固定资产投资持续负增长，2024 年增速严重下滑，2024 年 2 月出现-35.5% 的最低增速，投资的不足严重影响了农业的高质量发展。同时，随着城镇化工业化进程的推进，农业从业人员大量减少，导致农业农村发展面临"用工难、用工贵"等问题，并且这种趋势还将持续。

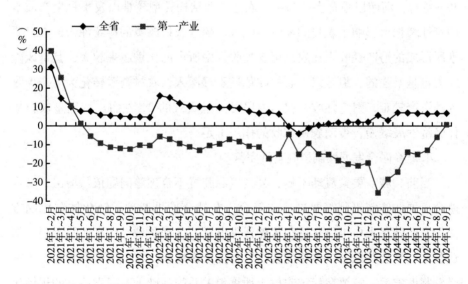

图 3　2021 年 1 月至 2024 年 9 月全省和第一产业固定资产投资（不含农户）增速

资料来源：《河南统计月报》。

2. 潜在气候变化影响农业生产

近些年，农业气象灾害加剧，农业产业韧性不足凸显。极端天气事件、降水模式的改变等不利因素给河南粮食生产带来了较为严峻的挑战，气候变化成为影响河南农业生产的一个重要变量。河南郑州"7·20"特大暴雨灾害、2023年的"烂场雨"、2024年6~7月旱涝急转现象，均对农业生产产生较大的影响。河南作为粮食生产大省，对极端气候条件的敏感程度较高，加之河南农业基础设施依然存在短板，在不利气候事件日益增多和影响增强的背景下，有效保障粮食安全，强化防灾减灾救灾机制体制建设，成为河南农业生产中面临的一个重大挑战。

3. 促进农民持续增收压力较大

目前，河南农民收入结构中，工资性收入占农民可支配收入的40%左右，由此可见，如果农民就业不稳定，其收入将会出现大幅下降。当前一些中小微企业经营较为困难，建筑行业发展面临较大挑战，影响农村居民就业，给工资性收入增长带来不利影响。经营性收入占农民可支配收入的30%左右，河南以粮食生产为主，农业产业结构转型较难以及粮食生产成本的刚性增长也影响了农户的经营性收入。随着农村改革的持续深入，农村要素所形成的财产性收入在农民可支配收入中所占的比重越来越大，其抗风险能力也是最强的，但是河南农村改革还不够深入，农村资源转化为可产生收入的资产较难，财产性收入仅占农民可支配收入的2%左右，特别是农村集体经济发展缓慢，带动农民增收的作用不足。

4. 城乡融合发展体制机制有待完善

当前，城乡要素流动不畅、公共资源配置不合理等问题依然突出，城乡融合发展的体制机制需要进一步健全。在健全推进新型城镇化体制机制方面，农业转移人口市民化进程依然任重道远，推动县域经济高质量发展，加快县域城乡公共服务一体化配置需要补齐诸多短板。在巩固和完善农村基本经营制度方面，需要在稳定农村土地承包关系的基础上，探索适宜的规模化经营模式，进一步提升农村集体经济发展质量。在完善强农惠农富农支持制度方面，需要进一步加大金融、保险、财政的支农力度，在脱贫地区持续完善常态化的防止返贫致贫机制。在深化土地制度改革方面，要健全耕地数量、质量、生态三位一体保护制度体系，持续完善"三块地"改革，进一步保障农民权益。

（三）态势展望

1. 强农惠农富农支持力度不断加大

推动城乡融合发展，离不开政策的支持和引导，关键要加大强农惠农富农支持力度，让农民富起来、农业强起来、农村美起来。近年来，河南坚持把"三农"工作摆在重中之重的位置，优先发展农业农村，不断完善强农惠农富农支持制度框架和政策体系，通过出台一系列政策文件，为促进城乡融合发展提供了坚实的基础和有力的保障。在政策制定上，河南不断优化农业支持保护和农产品市场调控政策体系，通过实施更为有效的农业补贴政策，促进现代农业经营体系构建，不断提高农业综合生产能力，确保国家粮食安全。在实现农民收入持续增长方面，加大了对农民的直接补贴力度，提高了最低工资标准，建立各类农业经济激励机制，如设立现代农业园区、支持农民合作社和家庭农场发展等，使农民收入呈现多元化增长趋势。在基础设施建设方面，通过深入实施乡村振兴战略，加快推进"四好农村路"建设，不断提升农村教育、医疗等公共服务水平，优化农村基础设施建设，农村地区发展环境显著改善，居民生活质量显著提升。同时，针对城乡融合发展的需要，不断深化改革，优化土地、资本、人才等生产要素配置。通过户籍制度改革和土地流转制度改革，促进城乡劳动力合理流动，提高土地要素的配置效率。一系列政策的实施，不仅为河南农业强省建设提供了有力保障，也为提升农民生活质量奠定了坚实基础，为今后城乡融合发展创造了更广阔的前景。

2. 城乡发展差距逐步缩小

河南不断加大城乡基础设施建设力度，优化城乡产业结构，促进了城乡要素自由流动，城乡发展差距呈现逐步缩小态势。在基础设施建设方面，2023年河南新建改建农村公路9263公里，实现了乡镇全覆盖。网络基础设施建设显著加强，截至2024年第一季度，全省4.5万个行政村实现

5G 网络全覆盖，大幅提升了乡村地区的网络覆盖度和服务质量。① 这些基础设施的改善，不仅改善了农村地区的交通、通信等基础条件，也为城乡经济交流与合作提供了便利，有效促进了城乡要素自由流动。此外，在优化城乡产业结构方面，推进农业农村现代化、加快新型城镇化建设等措施，不仅提升了农业产业现代化发展水平，也推动了城镇化进程的加速。根据第七次全国人口普查数据，与第六次全国人口普查相比，河南城镇化率十年年均提高 1.69 个百分点，居中部六省第一位，进一步促进了城乡之间的紧密联结。同时，随着基础设施完善和产业结构优化升级，城乡间要素流动得到极大的加强，城乡居民人均可支配收入水平也有所提升，2024 年上半年全省城镇和农村居民人均可支配收入分别达到 20975 元和 9285 元，分别增长 4.6% 和 6.8%，城乡居民生活水平差距进一步缩小。

3. 城镇化质量和水平稳步提升

近年来，随着国家对新型城镇化战略的深入推进，河南在这一战略指引下，积极推进城镇化建设，城镇化质量和水平稳步提升，为城乡融合发展注入了新活力，也为全省经济社会发展带来了新机遇。首先，在新型城镇化推进过程中，河南注重城市的综合承载能力和可持续发展能力的提升。通过优化空间布局，合理规划建设用地，提升公共服务水平，不断提高城镇宜居性和吸引力。特别是在交通、环保以及公共服务等方面的投入，极大地改善了城镇基础条件，为新型城镇化发展奠定了坚实基础。其次，在推进新型城镇化的同时，通过建立健全城乡融合发展机制，促进城乡经济、资源、信息等要素的有效流动，实现了城乡发展融合互补。在城镇虹吸效应与辐射作用下，各种优质资源和先进生产力向周边扩散，极大地推动了乡村产业升级和结构优化。未来，随着新型城镇化的深入推进，城乡融合态势将进一步加强，为河南社会经济发展提供强劲动力。

4. 农业现代化发展水平显著提升

河南作为农业大省，其农业现代化水平的提升对于全国农业现代化建

---

① 《"实事惠民生　聚力谋出彩"系列新闻发布会（第七场）》，河南省人民政府网站，2024年2月27日，https://www.henan.gov.cn/2024/02-27/2953976.html。

设具有重要意义。近年来，河南在农业现代化道路上持续加大投入力度，不断推广现代农业技术，提高农业生产效率，保障国家粮食安全。这不仅体现了河南对农业发展的高度重视，也对城乡融合发展形成有力的推动作用。一方面，河南通过引入先进农业机械，如播种机、收割机、无人驾驶拖拉机等，大大提高了农业生产机械化水平，降低了人力成本，提高了劳动生产率。此外，智能化农业管理系统也逐步推广，如智能灌溉、病虫害智能监测等，这些技术的应用大大提升了农业生产的精准度和效率。在推广现代农业技术的同时，河南也非常注重人才的培养和引进。通过建立农业技术培训基地，组织农民参加技能培训，吸引农业科技人才和技术团队，为农业现代化发展提供了智力支撑。另一方面，河南在推动农业现代化发展的过程中，始终坚持以提高农业生产效率和保障国家粮食安全为目标。通过科学的种植结构调整，优化农产品种类和品质，建立现代农业产业经营体系，提升农产品附加值和市场竞争力。因此，随着科技的不断进步和政策的进一步完善，河南农业现代化建设将释放出巨大的发展潜力和空间。

5. 生态环境质量进一步提升

在加快发展方式绿色转型的背景下，河南生态环境质量得到了显著提升，为城乡融合发展奠定了坚实基础。在生态文明建设过程中，河南不断加大生态环境保护力度，加强环境监管，严格执行环保法规，确保了对污染物排放的有效控制。通过对重点污染源的严格管控，工业和农业生产对生态环境的负面影响显著降低，保障了区域内水体、大气以及土壤等环境要素的良好状态。同时，河南大力推进生态建设项目，如新造林工程、森林抚育等，不仅提高了绿色覆盖率，改善了地区气候条件，而且增加了生物多样性，为保持生态平衡提供了重要保障。实施国土绿化提速行动建设森林河南决策部署三年来，全省共完成新造林面积1067万亩，森林抚育1350万亩，水土流失得到了有效控制。此外，结合当地村庄生态优势和区域特色模式，大力发展乡村旅游，有效促进了乡村经济多元化发展。农旅结合的发展新模式，不仅美化了乡村环境，还丰富了居民文化生活，促进了城乡间人员和资源的流动，为城乡融合发展创造了条件。随着生态环境保护的持续加强，未来河南城乡融合将呈现人与自然和谐共生的良好发展态势。

三 深化城乡融合发展、推动乡村全面振兴的对策建议

党的二十届三中全会强调城乡融合发展是中国式现代化的必然要求，进一步凸显了城乡融合发展的重大现实意义和紧迫性。乡村振兴作为城乡融合发展中的重要方面，在深化城乡融合发展中要准确把握历史转型契机中的基础优势和可行条件，通过改革创新突破城乡关系变迁的关键制约，构建符合城乡融合发展内在要求的体制机制和政策体系，为推动河南乡村全面振兴实现新突破。

（一）推进城乡规划体系完善，建立"梯次有序、功能互补"的新型城乡空间关系

科学规划是城乡融合发展的核心，要坚持系统思维，加强城乡总体规划的统筹协调，绘就城乡融合发展的"同心圆"。一是完善城乡规划体系。在省国土空间总体规划的基础上，完善县镇村规划布局，统筹规划产业发展、基础设施建设、公共服务等布局，更好地发挥规划对城乡土地和空间资源利用的指导和调控作用，促进城乡经济、社会和环境协调发展。二是加强城乡规划衔接。明确县级政府统筹城乡规划编制的责任，发挥市县规划重要载体作用，科学安排县域乡村布局、资源利用、设施配置和村庄整治等，将总体发展战略和各领域具体任务落实到空间布局上，推动城乡融合和区域协调发展。三是补齐村庄规划短板。将空间规划和用途管制体系与自然资源产权制度、农村地区的"农用地""农村集体经营性建设用地""宅基地"制度改革相衔接，统筹安排农田保护、生态涵养、城镇建设、村落分布等空间布局，拓展优化城乡生产、生活、生态空间。

（二）优化城乡产业发展政策，建立"链条齐备、价值共生"的城乡产业融合关系

乡村情况千差万别、各有特点，只有找到自身独特的价值，因地制宜、因时制宜、精准施策打造具有特色的产业体系，才能将乡村自身禀赋转化为特色资源优势，促进乡村全面振兴和城乡融合发展。一是以农业产业链和价值链延伸为导向，构建城乡互补的特色优势产业体系。高度重视农产品仓储、加工、品牌培育等环节发展需要，持续优化县域农业、生态和城镇空间布局与产业结构调整，适度放宽涉农项目资金和衔接资金使用范围，允许更大比例用于乡村生产服务配套设施改造提升等，形成功能完善、布局合理的城乡产业融合空间格局。二是以比较优势和特色资源为基础，协同推进城乡产业转型升级。充分发挥乡村特色条件、生态资源禀赋，开发乡村市场，将乡村资源优势、生态优势、文化优势转化为产品优势、产业优势，形成新产业增长点。将城市经营理念、技术手段等应用于乡村产业发展，推动传统农业转变为跨界融合、要素集聚、技术引领的现代农业，实现乡村产业由浅层叠加向深度跨界融合转变。三是以产业园区为重要载体，推动城乡要素与产业融合。增强产业发展的整体性、协同性，规避由政策差异造成的利益冲突与施策困境。积极探索平台建设发展，转变传统产业发展方式，增强经济内生动力，形成产业升级、人口集聚、城镇发展的良性互动格局。

（三）破除城乡要素流动壁垒，建立"平等交换、高效配置"的城乡要素市场体系

破除城乡要素流动壁垒是推进城乡融合发展的重要前提，要通过一系列改革举措，破除城乡之间的要素流通障碍，将城市优势资源与农村特色资源相结合，提高要素利用率，提升农业产业化水平，促进农业农村的全面发展。一是深化农村产权制度改革。建立内外合作发展机制，引导有条件的村庄构建以集体经济为主体的农村资产利用、处置和收益制度，探索以经营性财产入股、租赁等开展多种形式的联合与合作，提高土地利用率，实现集体

经济组织与社会投资优势互补、联动共赢。要坚持市场化改革取向，完善农村宅基地交易市场，建立农村宅基地交易供求、价格、竞争和风险机制，鼓励村集体利用收储农村闲置建设用地发展新业态。二是探索农村土地要素利用机制创新。建立各部门协调机制，加强自然资源和规划、农业农村等部门协作配合，探索各具特色的农业现代化发展模式，在村域范围内打通建设用地之间用途转换的通道，推动乡村土地园区化、规模化，形成"田成方、土成形、路相连、渠成网、沟相连"的高标准农田格局。三是构建人力资本城乡收益均等机制。加大对教育、医疗等公共服务和社会治理人才的精准化支持，以吸引年轻人务农、培养职业农民为重点，鼓励各地优化并落实新型职业农民支持政策。全面加强村干部队伍建设，构建灵活的乡村后备干部使用机制，拓宽"选"的渠道、丰富"育"的途径，创新村"两委"干部和乡镇干部任用、考核机制。四是全面优化城乡资金流动机制。根据城乡发展需求优化财政支出结构，重视农业生产经营方式转型对财政资金支持方向、支持重点和投入方式的新需求，加强高标准农田建设、农机购置与应用、种源技术攻关等资金保障；提高对农户、返乡入乡群体、新型农业经营主体的金融服务水平，支持龙头企业牵头开展产业融资担保，积极探索适合本地区实际的担保机制，切实有效降低小微企业和"三农"综合融资成本。

（四）健全城乡人口管理制度，建立"人财一体、财随人转"的人口自由迁徙制度

城乡融合发展的实质是"人"的融合发展，实现这一目标，需要打通阻碍人口自由流动的堵点、痛点，畅通城乡人才双向流动通道，为乡村振兴赋能增效。一是建立农业转移人口"市民化"权益保障体系。探索更加灵活的土地承包权、宅基地资格权和集体收益分配权有效实现机制，在坚持集体所有制的基础上建立健全农村产权价值评估体系，赋予农民土地财产权利。加快打通城乡社会保障制度的转换路径，探索将农村财产转换为社会保障的可行有效方式，推动农村社会保障体系现代化。二是创新入乡群体的村民身份权实现制度。尊重乡村发展规律和人才成长规律，根据乡

村发展的不同阶段和具体需求，灵活利用乡村特有优势，制定科学人才激励政策，引进适合乡村发展的各类人才。构建"以产定人、以产定权"的农村常住人口管理制度，促进各类人才在农村广阔天地大施所能、大展才华、大显身手。三是建立以平等产权为基础的城乡流动人口权利体系。逐步拓展公共服务类别和项目，深化附着在户籍制度上的公共服务制度改革，建立城镇教育、就业创业、医疗卫生等基本公共服务同常住人口挂钩机制，提高非户籍常住人口在流入地享有的基本公共服务项目数量和水平，推动公共资源按常住人口规模配置，让农业转移人口与本地户籍人口享有同等的待遇。

（五）探索城乡公共供给机制，建立"瞄准需求、精准有效"的城乡公共供给体系

城乡公共资源配置不均衡是导致城乡发展不平衡的直接因素，主要表现为基础设施和公共服务差距大。因此，要推动城镇基础设施向农村延伸，补齐农村基础设施短板。一是建立财政外部供给与社区内生供给协同的城乡基层公共品供给机制。充分发挥基层自治组织作用，在农村教育、医疗、文化等基本公共服务建设方面，发挥基层群众主体作用，使其全程参与项目选择、实施和管护。二是精准补齐城乡生产性基础设施短板。完善乡村生产性设施建设，推进农田宜机化改造，推进生产便道、田间灌溉等设施建设。完善基础设施投资与管护机制，引入社会资本参与供水、垃圾污水处理和农贸市场等有一定经济收益的设施建设，鼓励村集体承接小微基础设施建设，建立城乡统一的基础设施管护运行机制，落实管护责任。三是促进城乡间公共服务均衡有效配置。充分利用信息技术手段，探索城乡教育联合体、办学联盟等模式，促进教育资源向片区和乡镇流动。探索社区互助养老服务模式、社会组织提供养老服务模式等，完善失能、半失能特困老人照料体系，根据乡村需求提供幼儿托管、节假日托管、课后托管等服务。探索创新更加灵活有效的乡村公共文化产品供给内容和方式，满足不同常住群体的多样化需求。

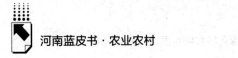

参考文献

《中共中央关于进一步全面深化改革　推进中国式现代化的决定》，人民出版社，2024。

中共河南省委：《在乡村振兴中实现农业强省目标》，《求是》2023 年第 6 期。

黄承伟：《推进乡村全面振兴：理论逻辑、科学方法与实践路径》，《农业经济问题》2024 年第 7 期。

宋洪远、唐文苏：《高质量完善城乡融合发展体制机制：实践进路与路径优化》，《中国农业大学学报》（社会科学版）2024 年第 5 期。

中国社会科学院农村发展研究所课题组：《农业农村现代化：重点、难点与推进路径》，《中国农村经济》2024 年第 5 期。

评价报告

B.2
河南区域城乡融合发展水平测度与评价

河南省社会科学院课题组*

摘　要：　城乡融合发展是中国式现代化的必然要求。本文从经济融合、生活融合、空间融合、社会融合以及生态融合五个维度构建城乡融合发展评价指标体系，并基于《河南统计年鉴2023》的数据，使用熵权法测算分析全省区域城乡融合发展水平。从加强城乡产业互动、深化体制机制改革、强化城乡规划建设、优化城乡公共产品供给、完善城乡生态体系等五个方面提出优化建议，持续推动河南城乡融合高质量发展。

关键词：　城乡融合发展　经济融合　生态融合　河南

---

* 课题组组长：李同新；成员：陈明星、宋彦峰、乔宇锋、张瑶、生秀东、李国英、侯红昌、苗洁、李婧瑗、刘依杭、梁信志、马银隆、张坤、李天华、张俊华、熊津津；执笔：乔宇锋、张瑶。

党的二十届三中全会强调，"城乡融合发展是中国式现代化的必然要求"，并对完善城乡融合发展体制机制做出重要战略部署，将新型城乡关系提升到一个前所未有的新高度。河南作为全国经济大省与农业大省，推动城乡融合发展是实现共同富裕的重要路径，也是推进中国式现代化建设河南实践的必由之路。本文通过构建客观、合理的多维度城乡融合发展评价指标体系，衡量河南当下各地区城乡融合发展水平，科学甄别需要持续发展的关键领域并提出相应的对策建议，为河南推进城乡融合发展提供决策参考。

一 河南城乡融合发展评价指标体系构建

（一）构建原则

构建科学合理的评价指标体系是准确反映河南城乡融合发展水平的重要前提。城乡融合发展具有阶段性和区域性特征，河南作为全国经济大省与农业农村大省，其城乡融合发展具有自身的特殊性。本文根据河南城乡融合发展的实际情况，遵循系统性、科学性、可比性、导向性以及可操作性等原则，构建城乡融合发展评价指标体系。

1. 系统性原则

城乡融合发展是一个涉及多角度、多层次的综合体系。因此，在构建城乡融合发展评价指标体系的过程中，要坚持系统思维，贯彻系统性原则遴选指标，兼顾城乡整体发展类指标和城乡对比类指标，既要从经济、社会、生态等多个角度阐述城乡融合发展的特征和状态，也要体现城乡互动过程，以全面反映城乡融合的复杂性和多维性。

2. 科学性原则

科学的城乡融合发展评价指标体系是判断城乡融合发展水平、动态掌握城乡融合发展进度、制定更具针对性的政策的基础。为实现城乡融合评价结果的普适性和针对性同步提高，在构建城乡融合发展评价指标体系的过程中，必须从科学着手，基于河南城乡融合发展现状与特征，从多个维度科学合理地选择反映城乡融合发展整体水平的综合类指标和反映城乡之间差异情况的对比类指标，以确保准确评估和全面理解城乡融合发展情况。

3. 可比性原则

城乡融合是时间与空间同步进行的一个发展历程，除了考虑时间序列纵向的可比性外，还需要对不同区域进行空间上的横向对比，从而实现指标在时间和空间上的横纵对比。理论上，指标越多越全面越能体现一个地区的城乡融合发展水平，但是在实际操作过程中，需要考虑数据的可获取性和准确性。因此，选择代表性强、易于量化和比较的指标更为合理，以保证构建的指标体系能够适应不同的时间和空间尺度，让不同区域、不同时段的评价结果具有可比性。

4. 导向性原则

城乡融合发展是一个长期而复杂的动态过程，城乡融合发展的内涵随着时代的不断进步以及人类认识程度的加深而不断被拓展。因此，指标体系的构建应以促进河南城乡融合高质量发展为目标，在指标设计上既要立足既有的认知水平和河南城乡融合发展实际，又要充分考虑发展理念、科技进步等方面在可预见的未来将会发生的演进，为城乡融合发展的政策创新和实践改进提供指导。

5. 可操作性原则

城乡融合发展评价指标体系在遵循系统性、科学性、可比性、导向性原则的同时，也要考虑评价指标体系的可操作性。要正视不同评价指标衡量的难易程度和客观数据的获取难度，充分考虑评价指标的统计可得性及具体评价的可操作性，构建便于理解和操作的指标体系，使数据收集和处理简便可行，实现定期评价和监测。

（二）指标体系

按照指标体系构建的原则，本文综合国内外现有城乡融合发展评价指标体系相关研究，紧扣城乡融合发展的内涵特征，参考政府机构发布的相关政

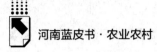

策文件，并结合河南城乡融合发展的实际发展状况，兼顾数据权威性及可得性，分别从经济融合、生活融合、空间融合、社会融合以及生态融合等五个维度构建城乡融合发展评价指标体系（见表1）。

表1 城乡融合发展指标体系及权重

一级指标及权重	二级指标及权重	指标含义
经济融合（25.17%）	农林水财政支出占比（%）（2.44%）	农林水事务一般公共预算支出/一般公共预算支出
	非农产业增加值占比（%）（3.66%）	非农产业增加值/总增加值
	亩均农业机械总动力（千瓦）（6.35%）	农业机械总动力/农作物播种面积
	二元对比系数（%）（5.19%）	（第一产业产值/第一产业从业人员）/（第二、三产业产值/第二、三产业从业人员）
	城乡人均生产总值（元）（7.54%）	城乡人均生产总值
生活融合（17.13%）	城乡人均收入比（%）（3.19%）	城镇居民家庭人均可支配收入/农村居民家庭人均可支配收入
	城乡人均消费比（%）（2.81%）	城镇居民家庭人均消费支出/农村居民家庭人均消费支出
	城乡家庭恩格尔系数比（%）（5.12%）	城市恩格尔系数/农村恩格尔系数
	非农就业人口占比（%）（6.02%）	第二、三产业就业人员数/总就业人员数
空间融合（18.61%）	常住人口城镇化率（%）（4.86%）	城镇常住人口数/总常住人口数
	农村快递线路密度（公里/公里²）（4.05%）	农村投递线路总长度/农村区域面积
	路网密度（公里/公里²）（2.53%）	公路线路里程/行政区划面积
	私人车辆人均拥有量（辆）（7.17%）	私人车辆拥有量/总常住人口
社会融合（25.06%）	城乡社区事务财政支出占比（%）（9.43%）	城乡社区事务一般公共预算支出/一般公共预算支出
	城乡文教娱乐支出比（%）（1.78%）	城镇教育及文化娱乐消费支出/农村教育及文化娱乐消费支出
	城乡医疗保障支出比（%）（3.77%）	城镇医疗、保健及服务消费支出/农村医疗、保健及服务消费支出
	农村每万人医生和卫生员数（人）（4.13%）	10000×乡村医生和卫生员数/农村常住人口
	农村每万人医疗卫生机构床位（张）（5.95%）	10000×农村医疗卫生机构床位/农村常住人口

一级指标及权重	二级指标及权重	指标含义
生态融合（14.03%）	节能保护财政支出占比（%）（7.03%）	节能保护一般公共预算支出/一般公共预算支出
	单位用水量农林牧渔业产值（元/米³）（7.00%）	农林牧渔业产值/农业用水量

1. 经济融合评价指标

推动城乡经济融合是实现城乡融合发展的关键前提和动力源泉。作为城乡融合的基础，城乡经济融合对于增强城乡经济联系、畅通城乡经济循环、推动城乡经济协同发展具有至关重要的作用。因此，本文以经济融合为一级指标，农林水财政支出占比、非农产业增加值占比、亩均农业机械总动力、二元对比系数、城乡人均生产总值为二级指标建立经济融合评价指标体系。

2. 生活融合评价指标

城乡生活融合是城乡融合发展的重要组成部分，它涉及城乡居民在生活方式、就业、文化认同等方面的交流与融合。因此，本文采用城乡人均收入比、城乡人均消费比、城乡家庭恩格尔系数比以及非农就业人口占比4个二级指标衡量城乡生活融合水平。

3. 空间融合评价指标

城乡融合发展并非将城镇和农村割裂开来、分别发展，而是将城市和乡村视为一个统一、连续的有机整体，使其互通共融、协调发展。完善的交通体系有助于实现城乡间的快速连接，有效降低城乡间的流动成本和空间成本。本文以常住人口城镇化率、农村快递线路密度、路网密度、私人车辆人均拥有量4个指标作为二级指标构建空间融合评价指标体系。

4. 社会融合评价指标

城乡社会融合是城乡融合发展的价值取向，目标是打破城乡之间的社会壁垒，促进城乡居民的相互理解和认同，实现社会资源的均衡分配和机会的均等化。它反映的是城乡居民在获取基本公共服务时真实拥有的权利义务的

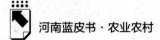

差异性。因此，采用城乡社区事务财政支出占比、城乡文教娱乐支出比、城乡医疗保障支出比、农村每万人医生和卫生员数、农村每万人医疗卫生机构床位5个二级指标来衡量社会融合水平。

5.生态融合评价指标

城乡生态融合是城乡融合发展的重要保障，不仅可以提升城乡生态环境质量，还可以扩大城乡生态治理的正外部性。它强调可持续发展原则，确保经济发展与环境保护相协调。因此，选择节能保护财政支出占比和单位用水量农林牧渔业产值两个二级指标来衡量生态融合水平。

二　河南城乡融合发展水平测度及评价

（一）数据来源及测算方法

为保证研究数据的权威性，指标数据均来自《河南统计年鉴2023》，经整理计算所得。为了准确测度河南城乡融合发展水平，减少在评价过程中主观赋权的随意性、局限性以及人为因素带来的偏差，使评价结果更加客观、准确和科学，本文采用熵权法确定各级指标权重并对河南城乡融合发展水平进行测度和分析评价。在数据处理过程中，首先对原始数据进行标准化处理，其次确定客观权数，并计算评价对象的得分，最后得到经济融合、生活融合、空间融合、社会融合、生态融合得分以及城乡融合发展综合得分。

1.数据标准化处理

对 n 个评价对象和 m 个指标的数据矩阵 $x = \{x_{ij}\} n \times m$，正向指标和逆向指标的处理方式分别为：$x'_{ij} = \dfrac{x_{ij} - \min\{x_j\}}{\max\{x_j\} - \min\{x_j\}}$，$x'_{ij} = \dfrac{\max\{x_j\} - x_{ij}}{\max\{x_j\} - \min\{x_j\}}$。式中 x'_{ij} 为处理后的数据，$\max\{x_j\}$ 和 $\min\{x_j\}$ 分别是第 j 项原始数据的最大值和最小值。

2.计算第 j 项指标的熵值 I_j

$$I_j = -k \sum y_{ij} \ln y_{ij}，其中 k = \frac{1}{\ln n}，y_{ij} = \frac{x'_{ij}}{\sum x'_{ij}}，0 \leqslant y_{ij} \leqslant 1。$$

3. 客观权数的确定

第 j 项指标的差异系数 $r_j = 1 - I_j$，第 j 项指标的客观权数 $w_j = \dfrac{r_j}{\sum r_j}$。

4. 计算被评价对象得分

第 i 个对象的总得分 $f_i = \sum w_j x'_{ij}$。

（二）综合评价结果分析

由图 1 可以看出，城乡融合发展水平最高的是郑州市，综合得分为 68.80 分，是全省城乡融合发展平均得分（37.50 分）的 183.47%，城乡融合发展水平最低的是周口市，综合得分为 25.12 分，是全省城乡融合发展平均得分的 66.99%，极差为 43.68 分，表明 18 个省辖市城乡融合发展水平差异显著，呈现非均衡发展状况。另外，济源示范区（58.06 分）、鹤壁市（45.99 分）、许昌市（41.82 分）、焦作市（41.46 分）、漯河市（41.22 分）5 个地区的城乡融合发展综合得分也高于全省城乡融合发展综合得分的平均值。

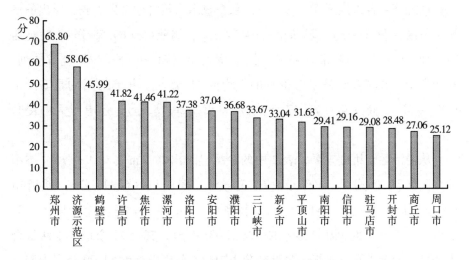

图 1　河南各地区城乡融合发展综合得分情况

根据各地区的综合得分情况，以40分和30分为分界线可将全省各地区大致划分为三类。具体而言，Ⅰ类地区共包含城乡融合发展综合得分比较靠前的6个地区，综合得分由高到低依次为郑州市（68.80分）、济源示范区（58.06分）、鹤壁市（45.99分）、许昌市（41.82分）、焦作市（41.46分）、漯河市（41.22分），显示出这6个地区的城乡融合发展情况比较好，城镇经济的高水平发展及城区的扩散效应对城乡融合发展有积极的促进作用；Ⅱ类地区的6个地市得分均在30～40分，由高到低依次为洛阳市（37.38分）、安阳市（37.04分）、濮阳市（36.68分）、三门峡市（33.67分）、新乡市（33.04分）、平顶山市（31.63分），这些地区的城乡融合发展还有较大的提升空间，发展水平中等；Ⅲ类地区是城乡融合发展综合得分均低于30分的6个地市，由高到低依次为南阳市（29.41分）、信阳市（29.16分）、驻马店市（29.08分）、开封市（28.48分）、商丘市（27.06分）、周口市（25.12分），这些地区的城乡融合发展水平位于全省下游，城乡融合发展水平亟待提升。

（三）分项评价结果分析

从经济融合维度来看，表2中的数据显示出经济融合发展较为突出的济源示范区（79.11分）、郑州市（64.77分）、鹤壁市（64.55分）、驻马店市（45.69分）、洛阳市（43.71分）、漯河市（41.76分）位于全省前列，且均高于全省城乡经济融合得分的平均值41.65分。排名靠后的是安阳市（30.14分）、商丘市（28.47分）、周口市（26.15分），还有很大的提升空间。

从生活融合维度来看，表2中的数据显示出郑州市（80.93分）、济源示范区（71.81分）、焦作市（69.36分）、安阳市（68.93分）、鹤壁市（64.51分）、漯河市（54.92分）、新乡市（44.04分）这7个地区生活融合得分高于全省生活融合得分的平均值43.29分，其余11个地区生活融合水平均低于全省平均水平，最低得分为16.64分，极差为64.29分，表明不同地区城乡生活融合水平差异比较显著。

从空间融合维度来看，根据表 2 数据可以发现郑州市空间融合发展表现优异，达到 94.74 分，领先全省，驻马店市空间融合得分最低，只有 8.81 分，极差为 85.93 分，城乡空间融合发展水平差距较大。另外，焦作市（56.15 分）、济源示范区（54.55 分）、鹤壁市（47.61 分）、新乡市（42.99 分）、许昌市（42.72 分）、濮阳市（41.27 分）、漯河市（38.80 分）、洛阳市（37.97 分）、安阳市（37.87 分）等 9 个地区城乡空间融合得分也高于全省空间融合得分的平均值 37.11 分。

从社会融合维度来看，表 2 数据显示出 18 个省辖市社会融合得分存在显著差异，且整体水平较低。具体而言，仅有郑州市（59.84 分）、济源示范区（54.72 分）和濮阳市（40.18 分）这 3 个地区的社会融合得分高于 40 分，其余 15 个地区社会融合得分均低于 40 分，特别是南阳市（28.93 分）、开封市（28.37 分）、周口市（28.20 分）、商丘市（25.52 分）、新乡市（25.01 分）、三门峡市（24.23 分）、驻马店市（18.78 分）等排名靠后的地区还有很大的上升空间。

从生态融合维度来看，根据表 2 数据可以发现全省城乡生态融合整体水平较低，区域发展不平衡。具体来看，生态融合得分的平均值（31.39 分）低于生活融合得分的平均值（43.29 分）、经济融合得分的平均值（41.65 分）、空间融合得分的平均值（37.11 分）和社会融合得分的平均值（33.10 分）。生态融合得分最高的是三门峡市（71.25 分），得分最低的是新乡市（8.50 分），极差为 62.75 分。

表 2　河南各地区分维度得分情况

单位：分

省辖市	经济融合得分	生活融合得分	空间融合得分	社会融合得分	生态融合得分
郑州市	64.77	80.93	94.74	59.84	42.80
开封市	36.06	22.41	28.05	28.37	23.03
洛阳市	43.71	25.21	37.97	35.11	44.17
平顶山市	32.66	40.55	30.05	30.73	22.59
安阳市	30.14	68.93	37.87	30.15	21.68

省辖市	经济融合得分	生活融合得分	空间融合得分	社会融合得分	生态融合得分
鹤壁市	64.55	64.51	47.61	32.67	11.75
新乡市	39.84	44.04	42.99	25.01	8.50
焦作市	37.90	69.36	56.15	30.90	13.13
濮阳市	33.26	33.44	41.27	40.18	34.44
许昌市	38.60	41.99	42.72	30.57	66.28
漯河市	41.76	54.92	38.80	39.40	30.00
三门峡市	35.38	28.46	20.54	24.23	71.25
南阳市	36.18	27.12	20.94	28.93	32.14
商丘市	28.47	16.64	30.15	25.52	35.87
信阳市	35.43	39.05	13.79	32.57	20.17
周口市	26.15	25.05	20.99	28.20	23.33
驻马店市	45.69	24.77	8.81	18.78	49.87
济源示范区	79.11	71.81	54.55	54.72	14.09
全省平均值	41.65	43.29	37.11	33.10	31.39

三 推进河南城乡融合发展的对策建议

推进河南城乡融合发展是一项长期的系统工程，包括基础设施、公共服务、生态环境、社会生活等多个方面的发展，要在城乡发展效率与公平间找到最佳平衡点，实现城与乡的"双向奔赴"。

（一）加强城乡产业互动，大力促进城乡经济融合发展

产业是发展的根基，也是全面推进乡村振兴和城乡融合发展的主要路径。增强城乡经济联系、畅通城乡经济循环，要用好发展产业这个"推进器"，全面提升城市与农村之间的产业互动水平，规避产业和城镇发展之间存在的"时间上不同步""空间上无互动"等问题。

一是因地制宜发展乡村特色产业集群。立足乡村独有的自然条件、资源禀赋和文化特色，培育农耕研学、森林康养、星空露营等新业态。基于现有

镇村的特色产业基础，做好延链补链强链工作，统筹推进特色产业组团式、差异化、互补性发展，围绕特色产业构建覆盖研发、生产、加工、销售、物流等的全产业链，形成特色产业集群。构建"区域品牌+企业品牌+产品品牌"的品牌矩阵，推进品牌宣传在地化，依托线上线下协同、社交媒体互动、短视频营销、直播带货等新型传播方式丰富营销场景，拓展乡村产业增值空间。

二是因地制宜发展农业新质生产力。以科技创新推动农业产业升级，发展智慧农业、可视农业、植物工厂、直播带货等新业态新模式。针对平原、丘陵等不同地区的农业生产活动，因地制宜地研发智能农机装备。下沉数字应用场景，提高数字平台、技术应用的适配度，通过推动数字技术与乡村产业耦合发展，将数字技术浸润到农业全产业链的各个环节，创新培育"宜居宜业和美乡村+"新场景。

三是推动城乡产业结构优化和协同发展。建立一体化的城乡产业分工体系，以地域相连、产业相近、优势互补为原则，构建覆盖市县乡村的多层次产业链条，积极优化市域、县域、镇域、村域产业结构及配套，打造联动城乡的优势特色现代农业产业园，形成园村一体、产村融合、产镇融合、产城融合的格局，推动形成市县乡村分工合理的产业体系。创新城乡产业融合发展模式，瞄准组团协作、抱团发展，跨县、跨镇、跨村进行优势资源整合、整体打造，在更大范围内合力打造区域特色产业集群，推介一批产业规模化、企业抱团化、区域连片化发展的典型模式。

四是发展壮大县域经济。县域经济是把城镇经济和乡村经济贯通起来的特殊区域经济形态，是促进城乡融合发展的重要动力。要顺应城乡融合发展趋势，以县域为重要切入点，大力发展县域富民新产业，建立县域产业分工体系，按照"一县一区、一区多园"模式，建立开发区、产业园区等载体以及电商产业园、物流产业园等公共服务平台，增强县城产业引领带动作用，推动城乡产业优势互补、深度融合、协同发展。

（二）深化体制机制改革，大力促进城乡生活融合发展

城乡融合发展的最终目的是提高人民群众的生活水平，让城乡居民共享

发展成果。随着农村人口向外流动，如何高效利用乡村现有资源、维持乡村社会生活秩序、保障进城农民权利、满足群众在城镇定居生活和留守农村生活的各种需求成为城乡融合发展必然要面对的问题，关键是要处理好"产、城、人"关系，着力构建城乡要素公平交换、双向流动的体制机制，完善城乡融合发展体制机制。

一是推进城乡户籍制度改革，打破阻碍城乡人口双向流动与融合的制度藩篱。贯彻落实《深入实施以人为本的新型城镇化战略五年行动计划》，加快农业转移人口市民化，推进以人为本的新型城镇化，加快户籍制度与社会保障、医疗资源以及教育资源的解绑，让有条件进城的农民进得顺畅安心，健全非稳定就业农业转移人口农村户口迁出权益接续机制。探索农村籍大学生、返乡人才、退伍军人等灵活落户，放宽迁回农村的条件，吸引更多城市人才扎根农村。

二是稳慎推进土地制度改革，保障进城落户农民的土地承包权、宅基地使用权、集体收益分配权，消除进城农民的后顾之忧。探索建立农村集体经营性建设用地数据库，有序开展农村集体经营性建设用地入市，促进城乡统一的建设用地市场建设，实现同价同权、流转顺畅、收益共享；深化农村宅基地制度改革试点，推动农村土地资源的合理利用和保护。

三是推进社会保障制度改革。社会保障体系的完善对于城乡居民生活融合至关重要。既要争取进城农民与当地城镇居民在社会保险、住房保障、随迁子女义务教育等方面享有同等权利，更好地保障农业转移人口在城镇安居乐业，也要完善返乡创业就业人员社会保障体系，通过住房补贴等形式降低返乡人才的居住成本，提高就业、医疗、养老等保障水平，对其子女、配偶及父母在就地就近就医就学就业等方面提供"绿色通道"，消除返乡人才的后顾之忧，增强返乡人才的归属感。

四是统筹全域基层社会治理，实现城乡治理同向同频。城乡治理融合是城乡间治理要素相互补位、相互促进的过程。要通过举办多元的文化活动、志愿活动等形式，让农业转移人口更好地融入当地，深度参与、融入基层治理，摆脱对自身身份界定的迷茫，真正拥有对城市的归属感、认同感。同时，也要因地制宜借鉴城市的治理方式、技术手段，创新乡村治理模式，不仅要让新农人引得进来，更要留得住、融得进，真正"归心农村、融入农村"。

五是健全农民收入持续增长的体制机制。深化农村集体产权制度改革，积极探索农村集体经济有效实现形式，发展壮大新型农村集体经济，推动形成涉农企业、村集体合作社、农民共建共享的利益共同体，让农民更多地分享产业链增值收益。完善强农惠农富农支持制度，加强对农业农村农民的全方位支持，让农民通过发展产业、转移就业等多渠道增加收入，让留在农村生活的农民过得幸福舒心。

（三）强化城乡规划建设，大力促进城乡空间融合发展

着力促进城乡空间融合发展，是加快城乡融合发展的基础。关键是把城市和乡村作为一个整体统筹谋划安排，把"三农"工作放到城乡融合发展全局一体部署推进。

一是推动城乡规划互联互通。发挥好规划互联互通、融合联动对于城乡融合发展的先导作用，统筹推进城乡规划布局和统一管理。重新审视城乡之间的关系，深刻认识城乡融合发展规律，把握好城乡互促互进和共生共存的关系，破除城乡分离、城乡分治的旧式思维，从城乡发展共同体、生命共同体的视角看待城乡关系，从而在实践层面进行前瞻性规划，打通城市与乡村规划之间的"经脉"。按照因地制宜、分类施策、突出特色的思路，统筹新型工业化、新型城镇化和乡村全面振兴，并根据省情、市情、县情和乡情对城市和乡村进行通盘考虑和整体设计，避免规划千篇一律、束之高阁，防止改造大拆大建，破坏乡土味道和生态环境。构建中心城区、小城镇、近郊新区、乡村等发展规划体系，加强农村区域景观规划、乡村规划、产业布局规划，引导大中小城市和小城镇协调发展、集约紧凑布局。

二是推动城乡建设共建共享。城乡空间功能互补互融是城乡融合的重要形态，基础设施互联互通是破除区域壁垒的前提。要加大城乡联合性基础设施的建设与完善力度，统筹建设通勤联系、便利生活的城乡共生圈，率先从

交通层面打破城乡地理阻隔，加强城市与乡村交通基础设施建设，推动道路、供水、供电、信息、物流等关键设施城乡同质同标，切实提升乡村网络性、民生性、经济性以及对接城市的便捷性基础设施的建设水平。推动城乡之间信息化基础设施建设，坚持数字乡村与新型智慧城市一体设计、协同实施，实现数字乡村和智慧城市同频共振；弥合数字基础设施薄弱地区的"接入鸿沟"，以区域一体化缩小城乡之间、乡村之间的数字差距，引导社会企业、民间资本参与数字乡村建设和维护，确保数字基础设施建设好、改造好、管护好。

三是推进以县域为载体的新型城镇化建设。新型城镇化和乡村全面振兴是新时代城乡融合发展的"一体两翼"。县城处于"城尾乡头"，是城乡融合发展的关键支撑。要推进以县域为载体的新型城镇化建设，发挥县城连接城市、服务乡村的桥梁作用，把城镇和乡村贯通起来"畅通中间"，不断加强乡村与城市的链接与贯通，让城市资源更广泛深入地与县域经济贯通，继而深入乡村地区。

（四）优化城乡公共产品供给，大力促进城乡社会融合发展

长期受制于城乡二元结构，城乡间公共服务质量、标准、制度的均等化水平仍有待提高，农村义务教育、医疗卫生服务质量与城市差距明显。公共产品在城乡间的非均衡配置已经成为城乡社会融合发展的突出瓶颈。为此，要逐步消除城乡公共产品供给差异，不断优化城乡融合服务配置，实现均等普惠。

一是推进基本公共服务一体化。要推动建立公共服务一体化数据平台，通过"数据要素×公共服务"来提升公共服务供需匹配水平，加快公共服务的数字化转型，积极探索政府、市场和社会三位一体的公共服务提供模式，充分调动市场和社会在公共服务提供方面的积极性，进一步创新和拓展公共服务提供模式。要提升基本公共卫生服务均等化水平，通过推进紧密型县域医共体、城乡教育共同体建设，加强县城乡医疗服务、基本公共教育服务协同联动，打造"互联网+医疗""互联网+教育"等新模式，推动优质医疗、教育、文化资源向乡村延伸，不断缩小城乡和区域间的基本公共服务差距，

努力让农村居民享受和城里人一样的生活。

二是推动优质文化资源"下乡"与"进城"双向交流。城乡融合发展也是城乡文化互嵌的过程，城市文化和乡村文化在城乡融合发展过程中都有不同的价值。要建立以县域为重要切入点的文化供给体系，坚持重心下移，打通城市文化资源下沉的"最后一公里"，以城市优质文化资源支持农村文化建设，融合推进城乡精神文明建设，不断促进城乡融合发展与乡风文明建设的有效衔接。同时，要深入挖掘和传承乡村文化，积极引导城市居民到乡村旅游、体验乡村文化，利用数字技术传播快速、共享便捷的优势助力乡村遗址、聚落、景观、民俗、野生资源等展示、传播及文化资源保护，积极传播乡村特色文化、优秀传统文化，让乡村文化在与城市文化的交流中焕发新的活力，促进城乡之间的文化交流与融合。

（五）完善城乡生态体系，大力促进城乡生态融合发展

城乡生态融合水平反映了城乡居民人均享有生态环境资源在数量和质量上存在的差异性。推进城乡融合发展要坚持新型工业化、新型城镇化与生态环境相适应，特别是与以乡村空间为主体的区域资源环境承载能力相匹配，构建城、村、人、田和谐共生生态体系。

一是构建城乡一体的生态经济产业链。在保护乡村生态的基础上发掘生态多功能，因地制宜推进乡村生态产业化，利用"生态+"等模式，推进生态资源与农业、旅游、文化、康养等产业融合，为县城及城市提供生态产品和生态服务，构建由政府主导、以企业为主体、社会参与、市场化运作、可持续发展的城乡生态产品价值实现机制。鼓励节水节能降耗和循环利用技术的应用，大力推进高效节水农业、生态低碳农业发展，优先布局建设农业绿色发展先行区，培育壮大绿色低碳产业，推动以智能化、绿色化引领生产要素转型升级，促进城乡经济高质量发展与生态建设有机融合，助力新型工业化、新型城镇化和乡村全面振兴一体化推进。

二是加强城乡生态环境保护，实施生态修复工程。加快构建资源共享、高效合作、广泛协同的绿色生态产业多元投入保障机制和支持保护制度，增

加生态环境薄弱地区生态保护财政投入，统筹提升防汛抗旱、粮食综合生产、饮用水安全保障、水污染防治、生态涵养能力，实现城乡生态可持续发展。分门别类列清楚城乡生态融合领域的"负面清单"，明确"禁止项"的范围，释放"优选项"的活力，破解由生态环境产权不明晰而导致的生态环境污染问题。深入实施山水林田湖草沙一体化生态保护和修复，强化生态环境科技支撑，引导企业、高校、科研单位共建一批绿色低碳产业创新中心，加大高效绿色环保技术装备产品供给力度。

三是推动城市更新与宜居宜业和美乡村建设"同频共振"。学习运用"千万工程"经验，依托乡村自身生态本底和景观，持续推进人居环境整治提升行动，将生态理念贯穿宜居宜业和美乡村建设全过程，找准乡村建设和生态保护的平衡点。通过宣传教育、制定村规民约等方式引导居民践行生态环境友好行为，共同营造干净整洁、宜居宜业、和谐美丽的生产生活环境，将各具特色的城镇与乡村之美汇聚成"美丽中国的底色"，形成现代新型城镇与秀美乡村交相辉映的城乡发展形态。

参考文献

薛阳、贾慧、冯银虎：《数字物流提升城乡融合发展的效应与机制研究》，《农业经济与管理》2024年第4期。

陈浩天、肖延玉：《数字经济、生态保护与城乡融合发展的耦合协调效应——来自省域面板数据的实证检验》，《西北农林科技大学学报》（社会科学版）2024年第4期。

周德、戚佳玲、钟文钰：《城乡融合评价研究综述：内涵辨识、理论认知与体系重构》，《自然资源学报》2021年第10期。

周学荣：《多维推动城乡融合发展》，《中国社会科学报》2024年6月18日，第A5版。

杨书文：《以乡村产业振兴推动城乡融合发展》，《学习时报》2024年8月26日，第A2版。

魏后凯：《深刻把握城乡融合发展的本质内涵》，《中国农村经济》2020年第6期。

附表：

附表 1　河南城乡融合发展水平测度原始数据

省辖市	农林水财政支出占比(%)	非农产业增加值占比(%)	亩均农业机械总动力(千瓦)	二元对比系数(%)	城乡人均生产总值(元)	城乡人均收入比(%)	城乡人均消费比(%)
郑州市	5.28	98.49	1.07	11.94	101169	163.92	141.26
开封市	11.68	85.14	0.75	29.05	56075	196.93	194.95
洛阳市	10.32	94.95	0.72	14.90	80226	238.35	201.04
平顶山市	9.50	92.14	0.66	23.13	57193	213.38	155.62
安阳市	9.69	90.04	0.62	33.47	46350	197.20	147.96
鹤壁市	11.68	91.76	0.94	48.20	70422	164.21	153.45
新乡市	12.87	89.98	0.75	28.32	56156	185.67	162.98
焦作市	8.83	93.18	0.61	31.57	63434	158.26	143.27
濮阳市	12.59	86.44	0.65	34.03	50475	212.01	152.84
许昌市	8.95	94.44	0.61	12.42	85515	168.40	147.67
漯河市	10.06	90.65	0.66	25.68	76493	182.02	170.89
三门峡市	11.19	90.39	0.50	20.07	82276	187.56	172.00
南阳市	14.00	83.59	0.76	34.76	47344	201.11	164.74
商丘市	12.77	81.00	0.57	45.80	42227	226.71	162.34
信阳市	17.35	77.86	0.58	47.18	51752	194.27	155.27
周口市	14.37	81.37	0.51	44.19	40951	208.66	169.39
驻马店市	15.87	81.36	0.77	53.60	47136	212.45	178.79
济源示范区	11.61	96.65	1.09	23.34	110517	164.90	127.76

资料来源：《河南统计年鉴 2023》。

附表 2　河南城乡融合发展水平测度原始数据

省辖市	城乡家庭恩格尔系数比(%)	非农就业人口占比(%)	常住人口城镇化率(%)	农村快递线路密度(公里/公里²)	路网密度(公里/公里²)	私人车辆人均拥有量(辆)
郑州市	99.89	88.79	79.40	2.40	1.88	0.32
开封市	95.80	62.16	53.53	1.42	1.61	0.16
洛阳市	93.02	74.52	66.48	1.08	1.30	0.19
平顶山市	95.96	72.02	55.08	1.14	1.89	0.16

续表

省辖市	城乡家庭恩格尔系数比(%)	非农就业人口占比(%)	常住人口城镇化率(%)	农村快递线路密度(公里/公里²)	路网密度(公里/公里²)	私人车辆人均拥有量(辆)
安阳市	116.12	75.51	54.69	1.56	1.80	0.19
鹤壁市	88.47	86.33	62.29	1.33	2.07	0.20
新乡市	92.13	73.68	59.01	1.66	1.61	0.20
焦作市	96.87	81.45	64.35	2.46	2.00	0.18
濮阳市	91.30	69.12	51.63	1.66	1.69	0.21
许昌市	87.07	69.97	55.18	1.81	2.06	0.18
漯河市	107.85	71.80	56.50	1.27	2.14	0.18
三门峡市	90.12	65.11	58.61	0.59	0.99	0.18
南阳市	93.26	63.09	52.22	1.18	1.57	0.14
商丘市	83.23	66.16	47.81	1.14	2.34	0.17
信阳市	97.60	66.34	51.76	0.80	1.51	0.13
周口市	87.92	67.31	44.30	1.45	2.04	0.13
驻马店市	86.27	70.50	45.81	0.81	1.50	0.13
济源示范区	89.80	86.71	68.47	1.31	1.45	0.25

资料来源:《河南统计年鉴2023》。

附表3 河南城乡融合发展水平测度原始数据

省辖市	城乡社区事务财政支出占比(%)	城乡文教娱乐支出比(%)	城乡医疗保障支出比(%)	农村每万人医生和卫生员数(人)	农村每万人医疗卫生机构床位(张)	节能保护财政支出占比(%)	单位用水量农林牧渔业产值(元/米³)
郑州市	20.16	178.02	137.48	13.10	118.56	2.94	65.47
开封市	11.80	167.88	245.66	14.50	86.79	1.44	83.47
洛阳市	13.06	208.76	229.45	15.42	108.96	2.23	105.40
平顶山市	8.20	125.13	141.34	12.93	109.02	1.26	90.82
安阳市	7.33	133.07	114.40	15.84	77.64	2.10	45.87
鹤壁市	7.86	125.33	204.06	21.83	83.30	1.33	55.63
新乡市	5.26	142.20	140.61	13.90	116.85	1.48	38.63
焦作市	7.48	133.39	158.74	14.27	125.12	1.68	42.15
濮阳市	7.08	168.15	129.32	23.79	103.28	2.43	66.83
许昌市	8.84	116.54	193.65	16.49	91.33	3.95	83.60

省辖市	城乡社区事务财政支出占比（%）	城乡文教娱乐支出比（%）	城乡医疗保障支出比（%）	农村每万人医生和卫生员数（人）	农村每万人医疗卫生机构床位（张）	节能保护财政支出占比（%）	单位用水量农林牧渔业产值（元/米³）
漯河市	11.47	176.51	123.66	18.18	66.76	1.83	83.92
三门峡市	7.07	171.95	159.49	10.77	128.56	2.66	163.48
南阳市	5.48	147.91	169.47	19.10	112.21	1.99	82.19
商丘市	7.77	268.00	114.66	12.92	105.96	1.14	135.94
信阳市	6.39	96.48	157.10	18.98	99.49	1.41	76.40
周口市	7.00	148.88	227.94	20.32	103.10	1.29	91.79
驻马店市	5.01	155.94	186.10	14.46	101.03	1.03	182.71
济源示范区	4.95	111.56	64.18	18.23	253.64	1.85	36.16

资料来源：《河南统计年鉴2023》。

城乡产业融合 ◪

B.3
城乡融合背景下河南农业产业链延伸
与价值链提升路径研究

李国英*

摘　要：　城乡融合背景下，农业产业链的延伸和价值链的提升已成为推动河南省农业现代化和农村经济发展的重要路径。城乡融合发展不仅能够为农业产业链提供更广阔的市场空间、更多的资金支持和技术资源，而且有助于依靠政策导向形成小农户与新型农业经营主体的利益联结机制，保障小农户的权益。目前，河南农业产业链仍存在基础设施建设滞后、农产品深加工能力不足、缺乏有效的市场主体等问题，制约了农业价值链的提升。基于此，本文提出以下产业链延伸与价值链提升的具体举措：推动信息技术快速发展为农业企业研发注入新的活力；以特色品牌为支撑，拓宽本地特色农产品销路；引导多元力量参与，构建城乡共建共享新格局；持续完善多元金融支持体系。

---

* 李国英，河南省社会科学院农村发展研究所研究员，主要研究方向为农业产业高质量发展。

关键词： 城乡产业融合发展　产业链延伸　价值链提升　城乡经济共同体

城乡融合发展不仅是解决"三农"问题的根本途径，也是实现乡村振兴的重要保障。党的二十届三中全会提出"完善城乡融合发展体制机制"，特别强调"城乡融合发展是中国式现代化的必然要求"，并对完善城乡融合发展体制机制做出了重要战略部署，健全城乡产业协同发展机制成为城乡融合发展的三大方向之一。在技术应用、需求升级等因素驱动下，农业产业链延伸、价值链提升和供应链优化迎来前所未有的机遇。农业产业链融合发展减少了在生产过程中产生的交易费用，成本降低意味着更大的利润空间。通过延伸农业全产业链，还可以实现农产品从生产到加工、销售、服务等全产业链的整合，进而提升农产品的附加值。同时，价值链的提升还能够优化农业生产结构，提高资源利用效率，有助于构建起现代化农业产业新体系。

河南省地处中原腹地，农业资源丰富，是我国粮食生产和农产品供应的重要基地。长期以来，河南农业大而不强、产业链条短、价值链层次低的问题依然突出，农业生产的附加值和农产品的市场竞争力有待提升。探讨城乡融合背景下河南农业产业链延伸与价值链提升的有效路径，不仅关系河南农产品的市场竞争力和农民的收入水平，还直接影响该地区的经济发展和社会稳定。

一　农业产业链延伸与价值链提升的理论探讨

农业产业链延伸与价值链提升的是一个复杂而多维的过程，涉及经济、社会、文化和生态等诸多方面。探索构建与河南发展现状适配的城乡经济共同体，能够为城乡融合背景下河南农业产业链延伸与价值链提升提供多维度的视角和策略，为河南农业产业的可持续发展和乡村产业全面振兴提供智力支持。

（一）产业链延伸与价值链提升的耦合机制

农业产业链延伸是价值链增值的前提，产业链的延伸有助于节约交易成本、提高经营效率，从而提升价值链，增加农产品的附加值。在实践中，产业链融合可分为全产业链发展融合以及农业功能拓展融合。第一，全产业链发展融合。以农产品终端消费需求为导向，加快推动农业"接二连三"，大力发展农产品"产加销、贸工农"一体化，构建农产品从田间到餐桌、从初级产品到终端消费无缝对接的农业产业链延伸融合模式，由卖原材料向卖品牌产品转变，推动产品增值、产业增效，促进农业全产业链的复合式、融合型和立体化发展。第二，农业功能横向延伸拓展。立足于农业多种功能的挖掘与拓展，顺应人民群众日益增长的精神消费需求，依托农村绿色生态资源，推进农业与乡村旅游、科普教育、传统文化、康养、素质拓展与休闲运动等产业的深度有机融合，构建集生产、生活、生态功能于一体的农业产业新体系，丰富乡村产业类型，提升乡村经济、文化价值。第三，纵向要素融合。在数字经济快速发展的背景下，推动传统生产要素（劳动力、技术、资本和土地）以及数字要素（大数据、人工智能、物联网、云计算）融合发展，以"数字化信息"重塑新的社会关系，加快培育农业数字化产业新形态，从而提升农业全产业链的流通效率。

（二）延伸产业链与优化价值链的互动机制

产业链延伸意味着在原有生产环节的基础上，向上下游或相关产业进行拓展，这些新增环节能够显著增加农产品的附加值，提高整体产业的经济效益。在现代农业产业链生态体系中，利益链的优化是实现农业从业者增收的关键。通过建立合理的利益分配机制，形成龙头企业引领、多主体发力、小农户广泛参与的乡村产业融合格局，确保小农户能够分享产业链延伸和价值链提升带来的收益，其中包括优化农业产业化经营的利益联结模式，如"公司+农户"、农业产业化联合体、农民合作社和家庭农场、股份合作等，以及通过政策支持和市场机制促进农业从业者参与价值链的高端环节。

（三）数字技术赋能产业链延伸与价值链提升的机理

随着数字技术的快速发展，数字经济已成为全球经济增长的重要引擎。数字技术通过网络链接效应、成本下降效应、价值创造效应、价值链治理效应发挥作用，促进了农业产业价值链攀升。其一，数字技术拓展了农业产业链的边界。通过跨界融合和跨界创新，行业内企业可以拓展新的业务领域和市场空间。其二，数字技术促进产业协同，赋能城乡经济共同体建设。数字技术的应用打破了农业传统产业链的组织边界，促进了企业间的协同合作。通过构建数字化平台，相关企业可以实现信息共享、流程协同和资源共享，形成高效、灵活的产业链协作网络，这种协同模式不仅提高了农业产业链、价值链的整体运行效率，还增强了产业链的韧性和竞争力。其三，数字技术重构了价值链格局。数字赋能打破了传统价值链的分工格局和利益分配机制。通过数字技术的应用和创新，企业可以在全球范围内优化资源配置和生产布局，形成更加灵活和高效的价值链网络。同时，数字技术还促进了价值链各环节之间的深度融合和协同创新，推动了农业价值链的整体升级和重构。

（四）科技进步和创新是延伸农业产业链、提升价值链的底层逻辑

目前，生物育种技术、智能农业装备、信息技术应用、节水灌溉、有机肥料使用、病虫害生物防治等绿色农业技术在农业领域的应用日益广泛，成为推动农业产业链延伸和价值链提升的核心动力。其一，提高了农业生产效率。智能化农业设备和精准农业技术的应用，提高了农业生产的精准性和效率，从而增强农业竞争力。其二，推动农业信息化的广泛应用。利用物联网、大数据等信息技术，可以实现农业生产的智能化管理和农产品的可追溯性。其三，促进农业可持续发展。通过科技创新，可以优化农业生产流程，提高资源配置效率，提升农产品的附加值，带动相关产业的发展，形成多元化的产业链条。其四，打造具有地域特色的农业品牌，可以有效地拓展市场空间，实现农业资源的高效利用和生态环境的保护。

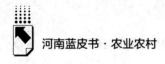

二　河南农业产业链延伸与价值链提升面临的痛点与现实困境

河南省是农业大省，但从农业产业链现代化水平和企业规模实力来看，"大而不强"一直是河南现代农业发展面临的重大瓶颈。农业产业高质量发展仍存在诸多问题和挑战，如产业链环节高度分散且企业"多而不强"、优质种源"卡脖子"、三产融合变现手段单一、产品同质化严重且渠道建设不足、物流与供应链存在短板等。这些问题都制约着河南农业产业链、价值链的健康发展和整体效益的提升。

（一）基础设施建设滞后制约了产业链的延伸

农村基础设施建设是乡村振兴战略的逻辑前提。长期以来河南省城乡公共服务配置失衡较为严重，农村基础设施成为一块影响重大的短板。尤其是交通运输和冷链物流设施不完善，导致农产品在运输和储存过程中损耗较大，影响了农产品的市场流通和附加值的提升；农业科技装备支撑不足，部分农业基础设施年久失修，功能老化，配套不全，河道淤积，防洪排涝能力减弱，保障能力明显下降；农村信息化水平和网络覆盖不足，虽然乡镇和农村热点区域已经实现 5G 网络全覆盖，但在一些偏远地区，网络覆盖质量和服务水平仍需提升。

（二）农产品深加工能力不足，产业链条短

河南省农产品加工企业的技术水平和装备水平相对较低，缺乏深加工和精加工能力，导致农产品附加值较低，难以形成完整的产业链条。河南虽然是全国重要的粮食生产基地，但粮食加工企业大多集中在初级加工阶段，缺乏高附加值的深加工产品，难以实现产业链的延伸和价值链的提升。

（三）农业产业链延伸过程中缺乏有效的市场主体

河南省农业产业链条上的各个环节缺乏有效的市场主体和龙头企业，导

致农户、合作社、加工企业和销售企业之间的协作不够紧密，难以形成完整的产业链条。特别是小农户在生产过程中缺乏技术指导和准确的市场信息，导致农产品质量不稳定，难以满足市场需求，而加工企业和销售企业又缺乏稳定的原料供应，影响了产业链的延伸。

（四）农业产业链延伸过程中存在技术瓶颈

其一，作为农业大省和制种大省，河南在生物育种领域面临以下问题：尚未培育成具有国际影响力的种业企业，本土种企上市数量与农业大省的定位不相匹配，种业企业生物育种创新能力亟待提升；种业科技创新体系尚未完善，生物育种基础研究、原始创新匮乏；前沿育种技术短板依然突出；重大新品种研制能力不足等。其二，高端智能农机装备研发仍然存在短板。河南农机装备产业具备先发优势，但是农机装备的绿色化、智能化、网络化水平较低；科研院所原始创新能力不足；以企业为主体、市场为导向的农机装备创新体系尚未建立；农机装备创新中心、产业技术创新联盟建设进度缓慢。其三，河南智慧农业尚处于起步阶段，仍然存在基础设施薄弱、农业机械智能化水平不高、数据及信息服务能力和治理能力较弱等短板弱项。其四，缺乏先进的加工技术和设备，导致农产品附加值较低，产品销售仍然以初加工为主，难以实现价值链的提升。同时，市场竞争激烈，农产品同质化现象严重，缺乏具有核心竞争力的品牌和产品，导致农产品价格波动较大，农民增收困难。

（五）政策支持和金融服务不足是制约产业链延伸的重要因素

在农业产业链延伸过程中，河南省政策支持和金融服务相对不足，导致农户和企业在资金、技术和市场方面面临较大的困难，难以实现产业链的延伸。在河南省农业全产业链发展过程中最突出的问题就是小农户和企业由于缺乏足够的资金支持，无法引进先进的生产和加工设备，进而影响了生产和加工能力的提升，难以实现产业链的延伸和价值链的提升。

三 农业产业链延伸与价值链提升策略

城乡融合发展是中国式现代化的必然要求，目标是完善城乡融合发展体制机制，促进城市与农村在经济、社会、文化、生态等方面的协调发展，缩小城乡差距，实现资源共享和优势互补。

（一）政策支持是实现农业产业链延伸与价值链提升的重要保障

在城乡融合背景下，农业产业链延伸与价值链提升策略需要强有力的政策支持与制度保障。各级地方政府应出台财政支持、土地使用、金融支持等一系列政策，以确保农业企业在产业链拓展和价值链升级过程中能够得到充分的资源保障和政策扶持。其一，财政支持方面，政府通过设立专项基金，用于支持国家级现代农业产业园、田园综合体项目、农村产业融合发展示范园以及农村一二三产业融合发展先导区项目建设。对符合条件的省级以上农业产业化龙头企业及省级农业产业化示范联合体成员，给予担保贷款，同时对担保费用予以适当优惠和支持。针对乡村旅游、休闲农业、民宿经济、农耕文化体验等新业态，制定相应的税费优惠。其二，在土地使用方面，政府应优先保障农业企业的土地需求，通过土地流转、租赁等方式，促进土地资源的合理配置，提高土地利用效率。同时，应鼓励农村集体经济组织和农民合作社参与农业产业链的建设，以推动土地规模化经营，形成规模效应。其三，在金融支持方面，引导金融机构切实转变服务理念，创新适合农业企业的金融产品，顺应农业产业链形态变化，满足多样化金融服务需求。在制度保障方面，应完善相关法律法规，建立健全农业产业链和价值链发展的制度体系。通过制定农业产业链标准和规范，确保各环节的质量和效率；建立农业企业信用评价体系，引导企业诚信经营，规范市场秩序；加强知识产权保护，激励企业进行自主创新，提升核心竞争力。

（二）技术创新是推动农业产业链延伸与价值链提升的核心驱动力

要高效率实现农业产业链延伸和价值链提升，技术创新是关键驱动力之一。技术创新不仅能提高生产效率，还能增加产品附加值，推动产业升级。其一，农业生产的关键环节需要引入先进技术来提高效率和质量。例如，智能农业技术的应用可以优化种植和养殖过程。智能传感器、无人机、物联网等技术可以实时监测农作物和牲畜的生长状况，及时调整生产策略，减少资源浪费，提高产量和品质。以玉米种植为例，通过引入智能灌溉系统，农民可以根据土壤湿度和气象条件自动调节灌溉量，显著提高水资源利用效率和作物产量。其二，农业机械化水平的提升也是农业产业升级的重要方面。先进的农业机械设备能够大幅度减轻劳动力负担，提高作业效率。河南省在小麦种植上推广的联合收割机和自动播种机，不仅提高了收割和播种速度，也保证了作业的精准度，降低了人工成本。其三，现代生物技术的应用可以增加农产品的附加值。利用基因编辑和分子育种技术，培育出抗病虫害、耐旱、优质高产的农作物新品种，不仅能提高农作物的市场竞争力，还能适应多变的气候条件。其四，信息技术的应用能够促进农业产业链的信息化管理。利用大数据分析和云计算技术，可以实现农产品从生产到销售的全程追溯，提高产品的透明度和安全性。目前，河南省在特色农产品生产中引入了区块链技术，消费者可以通过扫描二维码了解水果的产地、种植过程和物流信息，提高了消费者的信任度，有助于品牌建设。其五，技术创新赋能农业产业链升级，需要政府、企业和科研机构的共同努力。政府应出台相关政策，提供资金和技术支持，鼓励农业科研机构和高新技术企业加大研发投入力度，推动农业科技成果的产业化应用。企业也应积极引进和消化吸收先进技术，加强自主创新，应用现代生物技术和信息技术，提高生产效率和产品质量。科研机构应加强基础研究和应用研究，通过建立产学研合作平台，实现科研成果的快速应用和推广，为农业产业升级提供技术支撑。

（三）市场拓展与品牌建设是农业产业链延伸与价值链提升的重要途径

在城乡融合发展背景下，农业产业链与价值链的优化不仅依赖政策支持与技术创新，还需要在市场拓展与品牌建设方面实现突破。市场拓展与品牌建设是提升农产品附加值和竞争力的重要手段。有效的市场策略和品牌运营，可以为农业产业带来新的发展机遇。其一，在市场拓展方面，需要加强市场调研与分析，精准定位目标市场。随着消费需求的多样化和高端化，农产品市场呈现分层次、多元化的特点。农业领域相关企业应充分利用现代信息技术和大数据分析手段，了解不同市场的需求特点和消费趋势，制定有针对性的营销策略。通过建立农产品电子商务平台和参与各类农产品展销会，扩大农产品的市场覆盖面。以"互联网+农业"的模式，推动线上线下融合发展，借助电商平台打破地域限制，提升农产品的市场渗透力。其二，在品牌建设方面，农业行业需要打造具有地方特色的农产品品牌。品牌是农产品竞争力的核心，通过积极开拓国内外市场，打造具有地方特色和竞争力的农产品品牌，可以提高品牌知名度和美誉度，有效提升农产品的市场影响力和附加值。同时，品牌建设还能够促进农产品标准化生产和质量控制，进一步提升农业价值链的整体水平。其三，品牌建设离不开质量管理和标准化生产。农业行业应建立健全农产品质量追溯体系，确保产品从生产到销售各环节的质量安全。推行绿色有机农业生产方式，提升农产品的品质和市场认可度。通过严格的质量控制和标准化生产，树立品牌的专业形象，赢得消费者的信赖。其四，市场拓展与品牌建设还需要注重品牌宣传和营销推广。农业行业可以借助现代化传媒手段，通过电视、网络、社交媒体等多渠道进行品牌宣传，讲好品牌故事，提升品牌的知名度。农文旅融合是实现产业融合的重要举措，通过"企业+基地+农户""传统+创意"等模式，引导村民参与农旅发展，同时融入艺术元素，以特色文化IP赋能乡村农文旅项目建设运营提档升级，打造具有地方特色的乡村旅游产品和文创产品。其五，在市场拓展与品牌建设过程中，各级地方政府和高校应注重培养专业人才，提升品牌管理和市场营销的能力。特别是在网络经济时代，短视频和直播电商市场高速增长，具有乡土特色的"乡村文化网红"的打造和培育是助力农产品市场拓展与品牌建设的重要手段。

四 进一步促进河南产业链延伸和价值链提升的对策建议

作为农业大省，河南拥有丰富的农业资源和深厚的农业基础。农业产业链在城乡融合背景下具有显著的延伸潜力。但是，当前的农业产业链、价值链仍存在组织化程度低、基础设施滞后、技术创新能力不足和市场竞争激烈等诸多短板，特别是在产业链上下游衔接和价值链增值环节上存在明显不足。政策支持、技术创新和市场需求拓展等手段，可以有效延伸农业产业链、提升价值链，提升河南农业产业的综合效益。

（一）推动信息技术快速发展为农业企业研发注入新的活力

通过信息化手段，提升农业产业链和价值链的整体效益。其一，营造数字化生态政策环境，助力农业企业数字化生态加速形成。农业全产业链数字化转型是从全产业链视角持续深化改革和创新的高级模式。河南各级地方政府应认识到数字经济已经成为驱动经济发展的重要动能，应着力营造开放、健康、安全的数字生态以推动数字经济和实体经济深度融合，加快培育新兴农业数字化产业形态、丰富支撑农业数字化转型的产业化体系、做强做优做大农业数字化产业、以"数字化信息"重塑新的社会关系。其二，通过产业链、创新链"双链"协同壮大农业数字经济。数字经济具有高创新性、强渗透性、广覆盖性的特点，是改造提升传统产业的支点、推动创新驱动发展的重点。探索利用数据联盟链方式来构建新型产业链和创新链的协作网络，可以有效降低供应链的信任成本，支持农业供应链朝绿色、智能、高效、开放方向发展，进而完成农业价值链的升级与再造。其三，构建以政府为主导、企业为主体、产学研相结合的现代农业科技创新体系。推动农业院校和科研机构与企业合作，共同攻克农业生产中的技术难题。引进和培养农业技术人才，提升农民的科技素养和技术水平，推动农业全产业链的技术升级。

（二）以特色品牌为支撑，拓宽本地特色农产品销路

发展农村电商，是创新商业模式、建设农村现代流通体系的重要举措。各级地方政府应大力支持和鼓励利用电商平台和现代物流体系，拓宽河南特色农产品上行渠道。河南行政村快递服务通达率已达100%，2024年上半年，河南全省农村网络零售额达881.13亿元，农村寄递物流网络支撑体系日益完善。① 当前，河南已经培育形成了"原本卢氏""老家镇平"等多个"小而美"的农村电商特色品牌，浚县小河白菜、卢氏连翘等一批河南土特产品，要进一步强化网货开发、品质把控、统一标准，通过做大做强"美豫名品""豫农优品"等品牌，形成具有河南特色的农业品牌体系。

（三）引导多元主体参与，构建城乡共建共享新格局

城乡融合背景下，乡村产业的可持续发展，必须依赖市场化多元主体的广泛参与。其一，依托数字技术建设新型农村经济组织。鼓励农民组建合作社，依靠数字技术进一步提升农民的组织化程度和合作能力，使其成为农户的代表，保障农户权益。其二，培育壮大河南本土农业龙头企业。充分发挥河南各级地方政府的主导作用，通过各种扶持措施支持省内龙头企业迅速做大做强，把龙头农企培育成从基础到应用、从资源到产品、从研发到市场的集成式创新大平台和全产业链一体化创新体系，使之成为创新投入的主体、技术研发的主体和产业开发的主体。引导农业龙头企业与农户建立契约型、分红型、股权型等合作方式，推动新型农业经营主体扶持政策同带动农户增收挂钩，同步实现农产品附加值和农民收入提升。其三，探索产业联农带农

---

① 《上半年河南省农村网络零售额同比增长12.24%，农村电商蓬勃发展》，大河网，2024年8月6日，https：//4g. dahe. cn/news/202408061797147。

益农新模式。加强对农民合作组织的技术指导和政策支持，提升其管理水平和市场运作能力；通过合作组织，整合农业生产者资源，提升农业生产的规模效应和市场竞争力，提升农民组织化程度与合作能力。

（四）持续完善多元金融支持体系

为加大对农业产业链各环节的金融支持力度，政府必须进一步提升和完善农村金融服务质量，培育和发展更加多元化的金融服务体系。在金融支农综合体系建设过程中，尽管各金融机构的相关服务水平不断提升，但实际对于城乡融合发展、农业核心技术突破的支持仍有待加强。这需要各级地方政府着力优化营商环境，改善农业企业融资环境，同时，金融机构也应主动作为，补齐金融手段和金融政策短板，加快推动模式创新的步伐。其一，鼓励金融机构创新涉农金融产品。持续完善多元金融体系，各家银行不要再局限于传统的存贷款业务，整合证券、保险、基金等多元化金融服务，为农业产业提供一站式、全方位的金融服务。其二，构建科技金融链，搭建资金交流渠道。金融业可以通过构建科技金融的服务网络，一方面主动对接农企不同类型的资金需求，提升客户黏性，另一方面通过与市场化投资机构的合作来降低自身风控成本，更高效地实现业务拓展。其三，开创农业农村保险新模式。推广深化"农业保险+期货+信贷+担保"的融合发展机制，丰富农村金融供给。在协保机制、信息系统和线上线下风控融合方面形成服务范例，更好地实现农业金融服务的可得性和融合性，为农村金融改革提供更好的路径。

参考文献

肖卫东、杜志雄：《农村一二三产业融合：内涵要解、发展现状与未来思路》，《西北农林科技大学学报》（社会科学版）2019 年第 6 期。

穆雅丽等：《数字金融赋能城乡融合——基于金融资源配置的中介效应》，《黑龙江八一农垦大学学报》2024 年第 4 期。

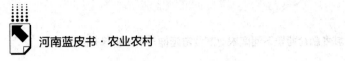

孙涛、孙斌、薛建春：《黄河流域城市群城乡融合与生态环境交互胁迫及耦合协调研究》，《华北水利水电大学学报》（自然科学版）2024年第12期。

范根平：《中国式现代化视域下城乡融合发展的理与路》，《河海大学学报》（哲学社会科学版）2024年第4期。

张天帷、高帆：《基于"基础—过程—绩效"框架的中国城乡融合发展测度研究》，《经济纵横》2024年第8期。

顾相君：《数字乡村战略下黑龙江省城乡融合发展路径研究》，《生产力研究》2024年第8期。

周宁：《中国式现代化视域下城乡融合发展的价值追求升级》，《农业经济》2024年第8期。

肖伶俐、李敬：《城乡融合发展视角下农业价值链金融发展逻辑与服务模式研究——学习贯彻党的二十届三中全会精神》，《重庆理工大学学报》（社会科学版）2024年第8期。

刘书义：《新型工业化背景下城乡融合高质量发展策略》，《当代县域经济》2024年第9期。

B.4
河南畜牧业发展态势与对策研究

张俊华*

摘　要：　畜牧业是河南省农业农村经济的重要支柱产业，近年来，河南省大力推进畜牧业现代化发展，虽然取得了显著的成效，但也面临新的挑战。2024年，河南省畜牧业生产形势总体较为平稳，但也面临生产供给阶段性、相对性、结构性过剩和需求减弱并存的问题。上半年，在市场行情低迷和成本高位的双重挤压下，畜牧业发展陷入供需"两难"境地；下半年，畜产品市场行情逐渐向好，但整体恢复动力仍然较弱。河南省畜牧业的发展依托优质饲草料供应、科学育种、数智化装备应用、疫病防控、社会化服务和新型经营模式推广等多方面的举措，具备推动产业提质增效的良好基础，但也面临产业结构与市场需求不匹配、产业链整合和联动机制不健全、金融和保险服务保障体系不完善、品牌建设有待加强及畜牧业人才供需失衡等诸多挑战，还需要在产业结构优化、经营风险防控、产业链整合联动、优化金融服务、加强品牌建设以及完善人才培养和引进机制等方面下功夫，持续推进畜牧业高质量发展。

关键词：　畜牧业　产业结构　科学育种　高质量发展

畜牧业是农业农村经济的支柱产业，不仅是保障国家食物安全的重要基础，也是推动乡村振兴和农民增收的关键力量。河南省畜牧业发展在全国占据举足轻重的地位。2023年，河南省肉蛋奶产量达1351.9万吨，牧

---

* 张俊华，管理学博士，河南省社会科学院农村发展研究所助理研究员，主要研究方向为农业经济与农村发展、畜牧产业经济。

业产值达2596.0亿元，分别约占全国的1/13和1/15。2024年，面对全球及国内复杂多变的经济形势，河南大力推进现代畜牧业转型升级和畜牧业生产稳定发展，在养殖成本高位和市场需求收缩的双重压力下，积极疏通产业链上的卡点堵点，有效调结构、稳产能、保供给、助企纾困解难，确保畜牧业保持平稳发展态势。2024年上半年，河南省牧业总产值达到1192.19亿元，同比增长1.9%，增速比上年同期提高1.4个百分点。这不仅体现了河南省在畜牧业发展方面的深厚积累，也彰显了河南省在面对挑战时的应对策略与执行能力。然而，成绩的背后还隐藏着诸多不足。河南省畜牧业在产业结构调整、品牌建设和新型经营主体培育等方面仍需持续发力，同时，养殖成本高位运行、市场价格波动、产业链整合机制不健全以及金融和保险服务体系薄弱等问题，也制约着畜牧业的进一步发展。因此，深入研究河南省畜牧业的发展现状，剖析畜牧业发展面临的机遇与挑战，探寻适合河南省情的畜牧业发展方向，对于推动河南省畜牧业高质量发展具有重要意义。

一　河南畜牧业发展形势分析

（一）河南省畜牧业发展总体态势

1.畜产品生产总体平稳

从畜产品产量来看，2024年上半年河南省主要畜产品产量呈现总体平稳态势。2024年1~6月，猪、牛、羊、禽肉产量合计353.36万吨，比上年同期增加8.18万吨，同比增长2.37%，其中猪肉、羊肉和禽肉产量分别为257.69万吨、12.99万吨和66.96万吨，同比分别增长0.10%、11.79%和10.99%，牛肉产量为15.72万吨，同比下降0.51%。牛奶产量为70.88万吨，同比增长0.55%，禽蛋产量为188.52万吨，同比下降1.80%（见表1）。

表1 2023年1~6月和2024年1~6月河南省畜产品产量及同比增长率

单位：万吨，%

	猪、牛、羊、禽肉	猪肉	牛肉	羊肉	禽肉	牛奶	禽蛋
2023年1~6月	345.18	257.43	15.80	11.62	60.33	70.49	191.98
2024年1~6月	353.36	257.69	15.72	12.99	66.96	70.88	188.52
同比增长率	2.37	0.10	−0.51	11.79	10.99	0.55	−1.80

资料来源：《河南统计月报》。

从畜禽产能水平来看，截至2024年6月末，河南省主要畜禽品种的产能均有所下调。生猪存栏3993.96万头，同比下降2.40%，其中能繁母猪存栏374.48万头，同比下降4.8%；肉牛存栏368.43万头，同比下降6.80%；肉羊存栏1735.84万只，同比下降2.96%；家禽存栏66503.19万只，同比下降2.00%（见表2）。

表2 2023年6月和2024年6月河南省畜禽品种存栏量及同比增长率

	生猪（万头）	肉牛（万头）	肉羊（万只）	家禽（万只）
2023年6月末	4092.17	395.31	1788.87	67860.40
2024年6月末	3993.96	368.43	1735.84	66503.19
同比增长率（%）	−2.40	−6.80	−2.96	−2.00

资料来源：《河南统计月报》。

2.畜产品行情逐渐向好

分品种来看，2024年6月以后，河南省活猪和生猪价格均持续快速上涨。截至2024年9月，活猪和生猪价格分别上涨至19.41元/公斤和30.70元/公斤，较年初分别增长29.52%和28.36%，较上年同期分别增长17.96%和22.34%。猪粮比价也从3月开始持续升高，9月猪粮比价升至8.04∶1，养殖户的补栏积极性高涨，仔猪价格上涨至9月的40.48元/公斤，较年初增长90.38%，较上年同期大幅增长34.90%。生猪市场供需关系逐步改善，能繁母猪产能去化基本接近尾声，并开始步入增长期，但也需警惕仔猪价格快速上涨给生猪市场带来的潜在影响。

受进口牛肉冲击和国内市场牛肉阶段性供过于求等因素的影响，春节以来牛肉市场行情持续下跌，养殖场户普遍亏损，生产经营压力加大，国内市场肉牛产能结构逐步调整。2024年7月以后河南省牛肉市场行情趋于平稳，9月牛肉价格回升至57.71元/公斤，较年初下跌18.30%，较上年同期下跌20.91%。近年来，在高羊肉价格刺激下肉羊产能迅速扩张，加之受羊肉进口冲击和替代产品价格回落等因素的影响，春节以来羊肉市场行情也持续下跌，不断压缩肉羊养殖效益，河南省羊肉价格自2月以来持续下跌，截至9月下跌至63.83元/公斤，但随着产能去化和秋冬季羊肉消费旺季到来，羊肉价格已经开始趋于平稳。

在肉鸡生产供给增长和国内经济环境逐步优化的背景下，消费者对低价格动物蛋白的需求增长，鸡肉行情总体平稳。2024年9月，河南省鸡肉价格为17.13元/公斤，较年初增长0.94%，较上年同期下降0.98%。受季节因素和供需关系变动的影响，2024年河南省鸡蛋价格呈现先下跌后上涨态势，9月鸡蛋价格为10.72元/公斤，较年初增长16.30%，较上年同期下跌6.74%。

受近年来国内奶牛养殖增长迅速、进口乳品对国内原料奶的挤占效应以及国内乳品终端消费需求增长放缓等因素的影响，国内市场的原料奶供应过剩，河南省作为奶业主产省份之一同样受到较大冲击，2023年以来牛奶价格持续下跌，截至2024年9月已下跌至3.11元/公斤，累计下跌25.21%，较2024年初下跌16.01%，较上年同期下跌16.91%（见图1）。

3. 畜禽规模化养殖稳步推进

规模化、集约化养殖可以通过引入现代管理和科学养殖技术，拓展养殖空间，优化资源配置，保障养殖环境生物安全，降低生产成本，提升养殖效率，增加畜产品供给，保障市场稳定。在南阳市内乡县，牧原集团打造年出栏量可达210万头的"全球单体规模最大的生猪楼养综合体"，1名饲养员年饲养商品猪达1万头；全县生猪规模养殖比例高达98%，万头以上生猪养殖场达27家，建成年存栏18万只的蛋鸡场和年出栏45万只的肉鸡产业园，18万只蛋鸡的养殖栋舍只需要1~2名工人照看，蛋鸡和肉鸡规模化养殖比

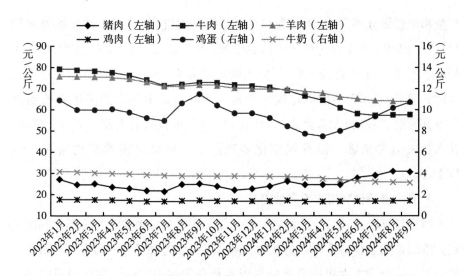

图1 2023年1月至2024年9月河南省肉、蛋、奶产品价格

资料来源：根据河南省农业农村厅畜牧处畜禽价格行情监测周度数据整理。

例达到80%以上。正大集团在漯河市投产的300万只蛋鸡生产基地内，每栋鸡舍可容纳18万只蛋鸡，每天生产150吨鸡蛋。[①]

规模化养殖逐渐成为推动产业转型升级的核心力量。正阳县依托丰富的秸秆资源，将肉牛规模养殖场由不足30家迅速发展到95家，存出栏量达12.03万头，年均增速超过20%。[②] 西平县持续推动养殖规模化、标准化和产业化发展，建成大型肉牛、奶牛繁育基地，肉牛饲养量达5万头，奶牛年产奶量达10万吨。[③] 柘城县建有30家规模化肉牛繁殖或育肥牧场，年出栏肉牛7.6万头。卫辉市现有各类畜禽养殖场（户）共计1500余家，生猪、蛋鸡规模养殖比重分别达到85%和99%。[④] 确山县养牛场户共1864家，存

[①] 《"豫"见新"智"牧场——河南现代畜牧业勾勒智慧发展新蓝图》，《农民日报》2024年7月18日，第1版。

[②] 《河南正阳：牛产业"牛"起来》，中国经济网，2023年12月26日，http://www.ce.cn/xwzx/gnsz/gdxw/202312/26/t20231226_38844201.shtml。

[③] 《河南西平："牛产业"规模化发展助推乡村振兴》，新华网，2024年8月22日，http://ha.news.cn/20240822/23d9ea1ec5ac41179e228e9b9b1e3540/c.html。

[④] 《引进龙头企业 打造畜牧养殖新名片》，《河南日报》2024年5月8日，第11版。

栏量和出栏量分别为 11.3 万头和 6.4 万头。① 夏邑县建成畜禽规模养殖场 511 个，其中，5 个万头单体生猪养殖场、6 个畜位 500 头以上的大型肉牛规模养殖场、11 个畜位 1000 只以上的大型肉羊养殖场、9 个 5 万只以上的蛋禽养殖场，2023 年扶持建成 4 个畜位 500 头以上的大型肉牛养殖场。② 方城县通过"政府+龙头企业+合作社+农户"模式整合土地、资金、政策、技术、人力等资源，提升规模化养殖产能，畜禽规模养殖比重达 80% 以上。③

4. 粪污资源化利用水平有效提升

河南省高度重视畜牧业绿色发展工作，积极探索畜禽粪污资源化利用模式，推动畜牧业种养循环绿色发展。内乡县将生态环境保护与畜禽养殖污染防治紧密结合，大大提高畜禽粪污资源化利用水平，粪污综合利用率达到 99.84%，探索并推行"政府主导、多方参与、系统治理、种养循环"的"内乡模式"，推动规模以下养殖户开展粪污分散收集、集中储存利用，建成 15 个乡镇粪污收储利用中心，布局 27 个收储点，收储容积达 1.38 万立方米，实现对 1400 余个农村小散养殖户畜禽粪污全收集还田利用，辐射 1.92 万亩农田；带动 120 家中小规模养殖场按照"一户一策、以畜定养、种养结合"的模式开展种养循环，实现粪污自我消纳；大型规模养殖场采用全托管运营服务模式，通过整合土地资源，实施规模化、科学化粪污发酵和粪肥还田工程，提高粪污资源化利用水平。④

方城县推行"畜—沼—田"就地消纳模式，推动畜禽养殖废弃物由"治"向"用"转变，对 28 家规模养殖场和 146 家养猪大户粪污处理设施及粪肥还田设施进行配套或升级改造，确保畜禽粪污"存得住、不外排"，

① 《河南确山：牛产业奏响强县"新牧歌"》，中国经济网，2024 年 8 月 10 日，http：//www. ce. cn/xwzx/gnsz/gdxw/202408/10/t20240810_ 39099646. shtml。
② 《以畜牧业高质量发展助推乡村振兴》，《商丘日报》2024 年 4 月 23 日，第 4 版。
③ 《方城县：畜牧业发展势头强劲》，大河网，2024 年 3 月 10 日，https：//city. dahe. cn/ 2024/03-10/1726381. html。
④ 《河南省内乡县："三抓三推"赋能畜牧产业绿色发展》，中国网，2024 年 8 月 5 日，http：// agri. china. com. cn/2024-08/05/content_ 42885107. htm。

畜禽粪污资源化利用率达 90% 以上。① 泌阳县建成 2 处畜禽粪污处理中心，畜禽粪污废弃物综合利用率超过 90%，并在夏南牛产业方面，探索实行"草—畜—粪—肥—草"一体化循环养殖模式，构建完整的粪污资源化循环利用链。② 固始县积极探索以"田边、林边、沟边和农村闲置庭院"为载体的"三边一院"农牧循环生态种养模式，初步培育 81 个示范点，开展农牧、菜牧、果牧、茶牧等循环种养生产。③ 武陟县积极引导畜禽养殖场户建设和提升粪污处理设施设备，实现 100 万吨粪肥还田利用，覆盖 400 家规模养殖企业，粪污综合利用率达 90% 以上。④ 夏邑县建设 78 个粪污收集处理点和 1 个粪污收集处理中心，实现对多个养殖场畜禽粪便集中处理，变粪污为粪肥，变污染源为资源。⑤

（二）河南省畜牧业发展的基础支撑

1. 优质饲草料支撑河南畜牧业"强基固本"

充足且优质的饲草料是做大做强畜牧业的基本要求。河南不仅是畜牧业大省，也是饲料生产大省，2023 年河南省共有 1128 家饲料生产企业，持有 1555 张饲料生产许可证，年产 1729.6 万吨商品饲料，同比增长 7.3%，位列全国第五。⑥ 河南省秸秆资源丰富，每年生产约 7800 万吨秸秆（其中玉

---

① 《方城县：畜牧业发展势头强劲》，大河网，2024 年 3 月 10 日，https://city.dahe.cn/2024/03-10/1726381.html。

② 《泌阳县：做足"牛文章"壮大"牛经济"》，《驻马店日报》2024 年 8 月 22 日，第 2 版。

③ 《河南固始：探索"三边一院"农牧循环生态种养模式 激发经济发展新活力》，中国金融信息网，2024 年 9 月 12 日，https://www.cnfin.com/cmjj-lb/detail/20240912/4103515_1html。

④ 《武陟县发展现代畜牧业 激活乡村振兴"新引擎"》，焦作市人民政府网站，2024 年 2 月 29 日，http://www.jiaozuo.gov.cn/sitesources/jiaozuo/page_pc/ywdt/xqkx/article60bc47f2825748f89d9d1d4b422967d0.html。

⑤ 《河南夏邑：建设地力"加油站" 耕地吃上"营养餐"》，《农民日报》2023 年 12 月 22 日，第 6 版。

⑥ 《河南省饲料工业协会成功举办 2024·中原饲料科技论坛》，"中原饲料"微信公众号，2024 年 5 月 20 日，https://mp.weixin.qq.com/s?__biz=MzU0OTA1NzQwNA==&mid=2247492959&idx=1&sn=a8f6d793658f80ea6f82c0ff1459f75b&chksm=fbb7034cccc08a5ab5c5a5340ba6446296b616e46a8f469558f403196819d1a8359209266f78&scene=27。

米秸秆2450万吨），为饲草供给提供了天然宝库，但目前饲养牲畜的秸秆利用率仍不足30%。① 河南省全力实施粮改饲支持政策和饲用豆粕减量替代行动，积极开拓新的饲料供给来源，推动饲草料提质减量，为河南省畜牧业发展提供坚实保障。2023年，河南省83个粮改饲试点县完成粮改饲面积144万亩。② 牧原集团生猪养殖长期秉持饲料配方优化理念，应用低蛋白日粮饲喂策略，2023年饲料日粮中豆粕用量仅占5.7%，较全行业平均水平低7.3个百分点，折合每头生猪节省大豆用量约31公斤，每头猪的氮排放可降低1.26公斤左右；③ 同时，其正在建设的淀粉人工合成氨基酸项目在投产后预计能进一步提升豆粕减量替代能力。自2019年起，河南省开展黄河滩区百万亩优质草业带建设行动，大力支持兰考等黄河滩区草业带重点县集中连片发展优质牧草规模化种植，计划到2025年在黄河滩区构建100万亩优质饲草种植区，包含50万亩全株青贮玉米、30万亩紫花苜蓿和20万亩其他优质牧草。这一举措不仅能为畜牧业提供高质量饲草资源，还能改善土壤结构，维护生态平衡，有效防止土地退化与沙化，挖掘农民收入增长点，带动相关产业繁荣发展。

2. 科学育种驱动河南畜牧业"核芯动能"

优异的种质资源是做大做强畜牧业的核心所在，也是畜牧业高质量健康发展的基石。为强化畜禽遗传资源的保护和高效利用，河南省于2023年更新《河南省畜禽遗传资源保护名录》，将省域内南阳牛、豫西黑猪、黄淮山羊等27个地方畜禽品种纳入名录进行重点保护，并锚定疫病风险高、保种难度大的地方家畜品种，开展遗传材料收集与储存工作，累计保存地方牛、猪、羊、驴等15个品种的4.4万余份遗传材料，初步建成活体与分子相结合的遗传资源保种体系。河南省持续实施畜牧业种业振兴行动，借助现代生

① 《河南省奶业发展现状、面临的问题及发展对策》，映象网，2023年12月19日，http://meat. hnr. cn/rlyw/article/1/1737012961127456769。

② 《河南省2023年粮食节约和反食品浪费年度工作报告》，河南省人民政府网站，2024年1月9日，https://www.henan.gov.cn/2024/01-09/2881838.html。

③ 《养殖业怎样实现豆粕减量替代》，中国经济网，2024年9月10日，http://www.ce.cn/xwzx/gnsz/gdxw/202409/10/t20240910_39133334.shtml。

物技术推动种业发展，实现了畜牧业关键领域的科技突破。近年来，培育的"豫粉1号"蛋鸡、豫南黑猪、夏南牛和黄淮肉羊等国家审定新品种（配套系）也在国内广泛应用；河南省谊发牧业国家级生猪核心育种场实现饲喂过程中实时测定生猪生产性能，通过大数据筛选出饲料报酬率更高的种猪，解决选育难题，每年可出栏高品质种猪12万头、无特定病原高性能常温和冷冻精液260万剂；河南丰源和普农牧有限公司每年为行业提供高品质种猪10万头；河南鼎元国家级肉牛核心育种场年生产优质种牛冻精700万剂以上，其中性控冻精35万剂；泌阳县夏南牛国家级肉牛核心育种场年生产牛冻精200万剂。河南农业大学家禽研究团队研发出"神农1号"中国地方鸡专用基因组芯片和高效遗传分子鉴别系统，加速地方鸡遗传资源的评估、鉴定、保护与开发利用；河南首例克隆羊"小龙"在宁陵县豫东牧业实验基地出生并顺利长大，标志着河南省在家畜动物生物育种领域取得新突破；建成并开始运行的河南省种畜禽全基因组遗传评估平台，实现种畜禽育种数据的集成与综合应用，构建了涵盖种猪、种羊、种鸡等多畜种，集合育种数据采集、传输、处理、分析、存储的一站式育种解决方案，支持育种企业提升精准育种效率。此外，河南省畜禽遗传资源基因库项目在中原农谷的核心区开工建设，将构建起包含种质资源库、生物信息数据库、基因创新研发中心、种质评估中心、繁育技术研发中心和种质资源大数据平台在内的全面育种体系，有力地支持河南省全方位、多层次的畜禽遗传资源保护与开发。

3. 数智化装备注能河南畜牧业"提速增效"

先进的数字化、智能化装备是做大做强现代化畜牧业的重要手段。随着物联网、大数据、人工智能等技术的不断发展，河南省畜牧业的技术支撑力和竞争力不断增强。牧原集团建设的楼房养殖综合体园区内，智能饲喂系统能够根据猪群的健康状况自动调整猪群饲料配方，并通过管道输送饲料实现自动化精准饲喂，运输车每天可减少80~100辆次，既能保证最佳营养供应和健康水平，又能有效减少人工干预频率，提升养猪效率；猪场轨道巡检装备能精准获取空气质量、猪的体重和健康状况等数据，实现自动分析诊断和无人值守操作，显著提升管理效率。河南丰源和普农牧有限公司投资建设数字化管理系统，实现饲料生产、生猪养殖等环节的全流程记录与追溯。光山县河南福牛牧业公司与高校科研团队合作，引入智能无人饲喂系统，实现智能称重、疾病防控等过程的智慧化。双汇85家养殖场全部接入智能监管系统，通过大数据分析，聚焦于发现低疫病率和高效益养殖技术，将饲喂经验推广至全集团养殖场，"反哺"养殖环节促使整体养殖水平提升。正大集团在漯河市运营的立体化、集约化、智能化蛋鸡生产基地，每栋鸡舍有10层鸡笼，可容纳18万只蛋鸡，仅需1~2名饲养员，高度自动化的生产线把鸡蛋从鸡笼输送到加工车间，经过清洗、挑选等自动化处理过程后打包装箱。河南省5万头以上猪场、10万只以上蛋禽场、50万只以上肉禽养殖场和100头以上奶牛场智能化管理系统使用率分别达到77%、81%、62%和55%。① 此外，河南省畜牧业管理工作也逐步数字化、智能化，如采用人工智能生猪跨省调运通关检查系统，将原来耗时十几分钟的通关流程缩短至1~2分钟，兼顾效率与安全；畜禽屠宰管理平台将所有持证生猪屠宰企业纳入管理范围，实现从屠宰到检疫出证全过程无缝对接；河南省奶牛生产性能测定中心（河南DHI）运用现代化数据平台与检测技术，每年完成200万份样品的数字化、自动化、智能化检测工作，基于304家牧场57.27万头奶牛的档案信息，绘制河南省泌乳牛生产性能数据与群体特征图谱资料，建成国内最大的省级"奶牛户籍登记"数据平台。数智化装备的推广应用已将河南省畜牧业推向更高层次的智能化、数字化发展阶段。

4. 疫病防控守护河南畜牧业"安全防线"

健全的疫病防控措施是做大做强畜牧业的根本保障。强化疫病防控有助于减少由疫病导致的经济损失，确保畜牧业稳定发展。河南省严格落实动物疫情常态化综合防控，持续加强动物疫病强制免疫工作，构建高效的监测网络，加强动物疫病防控宣传，提升技术指导水平，实施网格化管理三级联

---

① 《"豫"见新"智"牧场——河南现代畜牧业勾勒智慧发展新蓝图》，《农民日报》2024年7月18日，第1版。

动，对养殖场户进行上门入户、入场免疫和采样检测，提高预警监测效能和疫病防控能力。牧原集团的"天网工程"，可以抵御151种病毒、181种细菌和27种寄生虫，构建高健康猪群，实现环境监测、体温管理、猪群疾病（咳嗽、腹泻等）智能监控，有效抵御威胁养猪业的常见疾病。河南省生猪产业技术体系以重大疫病为靶点，示范推广疫病防控技术，实现应急性动物疫病防控向日常管理转变，研发灵敏度高、特异性优的快速检测试纸，满足中小型规模养殖场户的日常疫病检测需求。河南省疫病净化管理成效显著，净化范围和病种不断扩展，实现从单场净化向无疫小区、净化示范区转变，从单一净化病种向多净化病种转变。2024年汛期过后，河南省动物疫病预防控制中心对全省养殖场开展灾情摸底排查，组织专业人员从畜禽紧急免疫接种、场区消毒灭源、病死及淹死畜禽无害化处理等方面进行实地指导并开展灾后动物疫病防控和重大动物疫病及重点人畜共患病现场检测监督，确保畜牧业健康稳定发展。

5.社会化服务赋能河南畜牧业"增长引擎"

多元化的社会化服务是做大做强畜牧业的强劲动力。河南省依托新型畜牧业社会化服务模式，使不同规模、不同养殖品种和处于不同产业链环节的畜牧从业者共享现代畜牧业发展成果，形成畜牧业经济增长的新支撑点。目前，河南已经培育出许昌天顺农业、南阳鸿瑞牧业、驻马店大德农牧、信阳福牛牧业等服务型畜牧企业，它们通过专业的技术服务帮助中小规模养殖场户实现高额回报，将其纳入现代畜牧产业经营体系。内乡县打造"科技特派员+专业技术人员+养殖服务基地+养殖户"四方参与的畜牧科技服务体系，全方位"零距离"服务养殖户开展养殖工作。武陟县与河南牧业经济学院合作设立科技创新服务团队，实行一站式精准定向推广"培训队+农户"适用技术，畅通畜牧技术服务"最后一公里"。河南省依托种羊场建立3个社会化种公羊服务站，提供羊人工授精配种服务，加快普及推广羊人工授精技术。肉牛产业技术体系专家团队为养牛户提供牛场规划、建设和生产管理的全程建议，帮助养牛户解决技术难题。生猪产业技术体系围绕中小规模猪场的需求，日常提供猪病实验室检测、疫病检测指导、引种隔离检测等服务，团队每年为300多家中小规模猪场提供猪病监测、应急诊断5000余份。河南省奶牛生产性能测定中心经养殖场户同意后将测定数据授权给农业信贷担保公司，利用数据化解活体抵押的监管困难，帮助贷款申请人获得担保贷款，实现"数据变现"的创新服务模式。

6. 新型经营模式促使河南畜牧业主体"互利共赢"

多样化畜牧业经营模式是做大做强畜牧业的创新之举。河南省各地区积极探索多种畜牧业新型经营模式，通过创新组织方式，构建合作体系，协同推动畜牧业发展。嵩县引入"托牛所"理念，采用村集体领建、农户联建、龙头企业投建的合作方式，引导养殖户"退村入所"，将牛委托给龙头企业托管代养，形成"村集体—托牛所—农户"三方共赢格局。新野县构建以"龙头企业+规模养殖场+养殖小区+养牛专业合作社+养牛大户"为特色的肉牛产业联合体发展模式，构建涵盖"饲、养、加、农、工、贸"的肉牛全产业链体系，促进牛产业三产融合和协同发展。宜阳县倡导村股份经济合作社、龙头企业和农户之间的紧密合作，通过"户繁企育"、"户托社养"、"配股分红"和"协议用工"等多种方式实现三方抱团发展。泌阳县建立"公司+基地+农户"、"党群创业服务社+龙头企业+养殖户"、股田制分红等利益联结模式，有效促进养殖户增收。这些多元化的经营模式，依托各地特色与资源，构建合理的利益联结机制，实现多方互利共赢，将助力河南省畜牧业迈向更高质量和可持续发展的新阶段。

二 河南省畜牧业发展的不足之处

河南省畜牧业虽然取得了一定的成就，但仍面临诸多亟待解决的痛点问题，主要包括产业结构与市场需求不匹配、养殖成本高位和产品价格波动导致经营风险增加、产业链融合和联动机制不健全、金融和保险服务体系不完善、品牌建设滞后以及畜牧业人才供需失衡等关键症结，这些问题严重阻碍了河南省畜牧业的高质量发展进程。

（一）产业结构与市场需求不匹配

虽然河南省部分地区畜牧业较为发达，部分品种已实现规模化、标准化生产，但仍存在部分地区和品种生产呈现"小、散、弱"的现象，中小规模养殖户的生产方式相对落后，难以适应现代畜牧业的发展要求。随着消费者需求日益多样化和个性化，由于市场信息不对称、产业结构不合理以及畜产品生产周期长等因素的制约，畜牧业品种优化未能紧跟市场需求变化，结构调整因缺乏有效的市场导向机制而相对滞后，不能准确预判和灵活应对市场需求变化，供需错配，部分畜产品产能相对过剩，畜牧业生产与市场需求之间存在错配。而如夏南牛等肉质细嫩、口感好、营养丰富的优质畜产品市场需求仍较大，但供应相对有限，产业整体效益受到限制。

（二）经营风险增加导致生产不确定性增加

一方面，受饲草料价格高位、疫病防控压力增大等因素影响，河南省畜禽养殖成本增加。根据河南省畜禽价格监测数据，2023年玉米、豆粕平均价格分别达到2.90元/公斤和4.52元/公斤，育肥猪、肉鸡、蛋鸡配合饲料平均价格分别达到3.66元/公斤、3.80元/公斤和3.47元/公斤。同时，在非洲猪瘟疫情等因素影响下，养殖户需要投入更多资金用于防疫消杀和生物安全管理，增加了防疫成本、养殖风险和养殖管理难度。另一方面，尽管2024年以来饲草料价格有所回落，但全球经济形势和国内市场需求疲软导致畜禽产品价格波动频繁，除猪肉价格同比有所上涨以外，其余畜产品价格均下跌，养殖户难以预测未来行情以规划生产，经营风险增加。2024年1~9月，除猪肉平均价格同比上涨12.34%外，牛肉、羊肉、鸡肉、鸡蛋和牛奶平均价格同比分别下跌17.38%、9.66%、1.68%、12.34%和13.38%。[①]在成本高位和价格下跌的双重压力下，养殖户盈利空间不断受到挤压，甚至

---

① 根据河南省农业农村厅畜牧处畜禽价格行情监测数据计算。

出现部分养殖场户因亏损而退出生产的情况，河南省畜牧业正面临经营风险增加造成生产不确定性增加的挑战。

（三）产业链融合和联动机制不健全

河南省虽然是畜牧业大省，但尚未成为畜牧业强省，整体表现为产业联动机制不健全、三链融合不充分、产业链条不完整。首先，河南省畜牧业加工龙头企业数量较少，虽有牧原集团、双汇、花花牛等企业，但整体作用相对有限，难以有效发挥畜禽产业链整合和联动的主导作用，中小规模养殖户与龙头企业之间的联结程度以及产业链的协作与整合水平有待提高，"龙头企业+合作社+农户"等新型畜牧业经营模式未能发挥真正作用。其次，产业链上各环节的利益分配机制不完善，缺乏合理的利益联结机制，导致养殖户与加工企业之间合同条款不公平，缺乏风险共担机制，企业与农牧户之间出现违约、追索成本提高等问题，损害利益主体双方的稳定合作关系。最后，河南省畜牧业产业链延伸不足，纵向整合乏力，名牌产品与精深加工产品较少，上下游之间衔接不够紧密，产业链条偏短，尤其是在加工、冷链运输、销售等环节的发展进程相对滞后，还未形成完整的"养殖—加工—销售"闭合产业链，产品价值难以充分释放，产业增值能力有限，产业化增益能力受限。

（四）金融和保险服务保障体系不完善

一方面，河南省畜牧业正处于转型升级的关键时期，需要大量资金投入用于技术提升、设施装备改造、品牌建设等方面。然而，当前金融服务体系难以满足这些多元化资金需求。畜牧业生产周期长、资金需求量大，但金融机构对畜牧业的信贷支持力度有限，融资门槛较高，贷款难、利率高等问题长期困扰着广大养殖户，特别是中小规模养殖户因缺乏有效抵押物、担保机制不完善和融资渠道有限等问题，难以获取充足的资金支持，制约了生产规模扩大和产业升级发展。另一方面，畜牧业受市场波动和自然灾害等风险因素影响较大，但当前针对畜牧业生产的保险产品种类较少，保障范围不全面、保障水平、保障形式及赔付标准等与养殖户的实际风险需求脱节。畜禽保险仍以"保疾病、保死亡"为主，"保价格、保收入"产品开发滞后，不能充分发挥保障养殖户收入预期、增强风险抵御能力并激励技术采纳和创新的功能，无法为养殖户提供有效的生产风险保障。

（五）畜产品的品牌建设有待加强

首先，河南省畜牧业发展的品牌意识薄弱，品牌培育不足，品牌建设相对滞后。企业对品牌价值的认识和重视程度不够，市场推广和营销力度不足，难以形成有影响力的畜产品品牌，造成产品同质化现象严重，缺乏差异化竞争优势，市场认可度和知名度低，制约了河南畜牧业在全国范围内的竞争力。其次，畜产品品牌标准体系不完善，缺乏统一的标准和规范，品牌化生产、质量认证和营销体系不健全，难以在国内市场树立良好的品牌形象，影响河南省畜牧产品市场竞争力和议价能力。最后，河南省畜牧产品品牌宣传推广滞后，市场开发力度不足，缺乏对畜牧产品品牌的系统宣传和市场推广策略，现代营销手段应用和销售渠道开发不够充分，未能利用互联网、社交媒体、文化旅游等新兴渠道进行有效的品牌宣传，产品市场拓展不足，难以充分发挥品牌效应。

（六）畜牧业人才供需失衡问题严重

畜牧业发展依赖高素质的专业技术人才。在生产成本攀升、环保压力加剧、动物疫病频发等多重约束下，河南省畜牧业亟须探寻一条高质量发展的新路径，因此对专业技术人才的需求日益增加。一方面，由于基层工作环境艰苦、薪酬待遇欠佳，畜牧业对人才吸引力不足，难以引进并留住技术型人才，农牧大专院校培养的技术人才转行现象普遍。一线基层从业人员的综合素质有待提升，畜牧从业人员数量不足、既懂管理又懂技术的复合型人才以及能够适应畜牧产业化发展的具备数字产业、现代种业和食品产业对接知识的专业人才匮乏，制约了畜牧养殖新技术、新品种的推广应用和现代化水平的提升。另一方面，传统的畜牧专业实践教学场景缺乏长效性和持续性，而当前的畜牧业人才教育体系和培训机制未能及时顺应行业发展的需求，导致人才培养滞后于市场，所培养的学生与岗位需求不匹配。加之社会与家庭对畜牧业职业教育存在偏见，进一步加剧了河南省畜牧业人才供需失衡问题。

三　河南省畜牧业发展的对策建议

（一）完善市场导向机制，优化产业结构

一是建立健全畜牧业市场信息监测和发布体系，及时收集并分析市场供需、价格走势等信息，为养殖户和企业提供准确的市场信息和趋势预测，帮助养殖户和企业做出科学的生产决策，实现畜牧产品产销平衡，降低市场风险。二是根据市场需求的变化，制定畜牧品种结构优化策略，鼓励养殖户和企业适度调整养殖结构，重点发展特色优势品种，引进和培育高产优质畜禽，提高生产效益与产品竞争力，打造河南特色畜牧品牌。三是大力支持建设标准化、规模化养殖场，推动新型畜牧业经营主体和产业化经营模式的发展，引导小散养殖户向规模化、集约化转型，推动养殖生产的标准化、规范化，提升畜牧业生产整体效益。

（二）降低养殖成本，拓宽盈利空间

一是加大对饲料生产企业的支持力度，确保饲料原料的供应稳定和价格合理，推广饲料提质减量技术，鼓励饲料加工企业优化配方，利用当地的农林资源开发优质饲草，提高秸秆和农副产品的利用率，扩大优质牧草种植，增强饲草料自给能力，减少对进口饲料的依赖，降低养殖成本。二是完善动物疫病防控体系，强化重大疫病的监测、预警与应急处置，普及疫病防控技术，对养殖户进行防疫培训，提高疫病防控水平，降低疫病对养殖效益的影响。三是建立健全畜产品价格监测体系、产销调节机制，防止市场价格异常波动，制定价格保护支持政策，合理引导市场供给，确保养殖户在市场波动中获得合理收益。

（三）健全产业链整合和联动机制

一是鼓励龙头企业与养殖户、合作社建立紧密的利益联结机制，形成"龙头企业+基地+农户"等多元化利益共享、风险共担合作机制，保障养殖户权益，提升产业链整体增值能力。二是加大对畜牧产品加工企业的扶持力度，鼓励发展精深加工，支持龙头企业开展畜产品加工、冷链物流、仓储配送等配套服务，完善畜牧业全产业链，打造集"养殖、加工、销售"于一体的综合产业体系，提高产品附加值。三是拓宽畜牧产品销售渠道，构建线上线下相结合的现代化营销网络，利用电子商务、直播带货等新兴销售方式，打通产品销售链条，实现畜牧产品的高效流通和优价销售。

（四）优化金融服务，完善风险保障体系

一是鼓励金融机构创新信贷产品和服务，简化贷款手续，降低贷款门槛，为畜牧业发展提供专项信贷支持，探索适合畜牧业特点的新型信贷方式，满足中小规模养殖户的融资需求。二是加强畜牧业保险体系建设，丰富畜牧业保险产品，完善保险赔付机制，简化理赔程序，提高理赔效率，覆盖疫病、自然灾害、市场价格波动等多种风险，确保养殖户在生产中得到有效的风险保障。三是加大对畜牧业保险的财政补贴力度，降低保险费用，鼓励养殖户积极参保，扩大保险的覆盖面，提升保障水平，为畜牧业发展提供强有力的政策支持。

（五）加强品牌建设，提升市场竞争力

一是制定畜牧业品牌发展规划，加大对企业进行品牌培育、质量认证和市场推广的支持力度，扶持龙头企业打造优质畜牧产品品牌，形成具有河南特色的畜牧业品牌矩阵，提升产品市场竞争力和影响力。二是建立完善的畜牧产品质量标准与认证体系，加强全产业链质量监控，确保产品质量安全，通过标准化生产和质量认证，提高产品附加值，增强品牌公信力，提升市场认可度。三是利用各类媒体和现代营销手段，加强畜牧产品品牌的宣传推

广，支持企业通过互联网、电商平台开展品牌营销，举办畜牧业博览会和推介会，拓宽品牌产品销售渠道，扩大品牌影响力。

（六）完善人才培养和引进机制

一是加强畜牧业职业教育和培训体系建设，鼓励农业院校与畜牧企业加强合作，培养实用型人才，提高人才培养的针对性和实效性，培养懂技术、善管理的专业人才。二是完善基层畜牧业技术推广和服务体系，通过政策支持和资金投入，加强对中小规模养殖户的技术指导和培训，稳定基层人才队伍，提高基层技术人员的业务能力，确保畜牧业技术服务的可持续性。三是出台鼓励政策吸引高层次人才加入畜牧业，制定人才引进计划，完善人才激励机制，加大对畜牧业专业技术人才的引进力度，通过提供住房、补贴、科研经费等多种方式，吸引和留住人才，为畜牧业发展提供智力支持。

参考文献

李萍、何瑞石、宋晓松：《有效提升我国农业产业链供应链韧性》，《宏观经济管理》2024年第2期。

张玉梅、龙文进：《大食物观下农业产业链韧性面临挑战及提升对策》，《中州学刊》2023年第4期。

胡浩、江光辉、戈阳：《中国生猪养殖业高质量发展的现实需求、内涵特征与路径选择》，《农业经济问题》2022年第12期。

王明利、李鹏程、马晓萍：《规模化选择对畜牧业高质量发展的影响及其路径优化——基于生猪养殖规模化视角》，《中国农村经济》2022年第3期。

于华：《创新赋能，兴牧强农——河南推动畜牧业高质量发展，加快向畜牧强省迈进》，《河南日报》2024年9月22日，第7版。

河南预制菜产业发展现状与对策

李天华*

摘　要：　预制菜产业是现代农业、食品加工业和餐饮业融合发展的新产业，也是推进乡村产业兴旺的富民产业。河南把发展预制菜产业作为推动食品工业优势再造和换道领跑的重大机遇、重要抓手。当前，河南预制菜产业具备良好的发展基础，随着政策红利持续释放和营商环境不断优化，河南预制菜产业发展保持了稳中向好的态势。同时，存在标准体系不够健全、企业创新研发能力不强、C端消费市场开发不足、消费者热情有所消退等问题。本文提出以明确标准为前提、以创新研发为驱动、以市场需求为导向、以宣传教育为抓手、以强化监管为保障的对策建议，以期推动河南预制菜产业良性发展。

关键词：　预制菜产业　食品工业　河南

党的二十大报告提出，树立大食物观，发展设施农业，构建多元化食物供给体系。2023年，"培育发展预制菜产业"被首次写入中央一号文件。2024年3月，国家市场监督管理总局等六部门联合发布《关于加强预制菜食品安全监管　促进产业高质量发展的通知》，首次在国家层面明确预制菜的定义和范围，强化预制菜食品安全监管，明确了推动预制菜食品安全标准和质量标准体系建设的方向。

预制菜是经济社会发展和消费习惯变迁的产物，预制菜产业的兴起满足

* 李天华，河南省社会科学院农村发展研究所研究实习员，主要研究方向为农村经济。

了快节奏现代生活的需求。预制菜简化了制作步骤，缩短了烹饪时间，降低了运营成本，提高了出餐效率，同时预制菜品质的稳定性和口感的一致性有助于提升品牌形象，吸引更多消费者。作为食品领域的新兴产业、朝阳产业，预制菜被誉为"亿万风口""全民产业"，潜力巨大、前景广阔。预制菜产业将小农户与大市场连接起来，是推动农业"接二连三"的重要抓手，对促进创业就业、乡村产业振兴和带动农民增收致富具有重要意义。河南是预制菜规模化生产的代表性省份，在产业发展水平、企业数量、企业竞争力等方面处于全国领先地位。当前，预制菜产业正面临一系列大变局，"万亿级"新赛道已然开启，河南应抢抓机遇、发挥优势、正视问题、直面挑战，建设全国重要的预制菜生产基地，推动预制菜产业高质量发展。

一 国内外预制菜产业发展历程

1920年，全球第一台速冻机在美国问世，速冻加工食品作为预制菜的雏形随即出现。20世纪60年代，美国预制食品产业兴起，并开始实现商业化经营，全球最大的食品供应商Sysco成立于这一时期。20世纪70~80年代，预制菜在日本高速发展，保持每年20%的增速，催生出神户物产和日冷集团两家预制菜产业巨头。20世纪80年代，预制菜在欧洲国家兴起并逐渐成熟。

2021年，美国和日本预制菜渗透率均已超50%，而我国预制菜起步较晚，尚处于初步发展阶段，相当于美国20世纪60~70年代、日本20世纪70~90年代的发展水平。[1] 我国预制菜产业的发展可分为三个阶段：萌芽期、B端快速发展期、C端需求开发期。萌芽期始于20世纪90年代，随着麦当劳、肯德基等快餐店进入中国，国内出现净菜配送加工厂，以北上广深为代表的大城市开始发展净菜加工配送产业，这是我国预制菜产业的前身。

---

① 《中国预制菜可持续发展的前景分析》，"财经网"百家号，2024年9月30日，https://baijiahao.baidu.com/s？id=1811588597017477155&wfr=spider&for=pc；方盼等：《预制菜市场现状与前景分析》，《农产品加工》2024年第3期。

21 世纪以来，好得睐、绿进食品等深加工半成品菜企业陆续成立，对肉禽、水产等食材的进一步加工丰富了预制菜产品种类。2010 年，预制菜首次出现在 B 端餐饮市场，开始步入 B 端快速发展期。2014 年，全国首个"中国宴席预制菜标准化研究基地"在湖南长沙设立，在外卖兴起、餐饮连锁化及餐饮成本上行的影响下，预制菜在 B 端加速渗透。2020 年疫情发生后，预制菜产业发展进入 C 端需求开发期，消费者更加注重餐饮卫生，对预制菜的需求增加、接受度提高，加之"宅经济""懒人经济"的兴起，促使预制菜从 B 端走向 C 端，由一、二线城市向下沉市场加速渗透，传统预制菜企业纷纷布局 C 端市场。2023 年我国预制菜产值位列全球第二，产业规模达到 4800.1 亿元，预计 2026 年将达到 7116.6 亿元。[①]

二 河南预制菜产业发展的基础与现状

（一）基础良好，具备预制菜产业加速发展的条件

河南是传统农业大省和食品工业大省，也是人口大省和消费大省，具备发展预制菜产业的良好基础。河南农产品加工业全国领先，是全省两个万亿级产业之一，完整的食品工业产业链可满足多种预制菜品类发展。产业上游有坚实的原料基础支撑，河南农业资源丰富，产品种类众多，油料、食用菌产量居全国第 1 位，粮食、蔬菜、水果、中药材、肉类、禽蛋、蜂蜜产量均居全国前 3 位。截至 2023 年底，河南拥有信阳毛尖、正阳花生、西峡香菇、灵宝苹果等农产品地理标志 163 个，数量居全国第 7 位，[②] 名特优新农产品数量全国领先。产业中游有强大的研发生产能力，有关科研院所和高校主动对接企业，加强产学研结合，加快预制菜发展创新，雨轩股份、三味真厨、九豫全、禾胜合等一批企业牵头制定预制菜团体标准，京华食品实业集团在

---

① 《年报丨2023—2024 年中国预制菜产业发展研究年度报告》，"赛迪顾问"搜狐号，2024 年 8 月 22 日，https://www.sohu.com/a/802702743_378413。
② 《培育更多"豫"系地理标志产品》，《河南日报》2023 年 12 月 13 日，第 7 版。

全国多地建立技术研究中心，通过科技赋能为国内外食品企业提供多种创新产品。产业下游有广阔的消费市场空间，河南城市群发展迅速，城镇化率快速上升，2014~2023年常住人口城镇化率提升超过13个百分点，高于全国水平，全省9800多万常住人口居全国第3位，既有4000多万农村人口的巨大的改善性需求，又有每年上百万农民工市民化的巨大的提升性需求，市场容量及消费潜力十分可观。

河南地处中部，是承东启西、连南贯北的重要交通枢纽，物流成本低且时效性强。京广、京九、陇海等铁路干线和连霍、京港澳、沪陕等高速公路纵横交错，郑州新郑国际机场内通全国、外联全球，周口、漯河等港口通江达海。河南冷链物流产业取得长足发展，建设了郑州、商丘、新乡、漯河等国家骨干冷链物流基地，构建了完备的冷链食品产业生态。2024年9月，全省冷链食品加工产业规模超过2000亿元，冷库总容量超过1400万立方米，冷藏车保有量突破2.5万辆，居全国前列，全省已有18家企业获评星级冷链物流企业，数量居全国第2位。① 此外，河南坚持培养和引进食品领域人才并举。郑州食品工程职业学院提出"入学即入职，学习即上岗，毕业即就业"的教育模式，紧密结合生产实际进行专业设置，在学生培养模式上具有创新性；全国食品领域唯一的职业大学——漯河食品工程职业大学获批设立，学校主要为河南食品工业大省万亿食品产业及全国食品产业高质量发展培养急需的高层次人才；漯河出台"人才新政35条"，打造全国食品创新人才高地；原阳博士后创新基地首批博士后成功入站，将为解决预制菜产业发展难题提供更为前沿的创新支撑。

（二）政策引导，为预制菜产业加速发展提供保障

为抢抓预制菜发展机遇，河南强化顶层设计，将发展壮大预制菜产业写入2024年省政府工作报告，同年省委一号文件提出，要加快建设全国重要的预制菜生产基地。2023年10月，河南形成了"7+28+N"的产业链体系，

① 《让冷链食品"热"起来》，《河南日报》2024年9月7日，第4版。

七大先进制造业产业集群中的现代食品集群重点培育包括预制菜等在内的 4 个产业链。河南密集出台一系列政策文件，促进了预制菜产业的健康快速发展，初步构建了以《河南省加快预制菜产业发展行动方案（2022—2025 年）》《河南省培育壮大预制菜产业链行动方案（2023—2025 年）》为基础，以《河南省绿色食品集群培育行动计划》《支持绿色食品业加快发展若干政策措施》《河南省实施扩大内需战略三年行动方案（2023—2025 年）》《中原农谷发展规划（2022—2035 年）》等政策文件为主体，以金融贷款贴息、产业发展奖补、绿色食品标准奖励等多项政策为支撑的政策体系。河南多地相继出台鼓励政策，支持预制菜产业发展。新乡、漯河、洛阳等地加快布局预制菜，围绕预制菜产业链做文章，把发展预制菜作为推动食品工业优势再造和换道领跑的重要抓手。

河南通过成立预制菜产业联盟、召开预制菜产业大会等举措，不断优化营商环境，为预制菜产业发展提供坚强保障。2022 ~ 2024 年，河南省餐饮与住宿行业协会预制菜产业联盟、河南省预制菜产业联盟、河南省预制菜技术创新联盟、河南预制菜出海联盟、河南省预制菜产业联合研究院及食品领域 4 个产业联盟相继成立，2022 中国（原阳）预制菜行业大会、中原预制菜产业发展论坛、2023 中原农谷预制菜国际博览会暨产业发展论坛、2023 河南省绿色食品产业发展大会、2024 中国预制食材产业健康发展大会接连召开，大大提升了河南预制菜的知名度和影响力。河南积极参与和主导预制菜标准制定，抢占产业发展制高点。2022 年 8 月，河南预制菜标准委员会成立。2023 年 1 月，河南省食品工业协会对外发布《畜禽副产品预制菜》等 4 项预制菜团体标准，这是全国首次制定单样预制菜团体标准。截至 2023 年底，河南共发布 17 项预制菜团体标准。此外，2023 年，省财政出资 3500 万元，对固佳食品、农都农业等 35 家预制菜创新型企业和供应链企业按照每家 100 万元的标准予以奖补，相关资金由市县直接拨付到企业指定账户，进一步提高拨付效率，确保资金直达、红利快享。

（三）多点开花，预制菜成为食品企业竞逐新赛道

在政策和市场双重驱动下，全省预制菜产业进入发展"快车道"，河南"国人厨房"地位不断提升。2022年全省预制菜产业规模近260亿元，规上预制菜工业企业近60家。① 截至2024年3月底，河南拥有预制菜生产企业6000家左右，占全国的9.3%，居全国第2位。② 艾媒金榜发布的《2023年年度中国各省预制菜产业发展水平排行榜》显示，河南预制菜产业发展指数（85.12）紧随广东（93.65）、山东（92.70）之后，居全国第3位。全省预制菜产业聚焦塑造河南品牌、强力引领市场发展，不断形成核心竞争优势，影响力不断扩大。河南省地方经济社会调查队的调研显示，64.7%的企业产品打开国内市场，在全国范围内流通销售；17.0%的企业产品扬帆出海走出国门，实现了"卖全球"；73.9%的预制菜企业拥有自己的预制菜品牌，56.9%的企业形成了自己的明星单品或大单品。③

全省预制菜产业多点开花，呈现以专业预制菜企业为引导、龙头食品加工企业为支撑、带动中小企业和新品牌加速进步的良好发展态势，食品工业高质量发展新增长极逐步形成，"头雁企业+雁阵集群"的预制菜产业发展模式初具雏形。双汇、千味央厨、三全、思念、华英农业5家企业入围《2024胡润中国预制菜生产企业百强榜》。双汇在漯河投资建设的第三工业园配有专业化的预制菜加工厂，以提升预制菜产能和竞争力；千味央厨将围绕四大优势产品线，稳固自身在油条产品上的领先地位，同时加大其他大单品的开发和推广力度，争取在未来3~5年内形成3~5个亿元核心大单品；华英农业将打造预制菜食品产业基地，着力提升预制菜产品研发能力，把鸭

---

① 《河南省人民政府对十四届全国人大一次会议第4916号建议的答复》，河南省人民政府网站，2023年11月15日，https：//www.henan.gov.cn/2023/11-15/2848333.html。

② 《打造"豫"制菜军团，增强河南现代食品产业新动能 | 因"链"施策28条》，"河南商报"搜狐号，2024年4月26日，https：//business.sohu.com/a/774501307_121434698。

③ 《河南省20余家产业园区在建 超七成企业形成自有品牌 预制菜产业发展进入"快车道"》，河南省人民政府网站，2024年5月26日，https：//www.henan.gov.cn/2024/05-26/2998501.html。

预制菜产品的保鲜技术、营养指标、味型标准作为研发核心，加强线上线下多渠道推广，创新营销策略和营销方式，进一步提升品牌影响力和行业地位。新乡、许昌、洛阳、郑州、漯河、信阳等地 20 余家预制菜产业园区建设正在有序推进，目前较成熟的有原阳预制菜产业基地、鹿邑澄明食品产业园、信阳预制菜产业园区等。新乡原阳、漯河召陵、周口鹿邑、鹤壁淇县、鹤壁浚县等 5 县区入围赛迪顾问发布的《2023 预制菜产业基地百强榜单》，其中，新乡原阳居全国第 4 位。2022 年原阳预制菜规上工业企业营收突破100 亿元，成为中西部省份唯一入围"全国十大预制菜产业基地"的县。

三 河南预制菜产业发展存在的主要问题

（一）产业标准体系亟待完善

标准化是产业发展的基础保障，标准体系不健全极大地制约了预制菜产业良性发展。当前，预制菜产业缺乏全国层面的统一规范、标准，河南预制菜产业在地方标准、团体标准和企业标准制定方面也相对滞后，引领行业发展的能力不足。截至 2023 年底，河南仅有预制菜团体标准 17 项，尚无地方标准。由于标准体系不健全，有的企业生产的预制菜产品执行行业标准，有的执行企业标准，还有的执行其他标准，执行标准较为混乱。预制菜产业标准化、规范化程度低，不同的预制菜生产企业在原料采购、加工制作、质量控制、包装标识、储存运输等环节存在较大差异，容易发生食品安全乱象。

（二）企业创新研发能力不强

当前，河南预制菜产业处于发展初期，成熟度较低，以中小规模企业为主。预制菜产业较低的准入门槛促使资本快速大量涌入，加剧了企业间同质化无序竞争，阻碍了产业资源优化配置，不利于企业形成核心竞争力。目前全省预制菜企业创新研发能力普遍不强，多数企业是跟随者和模仿者，龙头企业数量较少。企业创新研发动力不足，预制菜研发周期较长，研发成功后还要经过市场的检验并及时做出调整，同时，研发成本较高，仅一道预制菜的研发成本就可能高达 20 万~30 万元。此外，河南缺少兼具豫菜技艺和食品加工技术的创新型、复合型、应用型人才。

（三）C端消费市场开发不足

目前，河南预制菜企业营销力度不足，营销渠道未充分打开，尤其是在营销方向从B端转向C端的过程中，对C端消费市场开发有限，市场渗透率较低。部分预制菜生产企业严重依赖下游餐饮企业，一旦下游餐饮企业业绩下滑，将直接传导至中游的预制菜生产企业，相对单一的营销渠道降低了企业的抗风险能力。部分企业没有形成自主品牌，企业打造特色菜品牌的能力不足，对特色豫菜开发力度较小，千篇一律的预制菜难以满足消费者的多样化需求。同时，企业对单身人群、慢性病人群等特殊群体关注不够，缺乏多元化市场开发能力。消费者对预制菜的接受度不高，也影响了C端消费市场的开发。

（四）消费者热情有所消退

近些年，预制菜频频卷入舆论漩涡，消费者对预制菜的热情有所消退。预制菜普遍高油高盐，食材以荤菜为主，即使有蔬菜，也只有少数几种可供选择，菜品中的维生素、矿物质等营养成分还会在水洗、多次加热等过程中加快流失，导致预制菜营养较为单一，与现代人所追求的健康高品质生活理念相悖。此外，一些餐厅使用预制菜并未提前告知消费者，故意隐瞒菜品的真实情况，侵犯了消费者的知情权和选择权，个别餐厅甚至用预制菜假冒现做菜，预制菜与现做菜之间的口感和味道偏差，引起消费者的不满。

四　河南预制菜产业发展的对策建议

（一）以明确标准为前提，坚持食品安全与品质并重

国家标准为监管部门提供监管执法依据，也为经营者划定了合规生产经营红线，还为消费者依法维权提供了有力保障。河南应建立健全预制菜产业标准体系，鼓励企业、高校、行业协会、科研院所等共同参与。除积极参与

国家标准、国际标准制定外，在现有预制菜标准的基础上，应结合河南预制菜发展特点，加快研究推出更多预制菜团体标准、地方标准、行业标准，拟定全省预制菜产业基地、示范企业、重点单品等认定标准和评价规范，领跑预制菜标准制定。食品安全与品质是预制菜企业的生命线，企业应以国家标准为指引，严把食材采购关、加工制作关、菜品贮存关、冷链运输关，确保预制菜品质，切实筑牢食品安全防线。

（二）以创新研发为驱动，培育壮大预制菜产业链群

创新研发能力是企业的核心竞争力。一是支持企业与专业院校、科研院所开展产学研合作，为企业提供关键技术支撑，鼓励企业加大技术研发力度，力争在预制菜工业化生产设备、生产工艺、保鲜技术等重点难点上取得新突破。二是将人才培养摆在突出位置，借鉴"粤菜师傅"工程经验，持续推进"预制菜+豫菜师傅"建设，重点培养具备豫菜技艺和食品加工技术的创新型、复合型、应用型人才。三是抓住"链主"企业这个牛鼻子，加强预制菜产业链整合，引导资源优化配置，通过内部培养或外部引进填充产业链缺失和薄弱环节，提升产业链上下游协作配套水平，提高产业链韧性和竞争力，以"链"兴"群"，推动产业集群高质量发展。

（三）以市场需求为导向，深挖预制菜产业细分赛道

市场需求是企业生存和发展的基础。河南预制菜企业应向预制菜细分市场进军，精准定位目标人群，着力开发C端市场，挖掘潜在消费需求，有序扩大企业规模，推动产业深刻变革。一是通过深入的市场调研，掌握不同群体的实际需求，开发针对慢性病人群等特殊群体的产品，国外已有专门针对慢性病人群的功能性预制菜的初步研究。二是开发早餐茶点、佐餐菜肴、休闲小吃等不同场景下的预制菜，曾因研发航天食品而名声大噪的永达食品就是一个范例。三是要注重对特色豫菜的开发，河南饮食文化底蕴深厚，豫菜被誉为"八大菜系之母"，可挖掘的潜力巨大，应进一步突出河南地域特色，形成差异化地域优势，让"豫"制菜更出彩。

（四）以宣传教育为抓手，增强公众对预制菜的认同感

只有强化宣传教育，减少公众对预制菜的误解与偏见，才能赢得更多消费者的青睐。一是针对不同年龄段的人群特点，开展差异化食育，探索食育实践形式，如建设食育实践基地、开展食育市集等，以丰富多彩的活动提升公众对食育的认知与参与度。二是邀请来自预制菜研发、食品加工、豫菜烹饪等不同领域的专业人士加入科普队伍，从质量安全、营养价值、风味口感等多个角度为公众讲解预制菜的专业知识，引导公众形成科学认识。三是将中原优秀传统文化融入预制菜产业，提升预制菜文化内涵与价值，加强预制菜品牌宣传与推介，通过参展、口碑营销、赞助活动等形式维持品牌曝光度，塑造提升品牌形象。

（五）以强化监管为保障，坚决维护消费者合法权益

预制菜产业的健康规范发展，离不开政府部门的严格监管。相关部门应以预制菜国家标准为依据，通过强化日常检查、开展专项整治、加强监督抽检、推进风险排查等措施，对预制菜生产经营者实行严格监管。督促预制菜生产经营企业严格落实食品安全主体责任，建立健全食品安全管理制度，加强食品生产经营风险管控。强化企业信用管理，对守信者正面激励，将严重违法失信企业列入"黑名单"，倒逼企业重视自身信用积累，依法依规诚信经营。同时，还应发挥社会监督作用，加大对违法违规食品生产企业的媒体曝光力度，建立消费者投诉处理机制，简化维权投诉流程，畅通投诉举报渠道，及时化解矛盾纠纷，支持消费者依法维权。

参考文献

《河南加快推进预制菜产业高质量发展》，中国商报网，2024年5月30日，https：//www.zgswcn.com/news.html？aid＝189970。

中共河南省委：《在乡村振兴中实现农业强省目标》，《求是》2023年第6期。

李迎伟主编《河南经济蓝皮书：2024 年河南经济形势分析与预测》，社会科学文献出版社，2024。

姚煊：《我国预制菜的食品安全保障及其法律回应》，《保鲜与加工》2024 年第4 期。

《河南省人民政府对十四届全国人大一次会议第 4916 号建议的答复》，河南省人民政府网站，2023 年 11 月 15 日，https：//www. henan. gov. cn/2023/11-15/2848333. html。

《河南省人民政府办公厅关于印发河南省加快预制菜产业发展行动方案（2022—2025年）的通知》，河南省人民政府网站，2022 年 10 月 26 日，https：//www. henan. gov. cn/2022/10-26/2629095. html。

B.6
河南奶业高质量发展态势分析与建议

宋正昱*

摘　要： 奶业作为农业现代化的标志性产业，不仅是农业高质量发展的重要组成部分，还是乡村产业振兴的重要依托。河南作为奶业大省，自 2022 年实施奶业振兴以来，以大项目建设为抓手，加快形成"牧草规模种植—奶牛标准饲养—龙头企业带动"的奶业产业链，奶业发展进入快车道，但同时面临养殖成本偏高、扶持政策有待完善、科技研发力量薄弱等一系列问题。当前，要坚持问题导向和系统思维，统筹扩大内需和深化供给侧结构性改革，不断加大奶业政策支持、科技投入和消费引导力度，多措并举助力奶业高质量发展。

关键词： 奶业　高质量发展　河南

　　奶业是健康中国、强壮民族不可或缺的产业，也是一二三产业融合发展的战略性产业。大力推进奶业振兴，是贯彻中共中央、国务院关于奶业发展决策部署的具体体现，是落实省委、省政府促进奶业转型升级的重要措施。近年来，河南奶业不断寻求"破圈"之路，持续在"育好种""养好牛""产好奶"上做文章，围绕"规模养殖、龙头带动、链式发展"的目标，不断推进优势特色奶牛主导产业升级，带动农民致富，走出一条河南奶业振兴之路。

---

* 宋正昱，博士，河南省社会科学院创新发展研究所助理研究员，主要研究方向为科技经济、农业经济。

一　河南奶业高质量发展成效

（一）奶业发展总体情况向好

河南地处华夏腹地，是全国农业大省、畜牧大省，被誉为我国的"中原粮仓"。河南奶业产业基础良好，秸秆饲草资源丰富，区位优势明显，市场潜力巨大。随着人民生活水平不断提高和消费结构升级，乳品消费将呈持续增长态势，具备率先实现奶业振兴的有利条件。近年来，河南依托区位、资源、市场三大优势，坚持把奶业发展作为调整农业结构的突破口，高位谋划、统筹布局，大力支持奶业发展，加快推进河南奶业强省建设。当前河南奶牛存栏量持续增长，养殖规模不断扩大，全省生鲜乳、乳制品产量等均位居全国前列，乳制品生产能力逐年提升，河南成为我国新兴奶业大省。奶业产业链不断完善，奶源基地、加工企业、销售渠道等逐步健全，奶业发展呈现生产水平高、产业链条全、发展势头稳的特点。

（二）奶牛场单产进步显著

根据河南省奶牛生产性能测定中心（DHI）的统计数据，河南省奶牛场的单产水平持续增长。数据显示，2024年第一季度，参测牛每只的日平均奶产量达到36.64公斤，305天奶产量为9823.02公斤，2024年第一季度河南全省牛奶总产量达38.95万吨，同比增长1.0%，[①] 而第二季度参测牛每只的日平均奶产量和305天奶产量分别为36.70公斤和10041.76公斤。这两个季度的数据均超过了上年同期水平。河南2024年第一季度全省42家奶牛场305天奶产量超过9吨，第二季度全省47家奶牛场305天奶产量超过9吨。这些数据表明，河南省奶牛场的单产水平不仅已经高于全国平均水平，而且与先进省份和发达国家相比，也取得了显著的进步。此外，河南省还通

---

① 《河南2024年一季度奶牛综合数据分析报告》，河南畜牧兽医信息网，2024年4月29日，http://www.hnxmsyzz.com/dairy/show-2753.html。

过引进高效养殖和加工技术，以及疾病防控、饲养管理和乳品加工等方面的技术创新提升，不断提高奶业生产效益和竞争力。

（三）生鲜乳质量大幅提升

河南不断强化生鲜乳质量监管，建立了一系列的质量监管制度和标准体系，在全国率先创建了生鲜乳质量安全信息化追溯体系，生鲜乳质量稳步提升。2024年，河南省DHI参测奶牛平均乳脂率、乳蛋白和体细胞数分别是4.07%、3.45%和17.35万个/mL，这些数据反映出河南省奶牛场的生鲜乳质量在乳脂率、乳蛋白含量以及细胞数方面均达到了较高水平。2024年4月河南省农业农村厅组织开展了2024上半年生鲜乳质量安全监督抽查工作。抽查7个省辖市的26家生鲜乳收购站，对照《生鲜乳收购站标准化管理现场检查内容和判定标准》检查评判，综合评定全部达标，达标率为100%。[①]这表明河南省在加强生鲜乳质量监管和控制方面取得了积极成效，有效保障了消费者对乳品质量的需求。

（四）奶制品消费市场潜力巨大

近年来，国家积极倡导居民奶制品消费，鼓励企业加强新产品开发，加大学生饮用奶计划推广力度，为奶制品消费市场高速发展提供了有力保障。2024年，河南常住人口为9815万人，全省每年奶制品消费总额达300亿元以上，但人均奶类消费量低于全国平均水平，年人均饮奶量在30公斤左右，仅分别为世界平均水平的1/3、亚洲平均水平的1/2，全省奶制品消费增长潜力巨大。且河南地理位置优越，属于奶牛养殖黄金带南部区域，周边2小时高铁经济圈能够辐射中部地区近6亿人口的大市场，可以说，河南奶制品市场增长空间和发展潜力无限。[②]另外，河南地处中原，交通便利，拥有丰

---

① 《河南省农业农村厅关于2024上半年生鲜乳质量安全监督抽查结果的通报》，河南省农业农村厅网站，2024年5月11日，https://nynct.henan.gov.cn/2024/05-11/2989719.html。
② 《河南省奶业大步迈向高质量发展》，农业农村部网站，2019年12月23日，http://www.moa.gov.cn/xw/qg/201912/t20191223_6333749.htm。

富的铁路与航空交通资源，空地一体化交通网络四通八达，具有得天独厚的区位优势，可以在第一时间将河南奶制品运往其他地区，满足国际与国内市场广大消费者对新鲜奶制品的需求，这也为发展本土高品质奶业节省了时间成本，并提供了广阔的市场空间。

二　河南奶业高质量发展存在的问题

（一）养殖成本偏高，奶价持续走低

河南奶牛养殖饲料主要包括苜蓿、干草、豆粕、玉米、青贮饲料等几种。其中苜蓿、豆粕价格居高，苜蓿主要依赖进口，价格约为 3200 元/吨，豆粕价格则为 3400 元/吨，成品饲料价格在 3500 元/吨左右。随着饲料成本、人工成本近几年不断攀升，生鲜乳成本水涨船高，目前河南生鲜乳成本约为 3.4～3.5 元/公斤，与发达国家相比，毫无竞争优势。由于近几年新建牧场产能释放，原料奶供应增加，原料奶持续供大于求，奶价、牛价均进入近几年的历史低点，河南目前生鲜乳收购价格均价约为 3.14 元/公斤，[①] 相较于 3.4～3.5 元/公斤的成本，均处于亏损状态。

（二）扶持政策有待完善

河南奶业相关扶持政策占比少，覆盖面窄，缺乏综合性的推进措施，更缺乏财政有效资金支持。一是产业政策调整滞后。低温奶生产供应不足，不能满足消费者对优质低温奶的消费需求。二是财政有效投入不足。政府对乳制品行业的财政支持有限，难以满足行业发展的需求，且缺乏税收优惠、贷款优惠等配套政策支持，难以形成有效的激励机制，推动行业发展。三是扶持政策创新不够。乳业发展项目小，资金量少，在实施项目的过程中个别地

---

① 《9 月第 2 周生鲜乳平均价格 3.14 元/公斤，与前一周持平》，河南省奶业信息网，2024 年 9 月 24 日，http://www.hnnyxh.com/Index/article/id/1600.htm。

方无论项目大小均按照招标程序进行，存在程序多、周期长等问题。四是缺乏稳定的乳制品收储政策。奶业生产与消费每年都存在淡旺季，同时乳制品消费和生鲜乳供应存在错峰现象，但目前河南没有喷粉补贴及奶粉收储政策。

（三）养殖场饲养管理水平有待提高

河南省内部分奶牛养殖场存在设备老化、环境污染、畜禽粪污无害化处理不到位等问题，导致奶牛易发生疾病，并且对生态环境造成一定影响。饲养环境的恶化会提高奶牛乳房炎、蹄病等疾病的发病率，导致奶牛产奶量和乳品质量的下降，给奶牛业带来严重的经济损失。[1] 现代乳产业发展要求设施先进、设备精良。但目前河南多数养殖场挤奶设备已基本接近淘汰年限，养殖场受资金缺口大、融资难等因素制约，无能力更新设施设备。河南奶牛养殖场因投入不足，普遍存在环保设施不完善，种养结合不紧密，粪污处理消纳难等问题，且管理模式粗放，一家一户分散饲养的小生产状况没有得到根本改观，产业化水平有待提高。

（四）科技研发力量薄弱

尽管河南奶业取得了一定的发展，但与一些发达地区相比，技术水平相对滞后，仍然存在一些技术难题，如疾病防控、饲养管理和乳品加工等方面的技术创新和提升仍有待加强。一是科技人才、技术、资金投入不足，奶业科技研发创新、引进集成和示范推广能力低下，且相互脱节，缺乏一支贯穿整个科技过程、稳定的高素质科技人才队伍，难以引领乳制品产业的持续健康快速发展。二是先进的饲养管理技术和工艺普及率低，优质饲草种植推广速度缓慢；标准化饲养技术需要重新研究制定，奶制品新产品的研发创新能力明显不足。三是乳制品企业面临研发投入高，高层次创新人才稀缺，自主创新转化周期长、风险大、融资难以及硬件缺乏等一系列突出问题。

---

① 李昊原等：《河南省奶业高质量发展的实现路径研究》，《中国奶牛》2023 年第 9 期。

（五）乳制品消费市场潜力欠开发

2024 年，河南乳制品消费一反多年稳定增长的趋势异常下降。其中有大环境的原因，也说明乳品供给结构还不适应消费变化。具体表现是"三多，三少"，即液态奶多、干乳制品少，高价的乳制品多、平价的乳制品少，城市消费多、乡村消费少。据调查，河南人均乳制品消费量约为 18 公斤/年，消费支出为 200 元/年。整个乳制品消费结构中，液态奶和奶粉的占比较高，河南液态奶人均消费量约为全球平均水平的 1/3，处于较低水平，对标人民日益增长的美好生活需要，乳制品仍是畜产品供给结构和居民膳食结构中的一块突出短板。同时，传统的消费模式主要集中在肉制品和禽蛋方面，奶制品的消费人群大部分为老年人和儿童，中青年群体消费需求量低下，消费潜力亟须挖掘。

（六）专业技术人才紧缺，队伍老龄化严重

河南省乳制品行业在过去几十年里取得了显著的发展，但目前正面临专业技术人才紧缺和队伍老龄化严重的问题。一是专业人才供需失衡。乳制品行业是一个高度专业化的领域，需要具备乳品科学、食品工程、微生物学等专业知识的技术人才，这些人才不仅要了解乳制品的生产工艺，还需要掌握现代食品安全管理体系。然而，目前河南省相关专业的毕业生数量较少，难以满足企业的需求。[①] 二是招聘困难、人才流失严重。乳制品企业在招聘过程中面临极大的挑战。一方面，许多高素质的毕业生倾向于选择薪资待遇更高、工作环境更好的大城市或外资企业；另一方面，乳制品行业本身的技术岗位吸引力较弱，导致企业难以吸引和留住高素质的专业技术人才。即使企业能够招聘到一些专业人才，留住他们也是一个难题。乳制品行业技术岗位工作相对繁重，工作强度大，导致很多年轻人选择在工作一段时间后离开，寻找更轻松或待遇更好的工作。三是队伍老龄化严重。乳制品企业现有的技

---

① 周辰良等：《河南省奶业发展的现状与思考》，《中国乳业》2017 年第 7 期。

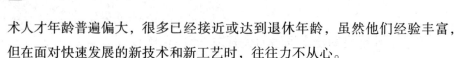

术人才年龄普遍偏大，很多已经接近或达到退休年龄，虽然他们经验丰富，但在面对快速发展的新技术和新工艺时，往往力不从心。

三 河南奶业高质量发展的对策建议

（一）加大奶业发展政策支持力度

一是加大政策支持力度，构建奶业发展长效机制。研究完善促进农户规模化奶牛养殖发展的政策措施，积极发展奶牛家庭牧场，培育壮大奶农合作组织，加强奶农培训和奶业社会化服务体系建设，构建"奶农+合作社+公司"的奶业发展模式。加大针对奶业的金融支持力度，为奶业发展营造良好的政策环境。鼓励支持规模化、标准化奶牛养殖场发展改造升级，优化奶业的生产组织形式，提高生产设施水平，降低生产成本，拉大成本与售价之间的利润空间，增强抵御市场的冲击能力。二是合理规划养殖用地，对土地流转给予一定的政策补贴，解决养殖业用地难题。鼓励发展种养结合、农牧循环等生态农业新模式，破解环保制约。三是加大对奶业企业的资金支持力度，包括贷款优惠、补贴和奖励等形式；出台奶业专项补贴政策，对奶农给予一定的补贴。此外，调整饲料成本补贴，增加苜蓿青贮生产补贴。四是鼓励奶业企业实施技术创新、设备更新和规模扩大等一系列举措，大力发展奶业新质生产力，提高生产效益。同时，加强对奶业政策的宣传和指导，向奶农和奶业企业解释政策的具体内容和落地情况，并提供政策实施的操作指南和辅导，使他们更好地了解、掌握党和国家的好政策，更加精准高效地享受政策支持。

（二）加大科技投入力度，壮大人才队伍

一是加大对奶业科技研发的投入力度，培育适应河南气候和土壤条件的优良奶牛品种；加强奶牛饮食营养研究，提高饲料的效益和奶牛的生产能力；推广使用智能化的养殖管理系统，提高奶牛养殖效率和管理水平。二是壮大创新主体，发挥创新平台的带动作用。支持奶业企业技术创新，通过政策引导、项目支持、服务保障，培育一批创新能力强、管理水平高、引领示

范作用突出的科技型企业。推动河南奶业科研院所打造成为集奶牛繁育、疾病诊断与防控、精准饲养和数字化服务等功能于一体的牛奶产业综合性技术创新平台。三是大力实施科技项目，推动创新载体能力提升。积极动员企业开展产学研协同创新和关键技术攻关，围绕良种繁育、精准饲养、种养生态循环等方面储备项目。扎实推进中原农谷建设发展，培育高新技术企业和高新技术产业，打造农业创新高地、人才高地、产业高地。四是加强乳制品产业人才的引进和储备。通过引进国内外乳制品行业的高级专家和技术人才，提高乳制品产业人才队伍的整体素质和水平。建立健全乳制品产业人才培养体系。加强乳制品专业化人才教育，培养乳制品生产、加工、质量控制等方面的专业人才。加强对乳制品行业人才的储备和输送，加大对乳制品相关专业人才的招收和培养力度，为乳制品行业的长期发展提供后备人才。

（三）做强本土乳企，推动产业融合

一是积极拓展销售渠道，引导本土乳企通过自建店面、投放自助售奶终端等方式，扬长避短，构建距离消费者最近的渠道，突破掌控渠道能力弱、与大型商超合作成本高等销售瓶颈。支持本土乳企与大型企业、驻军、机关、学校等开展奶品直供合作，进一步提高市场占有率。二是通过政府引导，加大本地奶业企业培育力度，在重点市县实施鲜奶进社区或社区鲜奶屋建设等惠民工程，做大做强以花花牛为龙头的本土奶业企业。瞄准国际奶业20强和国内奶业10强，支持骨干龙头企业兼并重组、新建、扩建，引进国际先进加工设备和加工工艺，扩大优势产品生产能力，建设世界一流乳品加工基地。三是发挥龙头企业带动作用，推动产业深度融合。支持乳企或联合养殖企业建设自控牧场，提高自有奶源比例，增强企业对奶源的控制力；引导企业加强鲜乳冷链运输的转运能力，扩大鲜奶转运半径，加强低温乳制品运输和学生奶当地企业直接供应能力。四是鼓励牧场开展牧业观光旅游，不断创新乳企的发展模式。同时，支持鼓励龙头企业在科学技术、市场营销两端做出优势，"走出去"整合省外资源、海外资源补齐本地短板，以创新思路走出一条资源缺乏情况下的发展新路子。

（四）整合奶业资源，强化市场监管

一是积极推动省级层面统筹全省奶业资源，组建乳品龙头企业，通过兼并重组、挂大联大等方式，加快产业资源整合步伐，实现布局区域化、生产标准化、发展产业化、经营规模化。二是打造中部地区奶业强省，积极抢抓"十五五"期间国家建设的重大机遇，推进奶业生产能力提升。要以奶业大项目建设为抓手，加快优质奶源基地建设，鼓励乳品加工企业建设2000头以上奶源基地，围绕"规模养殖、龙头带动、链式发展"的目标，持续推进优势特色奶牛主导产业升级，带动农民致富，走出一条河南奶业振兴的奋进之路。三是结合本地乳制品产业发展特点、风险分级管理和信用监管情况，监督指导乳制品生产主体进一步完善管理制度，强化责任落实，及时进行食品安全状况自查。不断加强生产管控，健全追溯体系，确保在生产过程中关键点控制到位、源头可追溯、发现问题原因可排查。持续优化加工工艺，保障质量安全，鼓励企业结合区域优势发展特色乳制品，通过产学研相结合的方式开展科研创新，发展适销对路的高品质产品，全面有序推进质量提升工作。

（五）推动可持续发展，建设绿色牧业

一是加强对奶牛养殖环境的管理，推行畜禽粪污资源化利用和无害化处理技术。建设畜禽粪污处理设施，政府引导奶业企业和奶农建设畜禽粪污收集、处理和利用设施，推广使用生物发酵、厌氧消化、厌氧发酵等技术，将畜禽粪污转化为有机肥料，并控制污染物排放。二是推广粪污资源化利用技术，如厌氧消化技术和沼气发电技术，通过将粪污进行厌氧消化，产生沼气用于发电或加热，还可以得到肥料和有机废液作为农田肥料，实现资源的循环利用。按照科学规划、合理选址、分区建设、分步实施的原则，配套完善水电路、养殖废弃物无害化处理和生物安全等基础设施，建设高标准奶源基地。三是更新全混合日粮（TMR）饲喂、自动发情监测、机械化挤奶、饲草加工、粪污清理等设备。根据机械化、标准化生产要求，设计、建造奶牛养殖圈舍、挤奶厅等，配套建设与养殖规模相匹配的粪污收集、贮存、处理设

施。力争到 2030 年，实现全省奶牛场标准化改造，规模奶牛场机械配套率、粪污处理设施装备配套率均达到 100%，智能化装备配套率达到 90% 以上。

（六）加强消费引导，壮大消费市场

一是加大乳制品营养健康作用科学普及力度，做好奶文化宣传教育，引导扩大消费，挖掘消费潜力。鼓励企业加大科研和产品开发创新力度，针对河南省奶业消费趋势，加快产品结构调整和升级，开发适销对路的产品，满足消费需求。二是支持乳品企业、流通企业、电商企业对接融合，开拓"互联网+"消费体验、线上线下融合的新型营销模式；加强国际合作，鼓励乳品企业积极开拓共建"一带一路"国家市场。三是积极引导乳制品消费。大力推广国家学生饮用奶计划，增加产品种类，保障质量安全，扩大覆盖范围。开展公益宣传，加大公益广告投放力度，强化乳制品消费正面引导。普及灭菌乳、巴氏杀菌乳、奶酪等乳制品营养知识，倡导科学饮奶，培育国民食用乳制品的习惯。四是鼓励本土乳制品企业打造以母品牌为核心的多个子品牌，合理布局高中低端产品线，聚焦公司优势资源打造超级重点子品牌和核心大品类，塑造更加年轻化、时尚化的品牌形象，将河南本土乳业品牌推向全国，进一步培育壮大消费市场。

参考文献

《河南 2024 年一季度奶牛综合数据分析报告》，河南奶业信息网，2024 年 5 月 8 日，http：//www. hnnyxh. com/index/article/id/1457. htm。

《河南省农业农村厅关于 2024 上半年生鲜乳质量安全监督抽查结果的通报》，河南省农业农村厅网站，2024 年 5 月 11 日，https：//nynct. henan. gov. cn/2024/05-11/2989719. html。

《河南省奶业大步迈向高质量发展》，农业农村部网站，2019 年 12 月 23 日，http：//www. moa. gov. cn/xw/qg/201912/t20191223_6333749. htm。

李昊原等：《河南省奶业高质量发展的实现路径研究》，《中国奶牛》2023 年第 9 期。

周辰良等：《河南省奶业发展的现状与思考》，《中国乳业》2017 年第 14 期。

B.7
河南乡村特色产业发展现状与对策
——基于豫北六市的调研

李婧瑷*

摘 要： 乡村特色产业是地域特征鲜明的小众类、多样性的乡村产业，涵盖特色加工制造业、特色手工业、商贸流通业、休闲旅游业、新型服务业、特色文化业等。发展乡村特色产业是产业兴旺的路径之一，是全面推进乡村振兴、促进农村农民共同富裕的重要抓手。安阳、鹤壁、新乡、焦作、濮阳、济源等豫北六市基于区域资源禀赋差异，衍生发展出各具特色的乡村特色产业，并整体呈现更加突出、融合、集聚、带富等特征。但也要看到，与其他乡村产业相比，乡村特色产业面临突出的土地属性限制、融资筹资渠道不畅和乡村产业人才匮乏等问题，亟须挖潜乡村特色产业发展的基本要素，需要在保障乡村产业发展用地、畅通产业资金来源渠道、激发乡村各类人才活力、引导特色产业提级转型等方面采取有效措施。

关键词： 乡村特色产业 乡村振兴 豫北地区

一 现状与成效

豫北是指河南省内黄河以北的地区，包括安阳、新乡、焦作、濮阳、鹤壁、济源六市。豫北六市既有平原农区，也有工业大县（市）、人口大县（市）；既有太行山脉自然风光，也有红色教育、传统村落、乡村文化等特

---

* 李婧瑷，河南省社会科学院农村发展研究所副研究员，研究方向为产业经济学。

色资源。基于区域资源禀赋差异，豫北各地衍生发展出类型多样、特色鲜明、内涵丰富的乡村特色产业，并整体呈现更加突出、融合、集聚、带富等特征。

（一）主导产业优势突出

各地依托特色资源发展乡村特色产业，主导产业逐步明晰，产业优势愈加突出，市场主体地位巩固提升，产业链带动性、参与性进一步增强。

一是产业结构区域特征鲜明。基于特定的自然生态环境、历史人文因素、产业发展基础等地区差异，豫北六市的乡村特色产业结构各具特色。南部平原传统农区依托优良的土壤、地形、气候等自然条件，以及人口密集、交通便利等优势，农业、食品加工、纺织服装加工等乡村加工业较为发达；西部沿太行山脉地区具有独特的生态自然和传统古村落优势，其民宿、研学、观光等休闲旅游业发展迅速；北部及东部地区传统工业基础较好，为当前乡村工业发展保留了宝贵的建设用地、产业技术和人才等要素条件，其乡村特色加工制造业转型升级稳中有进。

二是特色资源塑造产业优势。特色资源优势是产业差异化发展的重要基础，乡村特色产业必须立足资源禀赋，靠山吃山、靠水吃水、一村一策，通过深挖独特的乡土资源强化特色优势，推动乡村特色产业进一步发展壮大。例如，林州高家台村与八大美院和全国200余家高校合办写生创作基地，发展成集写生、培训、度假等体验于一体的"乡村旅游+写生"产业，每年全村写生收入约为470万元，人均增收约1.07万元；鹤壁岗坡村发挥城郊村优势和丘陵地（岗地）资源，将800多亩荒岗地以村集体土地入股的形式与社会资本合力打造龙岗人文小镇文旅项目，该项目2022年为岗坡村集体经济分红86万元。[①]

三是行业领先地位优势明显。特色产业镇（乡）和特色产业村聚焦主导产业持续深耕，涵盖传统工艺研发、技术改进、生产制造、扩大规模、对

---

① 本文数据来源于河南省农业农村厅。

接市场等产业链各个环节，形成了"小村庄"里的"大产业"，其产值规模和市场占有率持续领先，在全国乃至全球具有重要地位和影响力。例如，沁阳紫陵镇是全国最大的皮筋头饰生产加工基地，年产值超20亿元，占全国皮筋类头饰品市场份额的80%；济源是省内最大的蔬菜良种繁育基地、全国最大的十字花科蔬菜良种繁育基地、全国唯一的洋葱杂交种子产业化生产基地，拥有全国唯一的蔬菜种子工程院士工作站。同时，随着专业村（镇）在某一行业领域影响力的持续提升，一批具有地理标识的区域公共品牌蓬勃发展，成为区域乡村特色产业的新名片，如原阳预制菜、沁阳皮筋、延津面业、清丰食用菌、林州写生产业等。

（二）乡村工业类型多样

工业是实体经济的重要支撑，是强县富民之本。从起源、衍生和发展脉络看，豫北六市乡村工业可以分为传统产业基础型、县域产业辐射型和承接产业转移型等。

一是传统产业基础型。在20世纪甚至更长时间的历史演进中，一批本土技术人才长期发展某一生产制作手艺，并逐步带动整个村（镇）甚至更多村（镇）参与相关产业链环节，形成乡村本土手工业或加工制造业。例如，沁阳紫陵镇坞头村皮筋产业起源于20世纪70年代，经过50多年的发展已经成为全国皮筋专业"第一村"；林州史家河村在改革开放初期大力发展村办企业，1974~1992年形成以汽车配件为龙头的史家河企业集团总公司，以此为基础，目前史家河村仍建有占地624亩的汽车配件产业园，入驻汽车配件企业80多家。

二是县域产业辐射型。此类乡村工业根植于县域制造企业下沉生产车间或生产线等产能"下乡、进村、入户"。通过盘活乡村闲置厂房、扶贫（帮扶）车间、校舍等建设用地，乡村有条件承接占地面积小、导入难度小、吸纳就业多、技术门槛低、环境影响小的劳动密集型乡村加工制造业，为农村闲置劳动力提供就近就地就业岗位。传统平原农区、人口集中区依托"巧媳妇"工程和"百镇千村"行动重点发展乡村服装产业。例如，鹤壁袁庄村、埽头村等 9 个村庄均建设标准化厂房作为河南新亚服装有限公司的缝纫加工卫星工厂，每个工厂可吸纳约 100 名农村留守妇女实现家门口灵活就业；原阳路寨乡利用 4 处扶贫（帮扶）车间为新乡一铭卫生用品公司加工一次性内衣及卫生用品，年产值约 1500 万元，吸纳务工就业约 400 人；济源北寨村建立劳保产业园，既解决了棉花销售问题，又为下游纺织公司提供劳保产品加工服务。

三是承接产业转移型。随着产业规模扩张和竞争加剧，沿海等发达地区现有资源容量难以满足企业对土地、空间、能源要素的基本需求，而河南交通区位便利、农产品丰富、劳动力富足，大部分县域和乡村有条件承接高端产业转移，使其扎根发展为本地特色产业。例如，清丰县从广东、四川等地招商引资家居企业 300 余家，建成实木家具园、智能家居园、家电家纺产业园三个百亿级"园中园"，家居产业年产值约为 310 亿元。

（三）三产融合业态丰富

三产融合是乡村特色产业的主要模式，既横向拓展了乡村产业门类，也纵向延长了乡村产业链条。通过深度发掘农业多种功能和乡村多重价值构建形成"一产往后延、二产两头连、三产走高端"的三产融合体系，实现乡村生产生活生态协调发展。

一是以农产品加工为核心的全产业链发展。牛羊类农业龙头企业从事屠宰加工、检验检疫、肉类初加工及精深加工等产业链核心环节，在乡村布局特色种植、养殖业项目，同时发展仓储、冷链物流、商贸、电子商务等生产性服务业，打造覆盖产供销各个环节的三产链接机制。例如，新乡雨轩清真食品有限公司是一家集农业养殖、生鲜屠宰及牛羊肉深加工、冷链仓储物流、国际贸易于一体的肉类全产业链农业综合体，通过实施"劳力进厂、羊崽进村""合同养殖""赠母还犊"等方式有效带动周边农民养殖肉羊；博爱县依托伊赛牛肉、杰航肉业、博农乳业发展两牛（肉牛、奶牛）养殖、加工、物流、销售等多元完备的产业链条；原阳沿预制菜产业链前端在周边乡村建设现代化蔬菜基地、水果种植基地、花卉种植基地和规模化肉羊养殖基地等订单式原料产地；焦作发展"四大怀药"种植、加工、销售产业链，种植面积为 1.5 万余亩，深加工产品包括鲜山药、菊花茶、山药酒等 30 个品种，拥有"四大怀药"销售网点 20 余家。

二是以休闲观光为核心的农文旅融合发展。坚持生态优先、以农为本、文旅融合的乡村旅游发展思路。第一，传统农区依托田园风光、设施农业、传统村落等发展景观农业、农事体验、观光采摘等业态，例如，林州下里街村田园综合体项目、平原示范区黄河美景生态种植园等。第二，历史文化村依托红色资源的厚重底蕴发展红色旅游、研学教育、拓展培训等业态，例如，林州庙荒村和止方村利用红旗渠干渠资源优势承接红旗渠精神相关培训的现场教学业务。第三，城郊村依托区位优势和农业生产生态资源打造近郊乡村游憩地，发展文化娱乐、科普教育、健康养生等业态，如鹤壁岗坡村龙岗人文小镇项目。第四，景区周边村依托秀美山川、湖泊河流等生态自然资源，统筹山水林田湖草系统，发展生态景观等业态，例如，林州石板岩乡依托太行大峡谷景区发展"乡村旅游+写生"产业，济源双房村依托娲皇谷景区发展红叶旅游经济。第五，引进知名民宿品牌发展特色精品民宿，打造高端乡村旅游目的地，如新乡周窑十八坊、修武云上的院子、林州止方村担子坡高端民宿等。

三是以提升服务带动能力为核心的商贸流通业发展。健全的仓储、物流、商贸、电商等新型服务业体系能够为乡村特色产品上行提供快捷便利的流通平台，从而扩大特色农产品销售渠道，缩短生产端与消费端之间的时间空间距离，促进农产品加工业、特色手工业等乡村特色产业实现量质齐升和降本增效。例如，浚县白寺物流园快递进村综合服务中心项目整合县乡村收发配送资源，实现统仓共配，建成覆盖鹤壁全域的农村电商末端网点，提高工业品、农业生产资料等"快递进村"效率，降低农产品、特色食品等"产品上行"成本；林州四月小铺公司通过中国社会扶贫网、邮乐网、拼多多等电商平台推动林州本地农产品和土特产集中上行，已成功运作"太行山大黄杏""四月小铺黄李""东岗柿饼""卸甲平蜂蜜"等农产品上行项目。

（四）产业集聚步伐加快

产业集聚是集约产业空间、提高生产效率的必然趋势。与工业化程度、产业集聚程度较高的城市或县域相比，乡村产业布局较为分散，建设用地呈点状或块状分布特点，难以连片成面。但是，在技术传播、生产半径、物流成本等因素的积极影响下，部分乡村特色产业已经形成就近、关联、集群式的发展格局。

一是县乡村产业空间布局优化合理。以县城为主要发展载体，推进镇域产业集聚，促进镇村联动发展，实现一村带数村、多村连成片的产业布局。如沁阳皮筋产业、鹤壁乡村服装产业、济源乡村劳保产业、原阳黄河滩羊的养殖屠宰加工产业等。

二是用工用地相对集中。乡村产业发展往往面临土地、资金、劳动力等资源要素制约，因此必须集聚资源、集中力量，发展集约化的特色产业。例如，原阳4个相邻村庄通过盘活扶贫（帮扶）车间，将农村宝贵的建设用地和富余的劳动力结合起来，发展卫生服饰加工特色产业。

三是市场经营运作更加统一。除生产加工环节外，乡村产业优势体现为对消费市场的准确把握和精准掌控。标准化、专业化、一体化的营销模式有利于倒逼产品一致性，有利于打造区域公共品牌，从而形成特色产业发展合力。如沁阳皮筋产业，在义乌等批发市场做头饰销售的人员超过3000人，他们同时负责通过采集消费端数据开展头饰产品的研发创新。

（五）带农增收效果显著

乡村产业发展的根本目的是带动农民增收致富，将产业增值收益更多留在农村、留给农民。

一是联农带农富农模式灵活有效。根据产业发展特性和乡情实际，各地融合直接到户、生产托管、吸纳就业、资产出租、资产经营等基本联农带农模式，探索出多种新型联农带农富农机制。例如，鹤壁西顶村文旅项目采取"公司+项目+资产+务工+经营"五合一模式，农户可通过直接就业创业和间接分红两种方式从中获益，带动脱贫户人均年收入增加 1.5 万元；清丰马庄桥镇天水食用菌种植专业农民合作社利用"包棚创业""菌包托管""劳务承包""互助救济"四种利益联结方式，带动 650 户农户户均年增收 3 万元；济源与河南省农业科学院、市农业综合开发公司建立"龙头企业（公司）+基地+合作社（村集体）+农户"帮扶产业模式，吸引有意向的农户入股合作社，将小农户带入大市场；济源绿茵种业与所有合作社和农户建立自然灾害造成的减产或绝收保底收益机制，并率先在全国启动蔬菜制种保险。

二是村集体经营性资产规模逐步壮大。以衔接资金投入建设的厂房、办公楼、大棚等固定资产确权到村集体，产业增值带来的收益通过分红的形式分给村集体，农民从中分得项目收益。例如，林州下里街村注册成立下里街农民专业合作社和下里街村农村股份经济合作社，由村委会负总责，通过流转农户土地，安排农户到基地务工等方式带动群众增收；焦作市中站区建设刘庄村大棚项目和店后村大棚项目，项目建成后资产确权至村级，由村集体研究确定经营主体，签订租赁合同，每年可增加村集体收入 8 万元以上，带动本村及周边村 20 人就近就业，实现年人均收入增加 1 万元以上。

三是农民就近就地就业增收稳定。第一，经营主体通过吸纳就业等方式建立与农村劳动力的利益联结机制，解决农村富余劳动力尤其是留守妇女的就业问题，以"保底工资+计件工资"等薪酬模式稳定增加农村劳动力的工资性收入。第二，由企业与农户签订合作协议，通过"订单式""定向式"收购，引导有意愿和能力的农户发展"庭院经济"。例如，济源肉兔产业将种兔送到农民家中养殖，最后收回幼兔；济源将农民纳入蔬菜制种产业链，从农民手中收购制种的蔬菜。

二 问题与挑战

（一）土地仍是最大制约

乡村在谋划乡村特色产业时首先要解决好项目用地问题，调研中各地普遍反映，乡村可用于产业项目的建设用地极少。一是河南耕地面积占比大。河南耕地面积占总面积的 45%，是全国耕地占比最大的省份。第三次国土调查后，乡村土地基本定性，河南乡村普遍缺乏增量建设用地。二是乡村产业用地优先级不够。个别市县在统筹域内土地资源时往往选择"富民还是富财政"中的后者，将有限的用地指标优先供给税收效益明显的大项目，导致富民的乡村特色产业项目"无处安放"。三是乡村腾挪土地资源可能被强制变性。对于乡村通过拆违、处理废弃宅院得到的建设用地资源，相关部门未经沟通变更土地性质，造成项目无法落地。

（二）融资筹资渠道不畅

一是财政资金使用程序烦琐。乡村特色产业项目对政府补助资金存在"申请难、花钱难、审计难"顾虑，宁愿不享受财政补助，削弱了财政资金"四两拨千斤"的效果。二是村级贷款申请困难。村级组织（村委会）和村级合作社不能将村集体资产作为抵押物变现贷款，导致村级谋划的特色产业项目难以融资。三是缺乏大额融资渠道。现有支持乡村产业的金融产品多为短期、小额类贷款，难以满足乡村各类新型经营主体或小微企业做大做强的资金需求。

（三）乡村产业人才匮乏

一是青壮年劳动力短缺。河南是人口流出大省，乡村是人口流失的重点区域。但同时，乡村特色产业多为劳动强度大的产业或劳动密集型产业。例如，济源制种产业的幼苗移栽环节需要年轻劳动力在短期内快速完成，但经常出现无工可用的现象。二是难以吸引人才下沉。受农村人居环境、生活条件、待遇水平因素影响，县域尤其是农村难以吸引人才下沉，多数乡村缺少能人带动。三是农户传统观念较重。当前，乡村留守农户多为老人，大部分仍然存在"抱地养老""抱房养老"的传统观念，导致一些闲置土地和房产难以有效用于乡村产业发展。

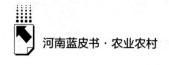

三　思考与建议

（一）保障乡村产业发展用地

一是全面挖潜乡村建设用地。以乡镇为单位全域整合闲置建设用地，多渠道盘活利用废弃宅基地、农村校舍、厂矿、车间等。高效利用土地资源，产业设施适当向空间拓展，建设多层厂房、车间等。鼓励发展庭院经济，促进土地利用化整为零。二是推动农村土地制度改革。持续推进农村集体建设用地入市改革试点工作，积极探索农用地转用等方法。三是加大乡村产业用地政策考核力度。由自然资源部门牵头制定盘活乡村建设用地的指导文件，强化乡村产业发展用地支持政策，确保用地指标不被过度占用。四是建立土地协商告知制度。由自然资源部门牵头建立乡村土地性质变更协商告知制度，防止乡村存量建设用地被强制调整为耕地。

（二）畅通产业资金来源渠道

一是建立健全财政投入保障制度。完善巩固拓展脱贫攻坚成果资金、乡村振兴资金等涉农资金统筹整合长效机制，加强资金绩效管理，简化财政补助资金使用程序，提高资金使用效率。在坚持一般公共预算优先保障的基础上，落实好提高土地出让收益用于乡村产业发展比例的政策。二是创新乡村产业金融支持模式。突出地方性涉农金融机构作用，合理增加新型农业经营主体信贷投放，推广保单质押、农机具和大棚设施抵押、活畜禽抵押等创新型金融产品。地方政府设立集体资产抵押贷款政府风险补偿金，消除银行放贷顾虑。三是推进农业保险扩面增品提标。逐步扩大完全成本保险和种植收入保险实施范围，扩大乡村产业"保险+期货"品种范围。

（三）激发乡村各类人才活力

进一步扩大乡村人才总量、提高人才质量、盘活人才存量，统筹推进干部队伍、致富带头人、新型职业农民、返乡创业人才等各类人才队伍建设，为乡村特色产业注入人才力量。一是"选育培优"农村致富带头人。通过群众推荐、个人自荐、组织点名相结合的方式，从大学返乡毕业生、优秀党员、村组干部、农村"土专家"、农村"田秀才"等具备致富能力的人群中考察、选拔出一批致富能手，纳入农村致富带头人培养信息库与村干部后备人才库，实行台账管理、挂号培养。二是培育专业化新型职业农民。推进"人人持证，技能河南"建设，注重对原住农民、乡居家庭农民进行技能培训，加快实施高素质农民培育工程和百万高素质农民学历提升行动，由单一技术培训向技能培育和经营管理并重转变，形成专业化职业农民队伍。三是吸引豫籍人才返乡创业。提高河南农民工返乡创业示范园区建设水平，优化基础设施和公共服务，培育提升返乡创业的区域品牌，提升回归产业层次。

（四）引导特色产业提级转型

一是完善工艺标准。对乡村食品、编织、剪纸、刺绣、陶艺、蜡染、打铁等传统手工技艺，探索制定简易的生产工艺标准，规范制作流程，确保传统技艺不走偏，解决手工作坊类食品质量安全控制和网络销售许可难题。二是提升产品品质。加强乡村特色产品原料来源、生产过程监管，防止以次充好、假冒伪劣。同时，创响一批"珍稀牌""工艺牌""文化牌"乡土品牌。三是做好产业配套。乡村服装、机械、制革等生产车间需要按照产业链要求做好产品品控，提高产业配套能力。

参考文献

李立周：《乡村特色经济发展的现实障碍与化解机制》，《农业经济》2024 年第 2 期。

吕锡月、吴俊杰：《数字经济、乡村产业振兴与农民共同富裕》，《统计与决策》2024 年第 15 期。

王亚婵：《乡村振兴战略下河南省农村产业融合问题研究》，《农业经济》2022 年第 3 期。

张占仓：《河南乡村产业振兴的典型地域模式探析》，《区域经济评论》2021 年第 3 期。

B.8
农业新质生产力赋能河南乡村产业融合发展的路径与对策

马银隆*

摘　要： 乡村产业融合是农业及其关联产业在城乡间重新分工、重组而实现的农村内部化分工。河南作为农业大省，如何以城乡融合发展为契机，充分发挥农业新质生产力对乡村产业融合的驱动效应是一个极具研究价值的问题。当前河南省农业新质生产力逐步形成，乡村产业融合实现了快速发展，但是农业新质生产力和乡村产业融合都面临发展体系不健全、整体水平不高、内部结构不协调的问题。因此，河南应促进农地适度规模经营和农村劳动力转移，加强城乡市场一体化建设，推动农村消费提质扩容，积极调动有助于发挥农业新质生产力驱动乡村产业融合的外部因素，进而提升农业新质生产力对乡村产业融合的驱动效应。

关键词： 城乡融合　农业新质生产力　乡村产业融合

河南作为农业大省、粮食大省，农业生产结构相对单一，主要为粮食作物，担负着保障国家粮食安全的重任。长期以来，由于资源依赖、经济结构、政策偏向、科技水平等因素，全省乡村农业发展一直未能从本质上突破产业边界。近年来，河南坚持以"粮头食尾""农头工尾"为抓手，推进"三链同构"，乡村农业在一定程度上实现了升级，但是当前仍面临乡村产业多元化水平不高、乡村一二三产业耦合协调度较低等严峻问题。随着新质

---

* 马银隆，河南省社会科学院农村发展研究所助理研究员，主要研究方向为农业经济。

生产力在农业农村领域的全面渗透和深入应用，农业新质生产力已经形成。2024 年 1 月，省委农村工作会议指出，要以加快培育农业新质生产力为抓手建设农业强省，至此，农业新质生产力成为驱动乡村产业融合发展的根本动力。乡村产业融合的实质是农业及其关联产业的农村内部化分工，其实际上涉及城乡间的产业重组和产业协同，所以乡村产业融合发展不是单一的农村地区的农业问题。8 月，省委十一届七次全会提出，完善区域协调城乡融合发展体制机制，加快形成以城带乡、以工促农、城乡融合、区域协同的发展格局，城乡融合发展为农业新质生产力驱动乡村产业融合提供了重要契机。分析当前河南省农业新质生产力及乡村产业融合发展的现状，厘清城乡融合视角下农业新质生产力赋能乡村产业融合发展的机理，以及存在的问题，构建城乡融合视角下农业新质生产力赋能乡村产业融合发展的路径，不仅能够对河南建设农业强省提供建设性意见，而且能够丰富乡村产业高质量发展的理论体系。

一　农业新质生产力赋能乡村产业融合发展的机理

基于马克思主义政治经济学关于生产—分配—交换—消费的"四环节理论"，可以从四个角度对农业新质生产力驱动乡村产业融合的内在机理进行探析。

从生产视角来看，乡村产业融合的实质是农业及其关联产业的农村内部化分工。一是以农业科技创新为主导的农业新质生产力为乡村产业融合提供了关键性、突破性技术来源，由此引致农业资源利用方式创新、资源配置方式创新、生产组织模式创新和生产管理模式创新，从而引发农业及其关联产业在城乡间进行再分工、再重组，最终使农业实现范围经济和规模经济。二是农业新质生产力能够从农业新质劳动力、农业新质劳动工具、农业新质劳动对象三个方面，为乡村产业融合提供人力资本、现代农机、信息数据、新兴产业和文化生态等新型生产要素，新型农业生产要素是乡村产业融合发展必备的物质基础。

从分配视角来看，第一，长期以来受城乡发展不均衡、不充分的历史制约，我国在公共基础设施建设和基础生产资料分配方面存在较为严重的城乡错配问题。农村地区产业经济发展的动能一直都聚焦于乡镇和城郊区域的农业加工业和农业服务业，各级地方政府也主要侧重乡镇农业产业园、农业科技园和农业龙头企业的发展，因此大部分基础设施和优质的生产资料集聚在乡镇和城郊的第二产业和第三产业，农村农业则处于被优质生产资料边缘化的境地。发展农业新质生产力，能够促进5G网络、大数据、云计算、智慧物流等现代基础设施下沉到农村，推动高标准农田、数字农田和产加销一体化农场的建设，从而使现代基础设施和优质生产资料在城镇和农村间实现科学公平分配，让农村农业农民获得更多优质的物质劳动资料，由此为乡村产业融合发展提供坚实的物质基础保障。第二，农业新质生产力发展引发了农业收入分配关系的改变，具体表现为"新农人"劳动、数据信息要素和文化生态要素的价值在乡村生产过程中所占的比例显著上升，传统实物资本的价值比例则明显下降。农业新质劳动要素所有者参与分配是要素所有权实现的诉求，能够有效防止农业生产过程中农机物化劳动对活劳动的反向支配，完善了我国社会主义按劳分配为主体，多种分配方式并存的分配制度。因此从分配视角来看，与农业新质生产力相适应的新型分配关系，为农民在乡村产业融合中提供了长效增收的利益保障。

从交换视角来看，第一，城乡二元结构下乡村农业生产结构单一、功能单一且产品附加值低，乡村农业一直处于被城镇第二产业、第三产业"双重锁定"的态势。乡村传统的农产品交换方式是以收购—批发—零售模式进行的，这种从前端到后端的科层式交换模式对农业生产而言，本质上只有交，而没有换。发展农业新质生产力，搭建数字交易平台，能够使农产品交换摆脱"悲惨境地"，让市场机制在农产品交换中充分发挥效应，从而消弭工农产品的"剪刀差"，为农业产业链延伸和交叉提供价值实现的基础。第二，数字交易平台能够打通乡村内部和城乡间要素交换的堵点，减少要素交换的中间环节，助力构建统一要素大市场，促进要素自由高效流动，从而打破城乡二元结构。第三，农业新质生产力能够促进农村现代化物流体系快速发展，农村现代化物流体系是生产要素高效配置和农产品价值实现的必要载体，可以为城乡市场有效衔接提供重要保障。第四，现代化物流体系能够通过降低农业生产经营主体的非计划存货，降低农业生产风险和农产品交易成本，进而提高农户融入城乡统一大市场的动能。第五，农业新质生产力能够依托数字技术打造乡村元宇宙空间，建立适时性无边界城乡融合市场，农村虚拟市场和实体市场相结合极大地提高了城乡市场融合发展的效能。农业新质生产力通过促进城乡市场有效衔接，为乡村产业融合提供价值实现的保障。第六，农业新质生产力创造出更加多元和更加高级的农业价值形态，并依托数字交易平台的开放态势，促进乡村农产品直接融入更高层次的城市区域价值链，使农业价值链势能倍速提升，倒逼农业产业链延伸升级，乡村产业融合则是新质生产力促进农业价值链势能提升的客观要求和必然结果。

从消费视角来看，第一，农业新质生产力使农村电商平台、智慧物流等新兴第三产业蓬勃兴起，打破了乡村产业供需两侧信息不完全、不对称的壁垒，打通并优化了农产品的销售渠道，极大地降低了农产品销售成本和消费搜寻成本。第二，农业直播、虚拟场景和农商文旅综合体等新型消费业态的发展为乡村产业创造更大范围、更高层次、更加多元和更加精准的市场需求。第三，农业新质生产力能够打造多样化、特色化、定制化农业生产体系，从而满足城乡市场对农村的多元化消费需求。第四，以数字化为显著特征的农业新质生产力具有"长尾效应"，能够通过众创空间唤醒乡村传统手工业和加工业的生命力，给予其新的发展空间和发展动能，从而使农业产业链延伸实现"继往开来"。综上，农业新质生产力能够从消费侧拉动乡村产业融合发展。

综合以上分析，可以发现，第一，农业新质生产力能够拓展农业生产边界，推动农业产业链纵向延伸，促进乡村农产品初加工、精深加工产业发展。第二，农业新质生产力能够拓展农业服务边界，推动农业产业横向交叉，促进农业科技服务、数字金融和管理服务等农业现代化服务业发展。第三，农业新质生产力能够催生农村产业新业态，促进乡村定制农业、文旅产业和线上体验等新兴产业发展。第四，农业新质生产力新能够打破乡村一二三产业间原有的边界，推动农业产业链纵向和横向交叉融合，促进乡村农业生产、加工、销售、研学、观光和康养一体化发展。

二 河南农业新质生产力和乡村产业融合发展状况

（一）农业新质生产力发展状况

一是河南加强培养农业新质劳动力。2023 年，全省培训合格乡村建设工匠 1.2 万人、"乡村建设带头工匠" 6000 余人，培训新型农业经营和服务主体带头人、种养加销能手、农村创业创新者等 10.17 万人。18.2 万名农民获得农业职业技能证书，农民就业有了"新名片"，河南高素质农民队伍持续壮大，呈现"头雁"领航、"雁阵"齐飞的良好态势。[①] 二是河南大力发展农业新质劳动工具。2023 年，河南新建成高标准农田 255 万亩，累计总面积达到 8585 万亩。[②] 农业生产方式不断改进，河南农作物耕种收综合机械化率达到 88.1%，比全国平均水平高 15 个百分点。[③] 截至2023 年底，河南省农村 5G 基站累计达到 4.45 万个，实现乡镇和农村热点区域 5G 网络全覆盖。[④] 三是河南全面打造农业新质劳动对象。农业新质劳动对象也称农业新质劳动要素，主要包括农村数据要素、农村文化要素、农村生态要素和农村品牌要素。2022 年，河南行政村中，开展网上销售农产品的户数达到 4.26 万户，同比增长 2.2%；开展休闲农业和乡村旅游的户数达到 2.04 万户，同比增长 7.9%；河南县（市）"绿色有机地理标志名特优新"农产品数量达到 2531 个，同比增长15.5%。[⑤]

---

① 《去年河南村镇建设"成绩单"公布培训乡村建设工匠 1.2 万人》，河南省人民政府网站，2024 年 7 月 23 日，https：//www.henan.gov.cn/2024/07-23/3025560.html。
② 河南省现代农业研究会高标准农田建设专业委员会：《2023 河南高标准农田发展报告》。
③ 《央媒看河南｜河南："良机"夯实粮食安全"压舱石"》，河南省人民政府网站，2024 年4 月 17 日，https：//www.henan.gov.cn/2024/04-17/2979846.html。
④ 《河南省 4.5 万个行政村全部通 5G 乡村过上向"网"的生活》，河南省人民政府网站，2024 年 6 月 21 日，https：//www.henan.gov.cn/2024/06-21/3011263.html。
⑤ 《"三农"工作稳步推进 乡村振兴开局良好》，河南省统计局网站，2024 年 1 月 10 日，https：//tjj.henan.gov.cn/2024/01-10/2882470.html。

（二）河南乡村三产融合快速发展

一是河南不断深化农业新科技的应用和产科教融合，加快农产品加工业转型升级。河南以休闲食品产业为抓手，大力培育农业产业化龙头企业，通过龙头企业引导农产品加工业建链成群。截至 2023 年，全省拥有休闲食品生产企业 3100 余家，比上年同期增长 10.2%，其中规模以上企业 208 家；2023年营业收入约为 850 亿元，营业收入超过 1 亿元的企业有 60 家。[①] 二是河南在乡村三产融合发展过程中，大力发展乡村文旅、乡村观光、乡村康养等产业。河南以持续深化精神文明建设和生态文明建设为抓手，全方位发掘乡村文化资源和生态资源，并使其要素化，赋予其市场价值。截至 2023 年底，河南省培育国家休闲农业重点县 6 个、中国美丽休闲乡村 69 个、全国乡村旅游特色村 38 个、全国乡村旅游重点镇 3 个，建设"美丽小镇" 500 多个、"四美乡村" 1 万多个，形成了"点上出彩、线上成景、面上美丽"的乡村旅游新局面，乡村休闲旅游已成为促进河南省乡村产业振兴的重要支撑。[②]

三　河南农业新质生产力和乡村产业融合发展存在的问题

（一）农业新质生产力发展存在的问题

一是没有建立完善的农业新质生产力培育体系。2024 年 1 月省委农村工作会议提出要加快培育农业新质生产力后，至今还未形成完整的相关制度、体系和规则，农业新质生产力培育缺乏总体纲要指导，发展效率不高。二是河南农业新质生产力整体水平与发达地区相比还有差距，通过测

---

① 《河南省休闲食品生产企业约 3175 家，同比增长 10.2%》，"大河财立方"百家号，2024 年 6 月 19 日，https://baijiahao.baidu.com/s? id=1802284172079255113&wfr=spider&for=pc。

② 《河南："乡村+"，休闲旅游农业正当时》，人民网，2024 年 8 月 10 日，http://henan. people.cn/n2/2024/0810/c351638-40939975.html。

算发现，河南农业新质生产力在全国排第 4 位，与广东、江苏和山东等农业发达省份相比存在明显差距，主要原因是农业高端人才供给不足，农业科技成果转化率不高。三是河南不同地域农业新质生产力内部农业新质劳动力、农业新质劳动资料和农业新质劳动对象三者发展不协调，匹配度不高，没有有效融合形成合力，从而使河南农业新质生产力整体效能未能充分发挥。

（二）乡村产业融合存在的问题

一是农产品加工业不强。河南农产品加工业主要集中在食品加工业，有机生物、绿色保健等高端农产品加工业发展缓慢。主要原因是前者科技含量低、生产周期短、市场风险小，而后者科技含量高、研发周期长、市场风险大且长期投入高。二是乡村的农业和农产品加工业没有形成有机融合的产业链，存在"两张皮"现象。目前，农业加工的主要生产载体是农业龙头企业，而农业龙头企业的生产和经营不一定在农村区域，有些实质上还属于城市工业，所以农产品加工业并未充分实现农村的内部化分工。三是文旅休闲农业同质化现象明显。当前，河南乡村的文旅休闲产业以旅游观光、休闲采摘为主，同质化严重，没能充分挖掘当地的文化和生态资源，艺术采风、文化遗产研学、康养医养等现代乡村休闲文旅产业发展不足。四是乡村三产融合的利益联结机制尚未健全。河南农村一二三产业融合发展主要以新型农业经营主体为载体，当前有相当数量的新型农业经营主体未能有效带动小农户和农民增收，虽然河南大力支持"农户+农民合作社""农户+农业龙头企业"等新型模式发展，拓宽了农户收益途径，但由于缺乏紧密完善的利益联结机制，小农户没有达到预期收益。

四 农业新质生产力赋能河南乡村产业融合发展的路径

根据农业新质生产力赋能乡村产业融合发展的机理，结合当前河南农业新质生产力和乡村产业融合发展的状况和存在的问题，要使农业新质生产力更好地赋能乡村产业融合，需要在以下几个方面发力。

（一）促进农地适度规模经营和农村劳动力转移

一是加强法律对于农地赋权的权威性，改善法律赋权的非歧视性。二是构建城乡一体的国土管理制度和市场交易体系，在产权交易中赋予农村土地功能性和贡献性价值，打破社会对农村土地属性的惯性歧视。三是深化社会主义核心价值观教育，提升社会对农民土地权益的认同感。四是注重农村本土"土专家"和"新农人"的培养，提升乡村劳动力内部转移和农村三产融合的耦合度。五是打造农地流转和劳动力转移的综合数字平台系统，实现农村土地流转和劳动力转移高效协调、一体化运行，进而提高农业新质生产力驱动乡村产业融合发展的效率和效能。

（二）加强城乡市场一体化建设，推动农村消费提质扩容

一是通过发展农业新质生产力推动农村电商高质量发展，构建协同、创新、高效的农村电商生态圈，促进城乡市场高效衔接。二是构建县城、乡镇和农村"三元一体"的商贸中心和现代物流配送体系，促进城乡市场高效循环。三是促进乡村文旅和乡村消费深度融合，探索"文旅+科教""医养+康养"等农村新业态和农村消费新模式。四是多措并举加强农村地标品牌建设，完善相关法律法规，加强乡村品牌相关产权保护。五是在强化农业新质生产力对乡村消费升级客观促进作用的基础上，激发消费主体的主观能动性，通过数字虚拟空间将大众消费观念适时融入乡村产品的生产和供给，由此高效促进乡村三产融合发展。

（三）积极调动有助于发挥农业新质生产力驱动乡村产业融合的外部因素

一是通过完善党组织领导的自治、法治、德治相结合的基层治理体系，着力打造现代化的乡村治理人才队伍，持续通过推进公共服务均等化等方式

加强乡村治理体系和治理能力现代化建设。二是通过拓展新时代乡村文明实践中心，支持乡村自办群众性文化活动，高度重视家庭家教家风建设，加强农业文化遗产保护等方式深化乡村群众性精神文明建设。三是涉农财政支出要向农村新基建、农业新设备、农业新产业等方面倾斜，加强涉农财政支出对农业新质生产力驱动乡村产业融合的调节作用。四是将农村普惠金融和农村惠农补贴政策相结合，引导并促进农村居民个人固定资产投资流向农业新质生产力和乡村产业融合相关领域。

参考文献

吴海江、龚嘉琪：《深刻把握新质生产力的内在意蕴》，《光明日报》2024年3月19日，第11版。

胡洪彬：《习近平总书记关于新质生产力重要论述的理论逻辑与实践进路》，《经济学家》2023年第12期。

乔金亮：《用新质生产力引领农业》，《经济日报》2024年3月12日，第8版。

王琴梅、杨军鸽：《数字新质生产力与我国农业的高质量发展研究》，《陕西师范大学学报》（哲学社会科学版）2023年第6期。

罗必良、耿鹏鹏：《农业新质生产力：理论脉络、基本内核与提升路径》，《农业经济问题》2024年第4期。

姜长云：《农业新质生产力：内涵特征、发展重点、面临制约和政策建议》，《南京农业大学学报》（社会科学版）2024年第3期。

杨颖：《发展农业新质生产力的价值意蕴与基本思路》，《农业经济问题》2024年第4期。

毛世平、张琛：《以发展农业新质生产力推进农业强国建设》，《农业经济问题》2024年第4期。

高原、马九杰：《农业新质生产力：一个政治经济学的视角》，《农业经济问题》2024年第4期。

朱迪、叶林祥：《中国农业新质生产力：水平测度与动态演变》，《统计与决策》2024年第9期。

B.9
河南农产品网络零售发展态势分析
与对策建议

农产品网络零售研究课题组*

摘　要： 本文综合分析了 2024 年上半年河南省农产品网络零售数据，河南省农产品网络零售规模整体扩大，增速波动趋缓，品类销售集中，地区分布呈梯队格局，电商平台销售特色明显，品牌分布不均衡，深入分析了河南省农产品上行面临的新电商助力农产品上行、品牌化引领、数字化赋能和乡村振兴推动等发展机遇，进一步剖析了河南省农产品上行面临的发展动能待挖掘、发展均衡性待提升、优质农产品影响力待提升和电商品牌效应待加强等现实挑战，在此基础上提出了强化数字赋能、统筹发展全局、加大优质农产品培育力度和增强品牌意识等推动河南省农产品网络零售高质量发展的对策建议。

关键词： 农产品　网络零售　河南

一　农产品网络零售发展状况

一是发展规模整体扩大，增速波动趋缓。2024 年上半年，全省农产品网络零售额达到 460.05 亿元，同比增长 13.0%，增速同比减缓 3.6 个百分

＊　课题组组长：徐延军，高级统计师，河南君友数字科技有限公司董事长；课题组成员：刘焱鑫，河南君友数字科技有限公司政务事业部总经理；李阳，河南君友数字科技有限公司政务事业部研究经理；毕赛云，河南君友数字科技有限公司政务事业部高级研究员；胡扬，河南君友数字科技有限公司研究中心研究员。

点,较上年全年减缓7.7个百分点。其中,单月零售额最高的月份为6月,达98.31亿元;单月增速最快的月份为4月,同比增长20.9%(见图1)。

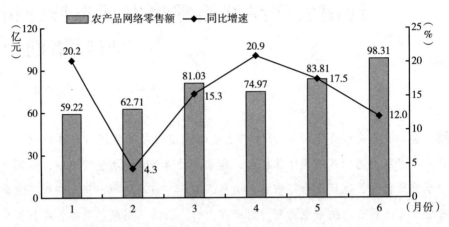

图1 2024年1~6月河南农产品网络零售额及同比增速

资料来源:君友数字大数据监测。

二是品类销售相对集中,休闲食品类份额较大。2024年上半年,各品类农产品网络零售额相差巨大,少数品类优势凸显,在监测的15个品类中,休闲食品、粮油米面和方便食品网络零售额排前3位,网络零售额合计241.11亿元,占比52.4%,其余12类占比均在10.0%以下。方便食品和休闲食品等精深加工品份额超30.0%,表明全省农产品精深加工品上行规模逐步扩大,成为推动农村电商高质量发展的重要引擎。从增长看,上半年,在监测的15个品类中,预制调理食品网络零售额增长最快,同比增速达40.9%;其次是乳及乳制品,同比增长35.9%(见图2)。

三是地区分布呈明显梯队格局,极化现象明显。2024年上半年,在17个省辖市和济源示范区中,郑州一城独大,农产品网络零售额达154.10亿元,为第一梯队;焦作、漯河、信阳、周口、南阳5个市零售额介于20亿~40亿元,为第二梯队;第三梯队包括新乡、商丘、开封、洛阳、濮阳、鹤壁、驻马店等12市,零售额均在20亿元以下。从增长看,17个省辖市和济源示范区中,农产品网络零售额同比增速高于全省平均水平的有8个

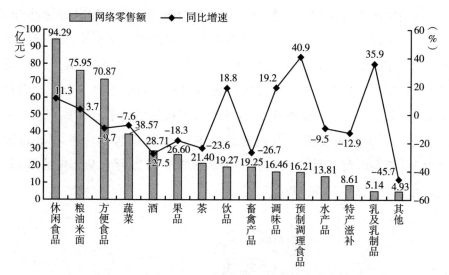

图2 2024年上半年河南不同品类农产品网络零售额及同比增速

资料来源：君友数字大数据监测。

市，其中开封、濮阳、郑州和平顶山同比增速较快，分别增长16.1%、15.5%、15.0%和14.9%（见图3），分别高于全省3.1个、2.5个、2.0个和1.9个百分点。

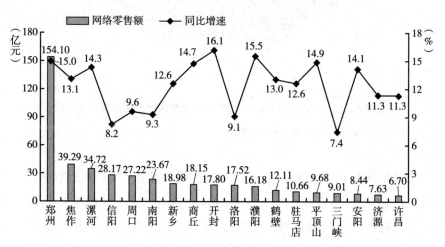

图3 2024年上半年河南农产品网络零售额区域分布及同比增速

资料来源：君友数字大数据监测。

　　四是电商平台销售各有特色，新兴平台逐步崛起。2024 年上半年，在淘宝、天猫、京东、抖音、拼多多等 5 大网络销售平台中，河南农产品在京东的网络零售额占比最高，达 31.2%；其次为天猫，占比为 27.9%；淘宝、抖音、拼多多占比均超 10.0%，其他电商平台占比则相对较低，仅为 1.2%（见图 4）。具体分析，传统电商平台（如京东、天猫、淘宝）以休闲食品、方便食品、粮油米面零售为主，占比超过 40.0%，新兴电商平台（如抖音、拼多多等）以方便食品、粮油米面、蔬菜为主，占比超过 60.0%。

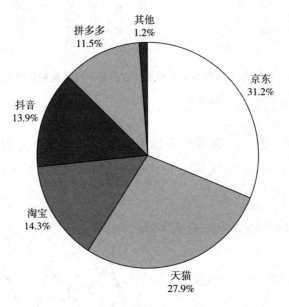

图 4　2024 年上半年河南农产品网络零售额电商平台分布

资料来源：君友数字大数据监测。

　　五是品牌分布不均衡，区域、品类双重分化。2024 年上半年，在全省农产品品牌前 20 名中，有 7 个品牌来自郑州，4 个品牌来自焦作，漯河、南阳各有 3 个品牌上榜，洛阳、新乡和信阳各有 1 个品牌上榜。从品类看，品牌主要集中在休闲食品和方便食品类，网络零售额合计占比达 21.4%（见表 1）。

表1　2024年上半年河南农产品网络零售额TOP20品牌

单位：%

排名	品牌	所属地市	所属品类	零售额占比
1	双汇	漯河	休闲食品	6.0
2	思念	郑州	休闲食品	3.4
3	白象	郑州	休闲食品	3.2
4	卫龙	漯河	休闲食品	3.0
5	舌里	郑州	方便食品	2.9
6	好想你	郑州	果品	2.3
7	名仁	焦作	饮品	2.3
8	三全	郑州	方便食品	1.9
9	杜康	洛阳	酒	1.6
10	聚怀斋	焦作	蔬菜	1.2
11	仲景	南阳	蔬菜	1.1
12	张宝山	焦作	蔬菜	0.6
13	静益乐源	南阳	果品	0.5
14	豪士	郑州	休闲食品	0.5
15	刺猬阿甘	郑州	休闲食品	0.5
16	新良	新乡	粮油米面	0.5
17	文新	信阳	茶	0.4
18	南街村	漯河	调味品	0.4
19	宛禾	南阳	粮油米面	0.4
20	豫竹	焦作	粮油米面	0.4

资料来源：君友数字大数据监测。

二　优质农产品网络零售情况

（一）国家农产品地理标志产品

一是获批数量居全国第7位，网络零售规模省内占比不足10.0%。截至2024年6月底，全省获批国家农产品地理标志产品（简称"地标产品"）163个，占全国总数量的4.6%，居全国31个省（区、市）第7位。从零售规模来看，2024年上半年，河南国家农产品地理标志产品网络零售额总计

41.87亿元，占全省农产品网络零售额的比重为9.1%。

二是品类丰富多样，蔬菜类产品占绝对优势。在国家22个品类中，河南拥有14个品类，占比63.6%，在全国31个省（区、市）中具有相对优势。从省内14个品类分布来看，蔬菜类、果品类数量居多，分别达到了41个和40个，占比分别为25.2%和24.5%；粮食类、药材类数量占比介于10.0%~20.0%，其余10类占比均在5.0%以下。[①] 从网络零售额来看，2024年上半年，蔬菜类地标产品网络零售额占比达到41.0%，较第2名的茶叶类（23.2%）高出17.8个百分点，食用菌类和粮食类分别以11.0%和10.0%的占比排第3名和第4名，其余品类占比均不足10.0%（见图5）。

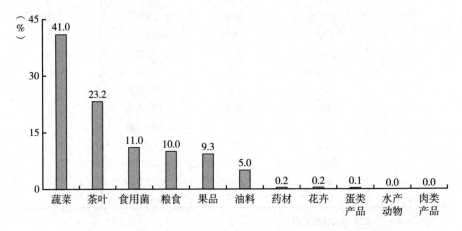

图5 2024年上半年河南国家农产品地理标志产品品类网络零售额占比

说明：电商平台与国家农产品地理标志产品分类口径存在差异。
资料来源：君友数字大数据监测。

三是洛阳地标产品数量领先，焦作、信阳和南阳规模明显。从地标产品数量看，截至2024年6月底，在17个省辖市和济源示范区中，洛阳地标产品数量最多，达27个；其次依次为商丘、三门峡、驻马店、南阳、平顶山、开封和郑州，这些地市地标产品数量均在10~15个区间；其余9个省辖市

① 国家绿色优质农产品公共信息平台网站，http：//www.greenfood.agri.cn/xxcx/dlbzcx/#。

和济源示范区地标产品数量均在 10 个以下。[①] 从网络零售额看，2024 年上半年，在 17 个省辖市和济源示范区中，焦作、信阳、南阳网络零售额较高，占全省的比重分别为 34.1%、22.1% 和 12.3%，其余省辖市和济源示范区网络零售额占比均不足 10.0%。从增长看，周口网络零售额增速最高，同比增长 221.3%，其中项城白芝麻由 2022 年数百亩"试种"到 2023 年扩展为 50000 亩规模化种植，网络零售额增长 334.0%。[②]

（二）国家名特优新农产品

一是获批数量居全国第 2 位，品牌建设成效显著。截至 2024 年 6 月底，全省获批国家名特优新农产品 712 个，占全国总数量的 14.4%，居全国 31 个省（区、市）第 2 位。从零售规模来看，上半年，河南国家名特优新农产品网络零售额总计 67.17 亿元，占全省农产品网络零售额的比重为 14.6%。[③]

二是产品种类相对集中，果品、蔬菜、粮食为优势类别。在监测的 17 个品类中，果品类产品数量最多，达 175 个，占全省总数量的比重为 24.6%；其次是蔬菜类和粮食类，数量分别为 140 个和 114 个，占比分别为 19.7% 和 16.0%；其余品类数量均不足 50 个，占比均在 7.0% 以下。从品类网络零售额来看，2024 年上半年，粮食类网络零售额占全省国家名特优新农产品网络零售额的比重为 31.2%，相比第 2 位的蔬菜类（15.8%）具有较大优势，蛋类产品、茶叶类和果品类网络零售额占比介于 10.0% ~ 15.0%，其余品类占比均低于 7.0%（见图 6）。

三是郑州、焦作、信阳三市占据全省七成市场份额。截至 2024 年 6 月底，在 17 个省辖市和济源示范区中，洛阳、平顶山、驻马店、商丘、许昌

---

① 农业农村部全国名特优新农产品名录信息网站，http：//mtyx. aqsc. org/Home/Minglu/index/p/228. html。

② 君友数字大数据监测；《河南项城：机播 5 万亩宜机收白芝麻》，周口市农业农村局网站，2023 年 6 月 17 日，http：//nyncj. zhoukou. gov. cn/sitesources/nyncj/page _ pc/xwdt/snkx/article59471bfb3c6a4475b6003744bf013ba3. html。

③ 君友数字大数据监测。

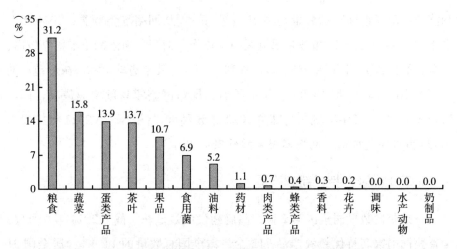

图6　2024年上半年河南国家名特优新农产品品类网络零售额占比

资料来源：君友数字大数据监测。

和信阳获批国家名特优新农产品数量较多，6市均在50个以上；获批数量在30~50个区间的地市有4个，在30个以下的地市有8个。从地市网络零售额来看，地区之间差距巨大，郑州、焦作、信阳网络零售额较高，占比分别为31.6%、24.4%、14.4%，合计占全省比重达70.4%，区域集中度相对较高；其余地市占比均在7.0%以下。进一步分析发现，部分地市获批数量和市场销售规模存在明显的不匹配现象，如平顶山和驻马店，获批数量分别居全省第2位、第3位，但网络零售额占比分别排在第16位和第14位。

三　特色豫品网络零售情况

（一）山药网络零售额占全国的比重居中部六省第1位，焦作省内占比近八成

从销售规模看，2024年上半年，河南山药网络零售额占全国的比重为25.5%，在中部六省居第1位，高于第2位安徽（4.6%）20.9个百分点。从增长情况看，河南网络零售额同比增速为-11.4%，明显下滑，居中部六省第

5 位，分别低于江西、湖南、湖北和安徽 140.1 个、104.7 个、25.6 个和 17.1 个百分点。

作为全国山药主产地之一，焦作不仅是药用怀山药和铁棍山药最大的产地，也是全国山药的重要集散地和主要交易市场。2024 年上半年，"焦作山药"网络零售额和网络销售量占全省的比重分别达到 78.0% 和 75.3%，分别高于第 2 位郑州（网络零售额占比 19.1%、网络销售量占比 21.1%）58.9 个百分点和 54.2 个百分点，其余地市占比均在 1.0% 以下。

从详细品牌来看，河南山药 TOP5 品牌分别是聚怀斋、张宝山、京百味、怀涛和怀先生，网络零售额占比分别为 20.7%、16.6%、15.2%、3.8% 和 2.9%；网络销售量占比分别为 20.5%、17.8%、10.8%、2.7% 和 3.0%。由此可见，目前河南山药已基本形成了以聚怀斋和张宝山为代表的品牌集群，这些品牌已成为国内市场上响当当的名片。

（二）枣类网络零售额占全国比重居中部六省第 1 位，郑州省内"一枝独秀"

从销售规模来看，2024 年上半年，河南枣类网络零售额占全国的比重为 16.6%，在中部六省中居第 1 位，高于第 2 位安徽（6.0%）10.6 个百分点。从增长情况来看，河南枣类网络零售额同比增长 2.6%，增速居中部六省第 2 位，低于安徽 6.0 个百分点，而其他 4 个省均为负增长。

新郑是"中国红枣之乡"，红枣是郑州重要的经济作物之一，销售至全国各地，市场份额越做越大。2024 年上半年，郑州枣类网络零售额和网络销售量最高，占全省比重分别为 77.4% 和 61.0%，分别高于第 2 位新乡（网络零售额占比 7.1%、网络销售量占比 17.4%）70.3 个百分点和 43.6 个百分点。

从详细品牌来看，河南枣类 TOP5 的品牌分别是好想你、水益农、楼兰丝路、树上粮仓和龙映凰，网络零售额占全省比重分别为 60.9%、3.3%、1.5%、0.8% 和 0.8%，网络销售量占比分别为 50.2%、4.1%、2.4%、0.8% 和 1.1%。好想你作为中国红枣产业龙头企业，在市场占有率方面表现出色，体现了该公司在品牌建设、产品创新和市场拓展方面的显著成效，同时，随着好想你礼品和大单品业务的进一步推广，其在全国市场的竞争力有望持续增强。

（三）大蒜网络零售额占全国比重居中部六省第1位，郑汴省内占比近八成

从销售规模来看，2024 年上半年，河南大蒜网络零售额占全国的比重为 7.3%，在中部六省中居第 1 位，安徽、湖北、山西、湖南和江西分别为 3.0%、1.8%、1.6%、1.0% 和 0.9%。从增长情况来看，河南大蒜网络零售额同比增长 6.0%，增速居中部六省末位，分别低于山西、江西、湖北、湖南、安徽 78.8 个、28.8 个、26.1 个、11.5 个和 2.8 个百分点。

从地区分布来看，2024 年上半年，开封、郑州大蒜网络零售额和网络销售量较高，网络零售额合计占全省比重为 79.1%，网络销售量合计占比 90.9%。其中，开封大蒜网络零售额和网络销售量分别占 66.3% 和 78.7%。杞县、通许、中牟作为主产区，成为扩大两市大蒜网络零售规模的主要支撑力量。

从详细品牌来看，2024 年上半年，河南大蒜 TOP5 品牌分别是聚怀斋、果哦沃语、杞人优田、静益乐源和轶诚农家，网络零售额占全省比重分别为 19.6%、9.3%、5.8%、3.2% 和 3.1%，网络销售量占比分别为 18.4%、10.4%、6.6%、3.3% 和 3.4%。目前，河南大蒜已基本形成以聚怀斋和果哦沃语为代表的品牌集群，这些品牌在线上市场占据了较大份额。

（四）白酒网络零售额占全国比重居中部六省第2位，郑洛信省内占比超九成

从销售规模来看，2024 年上半年，河南白酒网络零售额占全国的比重为 2.7%，占比仅低于安徽 0.8 个百分点，在中部六省居第 2 位。从增长情况来看，河南白酒网络零售额同比增长 12.1%，增速在中部六省中居第 3 位，分别低于山西和安徽 8.2 个和 2.9 个百分点，具有较大的提升空间。

从地区分布来看，市场区域集中度较高。2024 年上半年，郑州、洛阳和信阳白酒网络零售额占全省比重分别为 37.1%、31.4%和 25.5%，网络销售量占比分别为 32.0%、32.1%和 21.3%。其余地市网络零售额占比与网络销售量占比均不足 5.0%（见图 7）。

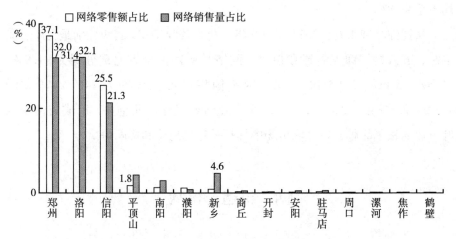

图 7　2024 年上半年河南主要地市白酒网络零售额和网络销售量占比

资料来源：君友数字大数据监测。

从详细品牌来看，2024 年上半年，河南本土白酒网络零售 TOP5 品牌分别是杜康、仰韶彩陶坊、宝丰、张弓和赊店，网络零售额占全省比重分别为 31.8%、3.3%、2.5%、0.7% 和 0.5%，网络销售量占比分别为 39.1%、2.7%、4.1%、1.2%和 0.8%。杜康酒业积极拓展电商直播渠道，与多位知名主播合作，有效地提升了品牌影响力和销售业绩，成为豫酒行业网络销售的领头羊。

（五）茶叶网络零售额占全国比重居中部六省第3位，信阳省内占比近九成

从销售规模来看，2024 年上半年，河南茶叶网络零售额占全国的比重为 1.7%，分别低于安徽、湖南 3.4 个、0.4 个百分点，在中部六省中居第 3 位。从增长情况来看，河南茶叶网络零售额同比增长 13.8%，增速在中部

六省中居第 3 位，分别低于湖北、湖南 39.9 个和 25.9 个百分点。

从地区分布来看，省内已形成由信阳茶区域品牌主导的市场格局。2024年上半年，信阳茶叶网络零售额和网络销售量最高，占全省比重分别为87.2% 和 71.2%；其余地市网络零售额占比均不足 5.0%，网络销售量占比均不足 9.0%。

从详细品牌来看，2024 年上半年，河南茶叶 TOP5 品牌分别是文新、家乡妹、五云村、仰天雪绿和保银，网络零售额占全省比重分别为 21.9%、11.6%、6.8%、5.1% 和 3.2%，网络销售量占比分别为 14.7%、9.3%、4.3%、2.8% 和 1.3%。文新作为全产业链现代化农业企业，已成为河南茶叶行业的领军品牌，在全国市场中具有一定的地位和影响力。

四　机遇与挑战

（一）发展机遇

一是新电商助力农产品上行。网上直播、即时零售等各类新电商平台和新电商营销方式的迅速发展，为农产品上行开辟了诸多新通道。新电商平台在一定程度上弱化了农户的营销作用，降低了农户对接消费市场的门槛，进一步提高了农产品的竞争力。新电商平台更加聚焦生鲜产品即时性消费。此外，新的营销方式也层出不穷，以"直播+电商"营销方式为例，凭借互动式购物体验和多场景覆盖等优势，该方式成为农产品上行创新营销模式的重要选择。

二是品牌化引领农产品上行。各级地方政府大力扶持农产品品牌建设，培育农村电商特色品牌，选择具备一定规模的当地特色农产品，引入专业团队，量身打造农村电商品牌营销方案，实施豫农优品品牌精品培育计划，为农产品品牌化提供强有力的支持。市场驱动力促使农产品生产者和企业更加注重品牌建设和市场营销，以满足消费者的个性化和多样化需求。技术进步为农产品品牌化提供内在动力，不仅保障农产品的质量和安全，也为产品的品牌化提供物质基础和技术支撑。

三是数字化赋能农产品上行。随着互联网技术不断发展，农产品电商数字化在促进农产品生产流通交易变革中发挥着越来越重要的作用。其一，实现农产品智能化生产和流通。通过智能化设备和技术，对农产品进行实时监控，提高生产效率和产品质量，优化物流配送和库存管理，降低运营成本。其二，实现农产品精准化营销。电商平台利用大数据分析消费者购买行为和偏好，为农户提供精准营销方案，提高农产品销售额。其三，打破信息壁垒，提升产品质量追溯能力。消费者能够查询农产品种植、加工、运输等全过程信息，确保农产品的安全性，保障消费者知情权，提升消费者信任度。

四是乡村振兴推动农产品上行。推动农业现代化和标准化，加强农业生产过程的规范和管理，提高农产品的质量和产量，使得农产品更具竞争力。提高农产品电商产业化水平，推动农产品加工业和农村服务业发展，深化农产品电商与一二三产业融合，打造全产业链农产品电商产业集群，提升农产品的附加值和市场竞争力。提供政策支持和保障，完善农村电商公共服务体系建设，提高电商服务可及性和便利性，为农产品电商发展营造良好的环境。

（二）发展挑战

一是发展动能有待挖掘。受经济发展低迷乏力、市场需求不足影响，农产品网络零售发展速度有所减缓，发展动能有所减弱。主要表现为全省农产品网络零售额增速逐步放缓，2024 年上半年全省农产品网络零售额同比增长 13.0%，增速较 2023 年减缓 7.7 个百分点，较 2021~2023 年年均增速减缓 25.6 个百分点。农产品网络零售额占全省网络零售额的比重明显降低，上半年全省农产品网络零售额占全省网络零售额比重为 22.6%，较 2023 年（25.0%）下降 2.4 个百分点。部分品类农产品网络零售额出现下滑，2024年上半年全省农产品网络零售额品类增长面仅为 40.0%，网络零售额排前 10 位的品类中，白酒、畜禽产品、茶叶、果品增速明显下滑，降幅均超 20.0%。

二是发展均衡性有待提升。全省农产品网络零售市场发展具有明显的不均衡性，存在"强者越强"极化效应。主要表现为区域发展不均衡，头部城市郑州一家独大，农产品网络零售规模占全省的 1/3，且显著高于其他城市；产销区不均衡，农产品主产区与网络零售规模存在明显的不匹配性，产量大的地区，网络零售规模相对较小；品类分布不均衡，休闲食品、粮油米面和方便食品网络零售额合计占比达 52.4%，其余品类占比均在 10.0% 以下。

三是优质农产品影响力有待提升。优质农产品注册数量偏少，全省国家农产品地理标志产品数量占全国总数的 4.6%，居全国第 7 位，注册数量整体相对偏少。优质农产品网络零售额占比有待提升，2024 年上半年，河南国家农产品地理标志产品网络零售额占全省比重仅为 9.1%，名特优新农产品网络零售额占比为 14.6%，均不足 20.0%，优质农产品网销份额相对较小。优质农产品同质性相对明显，品牌缺乏特色。如葡萄、红薯、花生等品种数均超过 20 种，没有明显的品质差异，不仅造成品牌资源浪费，也在很大程度上影响了品牌建设效果。

四是电商品牌效应有待加强。全省农产品网络零售品牌呈现地区和品类分布不均衡状态，网络零售额居前 20 位的品牌有 7 个来自郑州，品牌主要集中在休闲食品和方便食品。特色豫品中"头部"品牌网络零售市场占比较大，"尾部"品牌呈现"种类多、流量少"的特点，其中枣类好想你、白酒杜康酒、茶叶文新品牌集中度较高，零售额占比分别为 60.9%、31.8%、21.9%，其他品牌规模较小，品牌竞争力弱、知名度不高。河南特色农产品品牌众多，但市面可见的品牌农产品影响力多局限在省内，全国范围内知名的特色农产品种类少，难以与省外知名农产品抗衡。

五　对策建议

下个阶段，河南要充分借助 2024 年初《商务部等 9 部门关于推进农村电商高质量发展的实施意见》政策优势和机遇，统筹农产品网络零售市场发展全局，增强发展的联动性、适配性，引领全省农产品产销数字化转型，推进乡村全面振兴。

（一）强化数字赋能，延伸农产品产业链条

一是激发数字消费潜力，为河南农产品上行注入强劲新动能。搭建数字化产销平台，探索"数字+"农产品产销新模式，加强与京东、阿里巴巴、美团、抖音、拼多多等大型平台企业合作，探索农产品网络零售新路径。

二是促进线上线下深度融合，构建农产品零售良性循环生态。农产品实体零售企业要积极融入网络交易浪潮，积极调整营销策略，拓宽营销渠道，同时继续加强物流基础设施建设，提高物流效率，缩短配送时间，保障消费者购物体验。

三是强化产业链整合思维，借助大数据精准把握市场需求脉搏。充分利用大数据技术，对市场需求进行深度挖掘和精准分析，结合当地资源禀赋推进农产品精深加工，延伸产业链条，提升农产品附加值，以消费带动农业新产业、新业态发展壮大。

（二）统筹发展全局，实施差异化发展战略

一是加强消费协作，各地应高度重视农产品零售积极作用。鼓励农业大市商丘、驻马店、安阳搭建多渠道农产品销售平台，发挥郑州省会城市的消费能力，畅通农产品外流渠道。

二是各地市网络零售的发展要因地制宜，转变思维，特别是农业大市要依托当地特色打造特有的农产品电商品牌，借助品牌效应提升市场竞争能力，进一步拓展农产品网络零售市场。

三是不同品类农产品具有不同的特征，应采取不同的发展战略。对于零售规模较大的农产品，如休闲食品、方便食品进行产品质量控制，增强产品市场影响力。对于蔬菜、果品等农产品，则在控制质量的前提下，以本土县域为主市场，优先考虑地产地销战略。

（三）加大培育力度，提高优质农产品知名度

一是做好优质农产品培育与扶持工作。研究建设优质农产品培育资源库，鼓励和支持农业协会组织进行国家农产品地理标志产品申报。对全省国家农产品地理标志产品、名特优新农产品加大财政支持力度，对品牌价值评价高、地方主导产业的优质农产品给予重点扶持。

二是创新优质农产品推广与营销策略。借助微博、微信及抖音等自媒体资源进行推广，同时进行整合营销，包括公益活动、新闻报道、博览会、农事节庆活动等，提高优质农产品知名度。

三是注重优质农产品差异化发展。结合当地特色，推出当地主打销售品类，通过地理标志、风土人情等元素增加农产品附加值，避免同质化发展。同时注重差异性销售，创新带货模式，通过细分市场扩大市场份额。

（四）增强品牌意识，多方参与协同联动

一是政府发挥战略引领作用，整合资源支持。树立"品牌强农、质量兴农"发展意识，制定农产品品牌化发展指导性长期规划和发展战略，创建"乡字号""土字号"特色农产品，加快推进省级豫农优品发展公益基金设立、实施进程，加大金融扶持力度，提供贴息及担保贷款政策。

二是龙头企业发挥带动作用，其他中小企业协同发力。培育龙头企业，优化整合企业资源创建农产品企业品牌，进而通过产业集群效应拉动其他利益相关主体参与区域公共品牌共建。

三是农产品行业协会发挥桥梁与纽带作用，承担培养成员企业品牌建设和保护意识，制定品牌授权管理办法，配合监督检查市场中冒用、滥用、错用品牌的违法违规行为等职责。

参考文献

温雪：《推进农村电商发展　缩小城乡消费差距》，《宏观经济管理》2024 年第 8 期。

王小莉：《农村电商助推科技振兴乡村作用机制研究》，《价格理论与实践》2023 年第 2 期。

肖国安、陈谦、王文涛：《乡村振兴战略背景下我国农村电商发展路径研究》，《贵州社会科学》2022 年第 10 期。

B.10
现代农业社会化服务体系促进河南城乡融合发展的对策

侯红昌*

摘　要：　健全农业社会化服务体系是党的二十届三中全会做出的重要改革部署，也是河南省委 2024 年一号文件明确强调的建设现代农业强省的重要内容。健全农业社会化服务体系有助于稳定粮食生产、发展乡村产业、推进乡村建设，对促进城乡融合一体化发展、共同繁荣发展具有重要意义。近年来，河南农业社会化服务体系建设取得了长足发展，为全面推进中国式现代化建设河南实践奠定了坚实基础，但仍面临外部和内在的挑战，但有利条件强于不利因素，必须进一步深化改革，加大资金、科技和人才的要素投入力度，积极发展农业生产性服务业，持续提升乡村公共服务能力等，持续健全和完善农业社会化服务体系，以促进河南城乡融合发展。

关键词：　农业服务业　社会化服务　城乡融合发展

党的二十届三中全会审议通过的《中共中央关于进一步全面深化改革　推进中国式现代化的决定》（以下简称《决定》）对完善城乡融合发展体制机制做出了一系列部署，《决定》提出"健全便捷高效的农业社会化服务体系"的重要安排，凸显现代农业社会化服务业在促进城乡融合发展中的重要作用。河南省委 2024 年一号文件明确强调要"健全现代农业社会化服务体系"。因此，健全便捷高效的现代农业社会化服务体系，发展现代农业服务业和完善农村公共

---

* 侯红昌，河南省社会科学院农村发展研究所副研究员，主要研究方向为现代服务业。

服务体系，将从稳定粮食生产和保障粮食安全的角度，从提升乡村建设水平的角度对完善城乡融合发展体制机制、促进城乡共同繁荣发展做出重要贡献。

一 现代农业社会化服务体系对促进城乡融合发展的重要意义

现代农业社会化服务体系主要包括现代农业服务业和农村公共服务体系两大类别。现代农业服务业是指服务于农业生产和农村经济社会发展，通过多种经营方式和多层次多环节发展起来的一大产业，是从农业生产的角度展开的各类服务。农村公共服务包括农村公共教育服务供给、农村卫生健康事业、农村养老服务等，是从农村社会的角度展开的各类公共服务。发展和完善便捷高效的现代农业社会化服务体系对城乡融合发展的重要意义主要包括以下几个方面。

（一）有助于为进城农民的市民化提供坚实支撑

城乡融合发展的首要内容就是打开城镇的"城门"，让已经进城谋生的农民真正能够在其所工作的城市里面享受原属于户籍市民的各项社会保险、安置性住房保障、子女的义务教育和升学考试等方面的权利和待遇，提升基本公共服务的均等性和公平性，让有条件有意愿进城的农民进得"顺心"。完善现代农业社会化服务体系就是为进城农民"安心"提供坚实的支撑。众所周知，进城农民由于学历偏低、年龄偏大等因素往往从事的是工程建筑类的零工、摊贩及修理类的个体经营，在城里稳定扎根之前，其在农村的后路安全就显得非常重要，完善高效的现代农业社会化服务体系能够从保护农民的土地承包权、宅基地使用权、集体收益分配权等方面，消除进城农民的后顾之忧，使其"安心"在城里扎根发芽，变成真正的市民。河南是农业大省、农村人口大省，2023 年末全省乡村常住人口为 4114 万人。[1] 2023 年，全省常住

---

[1] 《2023 年河南省国民经济和社会发展统计公报》，河南省统计局网站，2024 年 3 月 30 日，https：//tjj. henan. gov. cn/2024/03-29/2967609. html。

人口城镇化率为 58.08%，低于全国水平 8 个百分点，进城农民工市民化潜力巨大，健全和完善全省现代农业社会化服务体系，为进城农民工的市民化提供坚实的支撑，消除其后顾之忧，让有条件进城扎根的农民"安心"进城，将有力促进全省城乡融合一体化发展。

（二）有助于更好地为留村农民处理其与土地的关系

以家庭承包经营为基础、统分结合的双层经营体制，是改革开放以来经过 40 多年检验成功的基本经营制度，其核心就是农民与土地的变与不变的辩证关系。《决定》提出，有序推进第二轮土地承包到期后再延长三十年试点，确保大多数农户原有承包地保持稳定、顺利延包，就是对家庭承包经营基础性地位的坚持，对农村土地承包关系的稳定，为进城和留村的农民吃上长效"定心丸"。健全和完善全省现代农业社会化服务体系，能够从深化承包地"三权分置"改革、促进农业适度规模经营的角度，更好地为留村和进城的农民处理其与土地的关系。要让土地流转得更顺畅更便利，就必须在承包地的流转服务上下功夫，健全土地流转交易的市场管理服务体系，是保障农民与土地关系的首要环节。流转后的土地在适度集中和适度规模经营方面，离不开农业生产科技服务体系的健全和完善，尤其与各地农业生产性服务业的发展条件和水平密切相关。因此，要适应农业现代化发展要求，结合河南农业人多地少的现实条件，在推进实行以小农户为基础、新型农业经营主体为重点的双层经营体制时，强化农业社会化服务体系的支撑作用，科学合理地完善农业生产经营体系，让进城和留村农民"定心"，从而从长远和根本上促进全省城乡融合一体化发展。

（三）有助于在高起点上更好地实现稳产保供

粮食安全是"国之大者"。2024 年河南夏粮产量为 3785.7 万吨，比上年增加 235.63 万吨，增长 6.64%，为确保国家粮食安全贡献了河南力量。①

---

① 《国家统计局关于 2024 年夏粮产量数据的公告》，国家统计局网站，2024 年 7 月 12 日，https：//www.stats.gov.cn/sj/zxfb/202407/t20240712_ 1955558.html。

《决定》从突出耕地保数量、提质量，以及突出调动农民种粮、地方抓粮积极性两方面来强化制度保障粮食生产和安全。健全的农业生产完全成本保险和种植收入保险服务体系，能有效完善国家在生产和粮食收购上的各类补贴，充分调动农民的种粮积极性和地方抓粮积极性，使得种粮不吃亏，抓粮有动力。现代农业生产性服务业能够从提升种业振兴行动、扩大并推广良种良机服务等方面提高粮食的单产潜力。同时，完善的农田水利设施和高效的农业防灾减灾救灾服务体系，尤其是对高标准农田的建设机制、验收体系和管护体系的完善，也有助于新一轮千亿斤粮食产能提升行动的深入推进。河南作为全国粮食生产大省、粮食主产区和粮食生产核心区，强化农业社会化服务体系建设，能有效解决产粮大县的公共服务薄弱问题。取消对产粮大县高标准农田建设资金配套要求，将直接调动产粮大县抓粮食生产的积极性。主产区横向利益补偿机制的试点，通过拓展产业、人才、技术服务等协作方式，助力主产区抓粮不吃亏。在农产品加工业方面，健全的现代农业社会化服务体系有助于农业产业链条的拓展延伸，使得粮食生产实现就地就近转化增值，既有助于粮食主产区兴县富民，也有助于粮食生产的安全保障。

（四）有助于促进农民持续增收

增加农民收入是"三农"工作的中心任务。2023 年，河南农村居民人均可支配收入为 20052. 9 元，增长 7.3%，城乡居民收入比缩小为 2. 01。①完善的现代农业社会化服务体系能有效促进农民持续增收。在乡村产业方面，充分发挥现代农业社会化服务体系的作用，挖掘农民家庭产业经营，如特色种植养殖、手工加工作坊、林下种养经济等项目的增收潜力，通过对生产过程的技术监测服务和市场价格及时反馈，确保农民的家庭经营收入波动小、上涨稳。在农民外出务工方面，加强农民工职业技能培训、完善跨区域信息共享机制、提供就业明确的有组织劳务输出服务，将在稳定提升农民的

---

① 《2023 年河南省国民经济和社会发展统计公报》，河南省统计局网站，2024 年 3 月 30 日，
https：//tjj. henan. gov. cn/2024/03-29/2967609. html。

工资性收入方面发挥重要作用。特别是增强农民工法律援助服务，使得服务站点触手可及，咨询热线即时接通，反馈及时，网络平台"一网通办"等，使得农民工安"薪"不忧"酬"。在增加留村的低收入农民的收入方面，完善的社会保障服务体系，能够使国家的各项涉农补助资金不跑冒滴漏地到达农民手中，使各项补助补贴补到位、补对人。此外，在提升农民的财产性收入方面，现代农业社会化服务体系还有很大的潜力空间助力农民，比如在农村闲置宅基地、闲置房屋和"四荒地"等资源财产的安全盘活方面，让进城和留村农民能够放心以出租或入股的方式获取收入等。

二 河南现代农业社会化服务体系发展态势分析

2024年，全省现代农业社会化服务体系发展呈现稳中有进、持续向好态势。

（一）农林牧渔服务业整体稳中有进

2024年上半年，河南农林牧渔服务业实现增加值181.23亿元（见图1），同比增速为9.5%，比第一季度提高了0.8个百分点，这说明，河南农林牧渔服务业正在恢复以往的发展态势，持续向好，成为促进河南城乡融合发展的重要支撑。

（二）农产品流通服务体系持续向好

近年来，作为现代农业社会化服务体系重要构成的农产品流通服务业发展稳中有进，表现在2023年全省农村社会消费品零售总额为4370.90亿元（见图2），比上年增长7.2%，高于全省城镇社会消费品零售总额0.8个百分点。稳步发展的农产品流通服务业，在促进全省现代农业社会化服务体系健全和完善的同时，为促进河南城乡繁荣、一体化融合发展提供了重要的基础支撑。

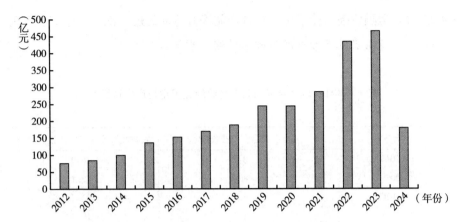

图1 2012年至2024年上半年河南省农林牧渔服务业增加值

说明：2024年为1~6月数据。

资料来源：根据历年《河南统计年鉴》及《河南统计月报》整理。

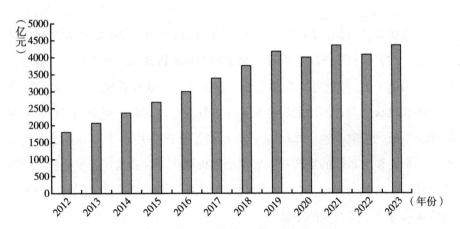

图2 2012~2023年河南农村社会消费品零售总额

资料来源：根据历年《河南统计年鉴》及《河南省主要指标统计提要2023》整理。

（三）现代农村社会化服务体系发展基础条件稳中蓄势

近年来，河南现代农业社会化服务体系发展基础条件日益改善。农林牧渔业固定资产投资增速在一些年份（如2018年、2020年）远高于同期全省固定资产投资增速。2021年以来，河南农林牧渔业固定资产投资持续下降

（见表1），但随着新一轮千亿斤粮食产能提升行动的逐步推进，相信全省现代农村社会化服务体系发展的基础条件将会改善。

表1 2018~2023年河南省农林牧渔业固定资产投资增速

单位：%

年份	全省固定资产投资增速	农林牧渔业固定资产投资增速
2018	8.1	16.9
2019	8.0	-12.1
2020	4.3	11.2
2021	4.3	-10.4
2022	6.7	-7.0
2023	2.1	-19.7

资料来源：根据历年《河南统计年鉴》及《河南省国民经济和社会发展统计公报》整理。

在农机装备方面，2023年，全省农机总动力为1.086亿千瓦，居全国第2位。拥有拖拉机327.5万台、相应的配套农机具723.9万台，二者总量均居全国第1位。[①] 此外，在稻麦联合收获机、玉米收获机、花生收获机等农业收获机具方面，河南稳居全国第一方阵。整体而言，河南的农作物耕种收综合机械化覆盖率达到87.1%，远远高于全国平均水平，一些重要的农产品如小麦和玉米等的生产基本实现全程机械化。农业生产机械化能力的不断提升，在改善全省现代农业社会化服务体系发展基础条件的同时，夯实了河南城乡融合一体发展的基础。

三 河南现代农业社会化服务体系发展环境分析

近年来，虽然河南现代农业社会化服务体系取得了稳步发展，但在当前全球经济复苏乏力、需求不足、地缘政治紧张等外部环境不确定性加剧

[①] 《全省农机总动力居全国第二 河南培育先进农机装备产业链》，河南省人民政府网站，2023年11月23日，https://www.henan.gov.cn/2023/11-23/2852647.html。

的环境下，仍面临较大挑战。但也要看到，随着我国产业转型的深入推进，创新动能的持续增强，各种各类优势潜力愈加凸显，河南现代农业社会化服务体系所面临的新机遇愈加显现，一些新优势和新动能正在加速集聚。

（一）现实挑战

1. 国际上百年未有之大变局带来新挑战

当今世界处于百年未有之大变局，世界经济增长放缓，贸易保护主义抬头，国际力量对比深刻调整，大国之间的博弈激化明显。俄乌冲突、中东危机给全球粮食安全和能源安全带来较大冲击。河南作为粮食主产省，国际粮价市场的波动，对河南"扛稳粮食安全责任"提出更高的要求；国际市场原油等大宗商品价格的波动，给河南粮食生产的相关成本效益带来不利影响。总之，日益严峻的全球问题给河南的经济发展环境带来挑战，影响现代农业社会化服务体系的建设步伐，给河南城乡融合一体化进程带来挑战。

2. 河南现代农业社会化服务体系不完善带来的制约

在河南现代农业社会化服务体系内部同样存在一些挑战和制约因素。首先，农村服务业总体规模仍有提升潜力，河南农林牧渔服务业增加值在农林牧渔业增加值中所占的比重较低，还有很大的增长空间。其次，农村服务业数字化信息化水平不高，体现在数字技术在全省农业生产中的应用推广还不够广泛，农业信息技术标准和信息服务体系还不完善，数字经济市场服务主体的培育力度有待加大。最后，在完善农村公共服务体系方面，普惠性学前教育资源供给不足，农村市场化社会化养老服务欠缺，乡村公共文化服务滞后。这些河南现代农业社会化服务体系中存在的不足，制约着河南城乡融合一体化发展的进程。

（二）有利条件

1. 中国式现代化建设带来的机遇

当前，我国经济的基本面、广阔市场、经济韧性、潜力空间等有利条件较多，随着宏观调控力度的加大、深化改革的推进，国内的需求处于复苏之中，产业结构处于平稳转型之中，新质生产力稳步发展，总体上我国经济平稳运行、稳中有进，进中蓄势，高质量发展扎实推进。党的二十大提出，以中国式现代化全面推进中华民族伟大复兴。中国式现代化的内容包含对粮食安全、农业社会化服务业健全的要求，特别是粮食产销区省际横向利益补偿机制的推出，将从政策利好和资金支持等方面给河南现代农业社会化服务体系的完善带来发展机遇。

2. 河南"两个确保"与"十大战略"带来的机遇

河南省第十一次党代会对推进现代化河南建设提出了锚定"两个确保"、实施"十大战略"的目标规划，"十大战略"科学设计了推进中国式现代化建设河南实践的具体方略，为实现"两个确保"即"确保高质量建设现代化河南、确保高水平实现现代化河南"战略目标提供了根本支撑。"两个确保"与"十大战略"给河南粮食生产、农业发展、乡村建设、农民致富带来历史性机遇，给河南从根本上系统推进现代农业社会化服务体系建设和完善带来新机遇。

四 健全现代农业社会化服务体系促进河南城乡融合发展的对策

党的二十大对加快建设农业强国做出战略部署，党的二十届三中全会审议通过的《决定》对完善城乡融合发展的体制机制做出一系列部署，并对"健全便捷高效的农业社会化服务体系"提出要求。现代农业社会化服务体系涉及农业生产性服务业和农村公共服务体系两大类别，健全现代农业社会化服务体系，能从提升粮食生产能力和推进乡村全面振兴等方面深入促进城乡一体化融合发展。2024年，河南省委一号文件提出要"健全现代农业社会化服务体系"，这正是从农业生产和农村发展的角度对河南城乡融合发展提出的目标要求。

（一）进一步深化改革，完善发展现代农业社会化服务体系的体制机制

深化改革是解放农村生产力的关键，是建设农业强省、推动城乡融合一体化发展的关键。必须在全面推进农村综合改革的同时，持续提升农村改革的系统性和协同性，进一步深化农业社会化服务领域的改革，助力推进农村土地制度和集体产权制度改革，从根本上破除城乡二元结构体制机制。建议由省发改部门牵头统一对河南现代农业社会化服务体系在推动农业强省建设、促进城乡融合发展中的路径和机制进行专门的顶层设计，充分发挥现代农业社会化服务体系发展规划对自身发展的强大导向作用。要充分重视对农村服务业市场主体的培育，重视对农村服务业龙头企业带动性的培植。鼓励小农户、新型农业经营主体等以合作社等形式融入农村服务业龙头企业的产业链条，重视对农村服务业市场需求的培育，加强现代农业社会化服务体系的完善。在深入推进农村土地制度改革的同时，审慎稳步推进促进农村服务业发展的土地使用改革，可在发展壮大的农村产业园区内开展农村服务业发展土地使用改革试点。在深化农村集体产权制度改革时，重视对村集体农村服务体系的设立、扩大，以及对现有现代农业社会化服务体系的产权和分红等领域的相关改革，助力村集体农村服务业企业进一步发展壮大。加强对村级农村服务业治理架构和经营方式的改革，各地结合实际，因地制宜探索物业出租、居间服务和资产参股等新型农村服务业发展模式。

（二）进一步加大要素投入力度，培育壮大现代农业社会化服务体系的市场主体

河南建设农业强省，推动城乡融合一体发展，必然要加大对粮食生产、乡村产业、乡村建设等的要素投入力度，现代农业社会化服务体系作为重要的支撑体系，也必须获得持续不断的资金、科技、人才等要素投入，以促进其市场主体的不断发展壮大，增强其对农业强省和城乡融合的基础支撑能力。

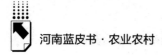

要不断完善各级各类涉农财政的定向倾斜和扶持政策。随着中国式现代持续深入推进，粮食安全、乡村建设愈加重要，相关财政资金的投入渠道、投入方式变得多样，如对产粮大县的奖补稳步增加，新增横向利益补偿机制设计，推动主销区给予主产区一定的资金支持等，再加之其他稳步增加的乡村产业和乡村建设的涉农资金，现代农业社会化服务体系中的财政资金必然会逐步增加。因此在现代农业社会化服务体系中项目的选择上，要充分发挥财政资金对社会资金的引导作用，确保在财政资金投入持续增加的同时，投入全省现代农业社会化服务体系的社会资金也持续增加，使现代农业社会化服务体系市场主体的自身"造血"能力逐步增强。

要进一步强化对现代农业社会化服务体系的科技支撑。通过对全省农业科技服务体系和创新体系的功能重塑，不断强化河南现代农业社会化服务体系对粮食生产、乡村产业发展和乡村建设的科技支撑，要持续优化提升现有农业科技社会化服务体系。一方面要持续健全完善省、市、县、乡、村五级农业科技服务网络体系，强化各级农技站等的高效科技服务能力；另一方面要持续鼓励和引导各类社会化农业科技服务主体积极参与各地农业科技服务体系，提供便捷的农业科技服务。要充分梳理小农户和新型农业经营主体的农业科技服务需求，开展具有较强针对性的农业科技服务，使农业科技创新成果正确地运用在粮食的生产中，从根本上确保粮食安全。要充分重视农村科技服务体系在乡村产业发展中的重要作用，通过梳理和发掘农业手工作坊、帮扶产业车间、现代农业科技园区等的不同等级、不同层次的科技服务需求，使基本的乡村产业科技供给和农业产业科技创新成果均能实现充分合理的市场价值。

要重视对现代农业社会化服务体系的人才要素投入。现代农业社会化服务体系具有现代服务业的重要属性，即能吸纳较多劳动力就业。河南是人口大省，更是农村人口大省。因此，无论是从就地转移农村劳动力人口的角度，还是从促进现代农业社会化服务体系高质量发展的角度，都必须重视和增加对现代农业社会化服务体系的人才要素投入。要进一步加大返乡创业服务平台的建设力度，提升各类人才服务平台的综合支撑能力，助力返乡创业人员提升创业能力，引导其在粮食生产、农产品加工、乡村建设等领域创业的同时，鼓励其在现代农业社会化服务体系领域进行创业致富。在创业扶持项目设置上，增加对农业社会化服务领域的扶持内容，为返乡创业者提供高效便捷的平台服务，营造良好的创业氛围。要加大对农业科技服务人才队伍的培育力度。一方面，加大对农业科技创新类人才的培养力度，加大在"中原学者"等重大人才计划中对农业科技人才的倾斜力度。建立农业科技人才绿色通道，建设中部地区农业科技人才高地。另一方面，加强对基层农业科技服务队伍的建设。打造新时期"农技、农机、农经"三合一现代农业科技服务队伍，更好地服务粮食生产、农产品加工等，助力城乡融合深度发展。

（三）发展农业生产性服务业，进一步壮大现代农业社会化服务体系

作为现代农业社会化服务体系重要构成，农业生产性服务业是河南建设农业强省的关键内容，是城乡一体化融合发展的重要基础性支撑产业。要大力培育各类农业生产性服务组织。要围绕粮食生产和粮食安全在全省农业生产的各个环节引导农业生产性服务的各类需求，并借助市场力量不断增加农业生产性服务的市场供给，通过有为政府和有效市场的协同发力，稳定围绕"耕、种、管、收、加、贮、销"等农业生产各个环节的生产性服务业价格，这既有利于确保粮食稳产和增产，也有利于小农户和新型农业经营主体增加种粮收入。要加快推行农业生产的托管服务。建设现代农业强省，推动城乡一体化融合发展，离不开农业生产效率的提升，大力发展农业生产托管的生产性服务，既是进一步深化"三农"改革的重要内容，也是不断壮大现代农业社会化服务体系的重要组成部分。因此，要满足各类小农户的农业生产托管服务需求，让农民放心托管，托管后能够安心，获取托管的收益能够舒心。同时，要积极培育和严格监管以家庭农场、合作社、种植企业等为代表的受托管农业经营主体，使其在提升农业生产效率、获取一定收益的同时，及时兑付小农户的合理收益。要加快农村生产性服务业的数字化建设。

持续增强全省农业农村的新型数字化基础设施建设，加强对农村基础地理信息数据的入库建设，加大对农业生产智能装备的补贴力度。重视农产品加工和农村冷链物流等的数字化建设。

（四）提升乡村公共服务能力，进一步健全农村公共服务体系

近年来，河南乡村公共服务水平稳步提升，但与现代农业强省的建设标准相比还有一定的差距，因此提升乡村公共服务能力，让进城农民和留村农民都安心、都顺心是从根本上促进城乡一体化融合发展的关键环节。要持续提升农村教育质量，优化公共教育服务供给。对必需必要的乡村小规模学校，要从师资、教育经费等方面给予充分保障，持续改善乡镇寄宿制学校办学条件，推进实施教师的"县管校聘"改革。要持续提升乡村健康水平，增加优质卫生医疗供给，稳步提升县域医疗卫生资源的配置水平和使用效率。持续加大对全省县域医疗卫生次中心的建设力度，加大部分薄弱乡镇卫生院及村卫生室标准化建设力度，适时将符合条件的村卫生室纳入医保定点管理。稳步提升农村传染病防控和应急处置能力。要持续完善农村养老服务体系。健全县乡村衔接的三级养老服务网络，推动区域性养老服务中心建设，升级改造乡镇敬老院，加大对失能老年人的照护力度。加强农村生育支持和婴幼儿照护服务，做好流动儿童、留守儿童、妇女、老年人、残疾人等特殊群体的关心关爱服务。推动农村社会工作服务站建设，吸引社会力量提供专业的农村社会服务。

参考文献

习近平：《加快建设农业强国　推进农业农村现代化》，《农村工作通讯》2023年第6期。

习近平：《坚持把解决好"三农"问题作为全党工作重中之重举全党全社会之力推动乡村振兴》，《乡村振兴》2022年第4期。

芦千文、韩馥冰：《农业生产性服务业：世界历程、前景展望与中国选择》，《世界

农业》2023 年第 5 期。

　　郝爱民：《农业生产性服务业外溢效应：乡村振兴背景下的思考》，社会科学文献出版社，2019。

　　梁惠娟、张慧利、夏显力：《基本公共服务、社会公平感与农村居民消费研究》，《世界农业》2024 年第 10 期。

　　徐亚东、张应良：《宜居宜业和美乡村建设下农村基本公共服务的优化——基于需求度和满意度的 IPA 分析》，《农村经济》2024 年第 5 期。

城乡空间融合

B.11
中国式现代化视角下河南城乡融合发展的
逻辑和路径

乔宇锋*

摘　要：　城乡融合发展是中国式现代化的必然要求，河南农村人口众多，常住人口城镇化率低于全国平均水平，城乡发展不平衡、不充分的问题突出，打破城乡二元结构，促进城乡要素平等交换、双向流动，缩小城乡差距，是河南高质量发展的重中之重。河南城乡要素市场建设面临制度性障碍，城乡产业协同发展需要结构性调整，城乡公共服务均等化水平有待功能性提升，必须坚持农业农村优先发展，统筹新型工业化、新型城镇化和乡村全面振兴，健全城乡要素双向流动机制，提高资源配置效率，推动农村产业结构升级，拓宽农民增收渠道，强化农村基本公共服务供给，实现城乡普惠共享，完善新型城镇化体制机制，保障城乡一体化发展。

* 乔宇锋，博士，河南省社会科学院农村发展研究所副研究员，主要研究方向为科技创新、农村经济。

关键词： 城乡融合发展 新型城镇化 乡村全面振兴 河南

党的二十大报告明确提出，要"坚持城乡融合发展，畅通城乡要素流动"，党的二十届三中全会通过的《中共中央关于进一步全面深化改革 推进中国式现代化的决定》进一步指出，要"完善城乡融合发展体制机制"。"城乡融合发展是中国式现代化的必然要求"，城乡融合的关键是打破城乡二元结构，促进城乡要素平等交换、双向流动，通过统筹新型工业化、新型城镇化和乡村全面振兴，使城乡获得均等的发展机会和平等的发展权利，城乡之间平等互惠、共同促进，为中国式现代化提供持久的内生动力。[①] 2023 年，河南省常住人口城镇化率为 58.08%，低于全国平均水平 8.08 个百分点，全省城乡居民人均可支配收入比为 2.01，城乡居民人均消费支出比为 1.54，[②] 城乡发展不平衡、不充分的问题仍然十分突出，城乡融合发展任重道远、势在必行。

一 城乡融合发展的内涵和逻辑

城乡关系是我国最基本的经济社会关系之一，对如期在 2035 年"基本实现社会主义现代化"具有全局性和总体性的影响。我国长期以来形成了城乡二元结构，党的十九大报告首次提出"城乡融合发展"，城乡融合发展既表明我国城乡关系已经进入新的发展阶段，又说明城乡融合发展是党中央为破解这一难题而提出的关键举措。

（一）城乡融合发展有助于资源优化配置，提高整体经济效率

城乡融合发展打破了城乡之间的壁垒，促进土地、资本、劳动力等生产要素在更广阔的市场范围内自由流动，加速了技术和知识的共享，提高了市

---

① 范根平：《中国式现代化视域下城乡融合发展的理与路》，《河海大学学报》（哲学社会科学版）2024 年第 4 期。

② 如无特殊说明，数据均来自历年《河南统计年鉴》。

场的效率，实现了有效竞争。城乡融合发展有助于优化产业结构、扩大市场规模，实现产业间的互补和协同，城市可以提供技术、资金和市场信息，而乡村则可以提供原材料和劳动力，通过产业链的延伸和价值链的提升，使企业和产业实现规模经济和范围经济。城乡融合发展有助于减少信息不对称，通过建立更加完善的信息网络和交流平台，可以使供需双方更好地了解市场信息，从而分散经济风险，减少单一市场或产业波动对整体经济的影响，在提高资源配置的透明度和效率的同时，提高资源配置的稳定性和可持续性。城乡融合发展有利于将外部性内部化，城市的技术进步和创新活动可以带动农村地区的发展，而农村地区的生态环境保护和资源可持续利用也可以为城市提供生态服务，更好地实现资源的长期优化配置。

（二）城乡融合发展有助于公共服务均等化，促进社会公平和共同富裕

城乡融合发展通过促进经济增长，可以为政府提供更多的财政收入，使政府有能力加大对乡村地区的公共服务投入力度，实现教育、医疗、文化、交通等基础设施的均衡布局，促进基础设施的共建共享，提升乡村地区的公共服务水平，缩小城乡居民收入差距，提高居民的生活质量。在城乡之间建立更加紧密的联系、有效整合和利用资源，可以降低生产和服务的成本，进一步提高公共服务的供给效率和质量，使城乡居民都能享受到更加优质和均等的公共服务。乡村地区教育等公共服务的改善，能够推动教育资源的均衡配置，提升乡村教育质量，增强农民的就业能力和竞争力，人力资本的提升不仅有助于农民增收，也为农村高质量发展提供了人力资源保障。城乡融合发展有助于构建更加完善的城乡一体化社会保障体系，通过推动养老保险、医疗保险等社保制度的并轨，能够使乡村居民在面临风险时得到与城市居民同等的社保支持，减少贫困和不平等现象。

（三）城乡融合发展有助于完善市场经济机制，推动高水平社会主义市场经济体制建设

城乡融合发展依赖高水平社会主义市场经济体制，需要建立健全的市场

体系，规范市场秩序，保护市场主体的合法权益，促进市场一体化，降低城乡之间的物流成本，提高信息流通效率，使得商品、服务、资本和劳动力在城乡之间更加自由地流动。基于市场一体化，积极构建全国统一大市场，城市企业可以利用其技术和管理优势进入乡村市场，乡村企业则可以利用其成本优势和特色产品进入城市市场，提高企业的生产效率和服务质量，推动技术创新和产业升级，提升市场竞争的公平性，形成更加合理的价格机制。随着城乡居民收入水平提高，人民群众对商品和服务的需求日益多样化，城乡融合发展能够适应多样化的消费需求，以市场化方式提供更加丰富和个性化的产品和服务。政府在城乡融合发展中发挥着关键的作用，通过制定相关政策和土地制度改革、财政转移支付、市场监管等制度创新，能够为市场机制的完善提供有力的政策保障和制度环境，降低交易成本，提高市场效率，促进市场的健康发展。

（四）城乡融合发展有助于社会治理创新，提升治理体系和治理能力现代化水平

城乡融合发展改变了传统的城乡二元结构，促进了社会结构的多元化和扁平化，需要进一步创新社会治理模式，建立城乡一体化的社会管理体系，以更加灵活和包容的社会治理模式适应不同社会群体的需求。继续推动户籍制度改革，实现城乡居民身份的平等，促进劳动力的自由流动，提高劳动力市场的灵活性和效率。通过建立更加高效和透明的治理机制，推动电子政务和数字治理，减少不必要的行政干预，提升治理的效率和效果，提高政府服务的便捷性和响应速度。[①] 建立多元参与的社区治理机制，增强居民之间的互信和合作，提高社区治理的民主性和参与性，强化居民的自治能力和社区的自我管理能力，增强社区治理的合法性和有效性，为社会治理提供更加稳定和可持续的制度基础。城乡融合发展促进了社会流动，为城乡居民提供了

---

① 王伟：《数字经济赋能城乡融合发展：理论分析与实证检验》，《西南民族大学学报》（人文社会科学版）2024 年第 7 期。

更多的机会和选择，这种机会均等有助于消除社会不平等，提高社会稳定性，为社会治理营造良好的外部环境。

二 河南城乡融合发展状况和主要堵点

从全球其他国家的发展经验来看，当城镇化率超过50%后，人口地域分布格局的变动将会明显改变居民的生活消费方式，并对乡村地区的产品和服务产生巨大需求。① 乡村全面振兴战略和新型城镇化战略实施以来，我国常住人口城镇化率逐年提高，城乡居民可支配收入差距不断缩小，城乡之间的联系愈加紧密，已经具备了以城乡融合发展推进中国式现代化的基础条件。② 当前和今后一个时期是以中国式现代化全面推进强国建设、民族复兴伟业的关键时期，由于长期以来农村发展滞后于城市，城乡二元结构壁垒导致的深层次结构性问题依然存在，有效破解阻碍城乡融合发展的堵点痛点，解决城乡发展不平衡不充分的问题无疑是今后工作的重中之重。

（一）河南城乡融合发展的现状

2014~2023年，河南城乡居民之间的收入消费差距整体呈收窄态势。③在人均可支配收入方面，城镇居民人均可支配收入从2014年的23672元增加到2023年的40234元，农村居民人均可支配收入从2014年的9966元增加到2023年的20053元，分别增长70%和101%，城乡居民人均可支配收入比从2014年的2.38收窄到2023年的2.01，城乡居民的收入差距整体呈缩小态势（见图1）。特别是2019年以来，在乡村全面振兴战略和巩固拓展脱贫攻坚成果的双重作用下，城乡收入差距缩小的速度明显加快。

在人均消费支出方面，城镇居民人均消费支出从2014年的16184元增

---

① 黄祖辉、马彦丽：《再论以城市化带动乡村振兴》，《农业经济问题》2020年第9期。
② 周宁：《中国式现代化视域下城乡融合发展的价值追求升级》，《农业经济》2024年第8期。
③ 从2014年开始，《河南统计年鉴》使用城乡一体化调查的数据。2014年之前，农村居民人均可支配收入为纯收入口径。为保证统计数据的统一性和可比性，使用2014~2023年的数据。

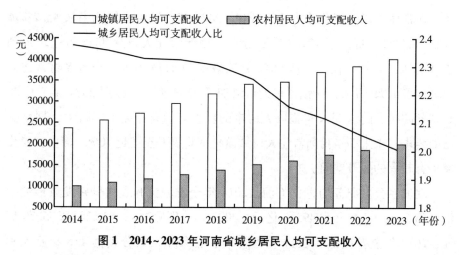

图1 2014~2023年河南省城乡居民人均可支配收入

资料来源：历年《河南统计年鉴》《河南省国民经济和社会发展统计公报》。

加到2023年的25570元，农村居民人均消费支出从2014年的7277元增加到2023年的16638元，分别增长58%和129%，城乡居民人均消费支出比从2014年的2.22收窄到2023年的1.54，城乡居民的消费支出仍有较大差距（见图2）。

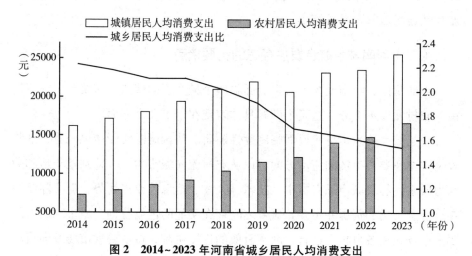

图2 2014~2023年河南省城乡居民人均消费支出

资料来源：历年《河南统计年鉴》《河南省国民经济和社会发展统计公报》。

在常住人口城镇化率方面，2014~2023年，河南城镇化率从45.2%提升到58.08%，提高了12.88个百分点，城镇常住人口从4345万人增加到5701万人，乡村常住人口从5843万人减少到4114万人，全省乡村常住人口减少了1729万人，城镇常住人口增加了1356万人。按照2024年7月28日国务院印发的《深入实施以人为本的新型城镇化战略五年行动计划》提出的要求，未来5年我国常住人口城镇化率将提升至接近70%，河南城镇化率仍有较大的提升空间。

在城乡公共服务均等化方面，2014年全省城镇和农村分别发放最低生活保障金31.97亿元和49.47亿元，2023年分别发放13.12亿元和75.70亿元；2014年全省城镇和农村享受最低生活保障人数分别为118.9万人和395.26万人，2023年分别为30.58万人和275.75万人。2014~2023年，得益于全省经济的快速发展和城镇化率的提高，城镇和乡村的最低生活保障人数均不断下降，其中城镇下降74.3%，农村下降30.2%；农村最低生活保障金增长了53.0%，城镇降低了59.0%；城镇和农村的最低生活保障标准，分别从2014年的2689元/人和1252元/人提高到2023年的4290元/人和2745元/人，分别增长了0.6倍和1.2倍，农村的社会保障水平不断提高，城乡社会保障差距日益缩小。[①]

（二）河南城乡融合发展存在的主要堵点

当前阶段，河南城乡融合发展面临两个最主要的堵点，即城乡发展不均衡、农村发展不充分，这两个问题具体表现在以下几个方面。

一是城乡要素市场建设面临制度性障碍。从调研的实际情况来看，现阶段全省城乡要素市场的流动方向仍以从农村流向城市为主，特别是土地和劳动力要素，尽管城市拥有资本、技术、人才、信息等要素优势，但实际流向农村要素市场的资源并不多，城乡之间存在明显的市场分割，城市和农村的要素市场往往各自独立运行，缺乏有效的连接机制，城乡要素市场双向流动

---

① 《2014年河南省国民经济和社会发展统计公报》和《2023年河南省国民经济和社会发展统计公报》。

存在制度性障碍。农村土地制度长期以来以集体所有制为主，加之农村土地的产权界定不清晰，导致土地流转过程中存在风险和不确定性，土地使用权流转市场不发达影响了资本和劳动力向农村的流动。

户籍制度也限制着农村劳动力向城市的流动，根据公安部的统计数据，2014~2023 年，全国户籍人口城镇化率从 35.9%提高到 48.3%，[①] 远低于同期常住人口城镇化率，这意味着大量流向城市的农村人口受城乡二元户籍制度限制并未获得市民身份，无法与城市居民平等享受教育、医疗和社会保障等公共服务，农村转移人口市民化在落户成本、保障机制等方面都存在突出问题。[②] 在农村集体经营性建设用地方面，入市机制不完善、范围界定模糊、产权认定不清晰，限制了农村土地有效利用和参与城镇发展，加之交易规则和收益分配机制落后，农民权益难以有效保障。农村地区的基础设施和公共服务相对落后，交通不便、教育资源不足、医疗条件相对落后等问题都影响了农村对资本和劳动力的吸引力，一些地方的保护主义政策也阻碍了资源的跨区域流动。

二是城乡产业协同发展需要结构性调整。河南省的制造业和服务业主要集中在城镇，乡村地区基本以农业为主，城乡产业融合程度不高、协同发展不充分的问题较为突出。2023 年，全省地区生产总值为 59132.39 亿元，三次产业结构为 9.1∶37.5∶53.4，第一产业增加值增速仅为 1.8%，低于全省 4.1%的平均水平。2022 年第一产业全员劳动生产率为 46692 元，分别占第二产业和第三产业的 25.69%和 33.61%，城乡产业发展水平明显存在较大的差距。从固定资产投资来看，2023 年全省固定资产投资比上年增长 2.1%，第一产业固定资产投资占比仅为 1.9%，同比下降了 19.7%，城乡产业发展不均衡的问题依然未得到解决。

在全省范围内，农村产业体系仍相对薄弱，普遍存在产业结构单一、主

① 《国新办举行"推动高质量发展"系列主题新闻发布会（公安部）》，国务院新闻办公室网站，2024 年 8 月 27 日，http://www.scio.gov.cn/live/2024/34551/index.html。
② 薛欣欣、辛立国：《城乡融合发展中的农村劳动力转移潜力研究——基于山东省第七次全国人口普查数据的估算》，《山东社会科学》2024 年第 8 期。

导产业不强、产业化程度低等问题，小农户无法有效对接大市场，多数农民利益受到挤压，难以真正获得可持续收入，一些经济条件较差的地区不断出现资本、人才等要素外流的现象，这种"马太效应"不仅制约着城乡融合发展，也给巩固拓展脱贫攻坚成果带来了新的压力。对于乡村发展所急需的金融服务，城乡之间存在严重的金融服务供给错配，大多数金融机构只按照商业银行的一般规则提供金融产品和服务，而未能考虑农业生产和农民需求的特殊性，现有信贷产品和服务不符合农村市场的实际情况，存贷款项目结构单一，抵押担保机制不健全，导致农村金融服务的满足率和可获得性较低，农村融资难、融资贵的问题仍未得到根本解决，在客观上限制了城乡融合发展的进程。

三是城乡公共服务均等化水平有待功能性提升。建立城乡一体化的社会保障体系是城乡融合发展的基本要求，公共服务均等化是城乡融合发展的主要内容，特别是教育、医疗、社会保障等涉及人民群众切身利益的关键领域，更是城乡融合发展的头等大事。但长期以来，河南底子薄、农村人口多，农村基本公共服务发展滞后，乡村和城镇存在差距。在教育方面，2014年全省城镇和农村每千人普通小学专任教师分别为5.29人和4.1人，城乡比例为1.29；2022年城镇和农村每千人普通小学专任教师分别为7.09人和4.9人，城乡比例为1.45。2014~2022年，全省城镇普通小学专任教师增加了145024人，农村则减少了31806人，城乡教育资源不均衡的情况不仅没有得到改善，反而有所加剧。

在城乡医疗资源方面，2014年和2022年全省乡村医生和卫生员人数分别为119307人和69401人，减少了41.83%，而同期城镇化率仅提高了12.02百分点，乡村医生和卫生员人数流失的速度远超过同期农村人口流向城市的速度。2014年城镇和农村医疗卫生机构分别为5421个和65735个，2022年城镇和农村医疗卫生机构分别为21381个和60258个，在城镇医疗卫生机构增长294.41%的同时，农村却出现了负增长，为-8.33%，农村"缺医少药"的问题没有得到解决。全省基层医疗机构中，直接服务乡村居民的乡镇卫生院从2014年的2055个减少到2022年的1995个，而主要服务城镇居民的社区卫生服务中心则从 2014 年的 1312 个增加到 2022 年的 1876 个。城乡公共服务除了数量的差距，在质量方面也存在差距，城镇公共服务水平远高于农村，城乡公共服务均等化水平亟待提升。

三 河南城乡融合发展的推进路径

"缩小城乡差别，促进城乡共同繁荣发展"，是党的二十届三中全会对城乡融合发展提出的明确要求，在中国式现代化的时代背景下，河南推进城乡融合发展，要坚持贯彻新发展理念，坚持以人民为中心，坚持农业农村优先发展，统筹新型工业化、新型城镇化和乡村全面振兴，让河南现代化建设的成果更多更公平地惠及全省人民。

（一）健全城乡要素双向流动机制，提高资源配置效率

河南是人口大省，截至 2023 年底，全省乡村常住人口达到 4114 万人，占全国乡村常住人口的 8.62%，[①] 解决好农村土地和劳动力要素市场问题是健全城乡要素市场双向流动机制的重中之重。要进一步深化农村土地改革，推进农村土地确权登记颁证工作，明确土地权属，建立健全城乡统一的土地流转市场，允许农村土地使用权流转，通过市场机制，引导土地资源向高效利用方向流动，提高土地利用效率。延长农村土地承包经营权的期限，稳定农民的土地使用权，推动土地承包权与经营权的分离，允许农民将土地经营权流转给家庭农场、农民合作社等新型农业经营主体。允许农村集体经营性建设用地入市，与国有建设用地同等入市、同权同价，合理分配土地增值收益，确保农民和农村集体经济组织能够分享土地增值收益。允许农村宅基地使用权流转，推动宅基地有偿退出机制，鼓励农民自愿退出闲置宅基地，盘活农村土地资源，提高宅基地的利用效率，增加农民财产性收入。缩小土地征收范围，严格界定公共利益用地范围，减少非公共利益用地的征收，完善

---

① 《2023 年河南省国民经济和社会发展统计公报》。

土地征收补偿制度，合理确定补偿标准，保障农民和农村集体经济组织的合法权益。鼓励土地金融创新，发展土地信托业务，推动农村土地承包经营权、宅基地使用权等土地权利的抵押贷款，拓宽农民融资渠道。

要进一步深化户籍制度和基本公共服务改革，提高劳动力市场的效率和活力。逐步取消城乡户籍限制，推行积分落户制度，降低转移人口在城镇的落户标准，完善城乡就业体制和劳动报酬改革，加快实现城镇基本公共服务常住人口全覆盖，逐步实现农村迁移人口在就业、教育、医疗等方面与城市居民享有平等的权利。推动城乡社会保障制度的并轨，建立健全社会保障转移接续机制，确保城乡迁移人口在流动过程中社会保障权益不受损失。加大公租房建设力度，推行住房补贴政策，减轻低收入群体的住房负担，为进城务工人员和新市民提供住房保障。加强对农村劳动力的职业技能培训，建立健全城乡一体化的就业服务网络，提高农村进城务工人员的就业竞争力，为城乡居民提供平等的就业服务。

（二）推动农村产业结构升级，拓宽农民增收渠道

乡村全面振兴和农民共同富裕是城乡融合发展的重要内容。2023年河南农村居民人均可支配收入仅占全国平均水平的92.4%，居全国第18位；增速为7.3%，也低于全国7.6%的平均水平。河南农业大而不强，河南农民众而不富，农村产业结构升级、农民增收成为农业农村工作的当务之急。要积极推动农业科技创新，加快发展现代农业技术，围绕精准农业、绿色农业和智慧农业，促进农业的数字化水平提升和产业结构升级，出台农业补贴、科技推广等政策优惠，鼓励土地流转，推动农业规模化经营，提高农业生产效率。支持农村产业多元化发展，大力发展农产品加工业，延长农业产业链，建立健全农村电商平台，推动农产品线上销售，拓宽农产品销售渠道，完善农村物流体系，精准对接城镇居民消费市场，提高农产品运输效率，降低物流成本，提高农副产品的附加值。发展农村产业集群，鼓励城市企业与农村企业合作，推动城市产业链向农村延伸，推动产业链上下游的协同发展，形成城乡产业协同发展格局，提高农村产业的集聚效应和竞争力。

城乡居民可支配收入的差距，是城乡融合发展成效的一个重要表征。2023年全省城乡居民人均可支配收入比为2.01，城镇居民收入是农村居民收入的2.01倍；2022年全省城镇居民中低收入户的收入为26690元，高于农村居民中高收入户的25326元，拓宽农民增收渠道显得尤为迫切。工资性收入和经营性收入是全省农村居民收入的主要来源，分别占总收入的32.0%和40.5%。要加大对农村居民的职业培训力度，因地制宜开展技能培训和新职业新业态培训，完善农民工就业服务体系，同时鼓励农民返乡创业，发展乡村新型服务业，增强农民转岗就业的素质和能力。推进农村集体产权制度改革，确保集体资产保值增值，增加农民集体性分红收入，有序规范农村承包土地经营权流转，增加土地承包户转让土地经营权的租金收入，积极盘活农村闲置宅基地和农房资源，增加宅基地及农房的资产性收益。此外，在政府投资重点工程和农村基础设施建设项目中推广以工代赈，适当提高劳务报酬发放比例，增加农民收入。

（三）强化农村基本公共服务供给，实现城乡普惠共享

实现城乡公共服务均等化，是城乡融合发展的重要途径。就河南省情而言，虽然农村社会养老、基本医疗保险已经在全省基本实现了全覆盖，但仍属于最低保障层次；农村教育、医疗资源相对短缺，部分农村居民上学难、看病贵的状况仍未得到根本改善。农村基本公共服务要坚持政府主导原则，逐年增加对农村基本公共服务的财政投入，确保教育、医疗、养老、文化等关键领域能够得到充足的资金支持，整合各类涉农专项资金，通过竞争性使用制度，提高资金使用效率，避免重复投入和资金浪费，确保"好钢用在刀刃上"。在教育方面，要加强农村学校标准化建设，改善教学条件，提升师资力量，大力发展远程教育，利用互联网资源弥补农村教育资源不足的问题，保障农村孩子教育质量不打折扣。在医疗方面，完善农村医疗卫生服务网络，提升乡镇卫生院和村卫生室的服务能力，加强基层医疗卫生人才队伍建设，推进分级诊疗制度，确保农民群众在家门口就能享受到基本医疗服务。在养老方面，推动县、乡、村三级养老服务网络有效衔接，发展居家养

老、社区养老等多种养老模式，加强农村养老机构的运营管理，提高服务质量，满足农村老年人多样化的养老需求。

提升农村基本公共服务供给质量，需要结合各地农村人口、地理、经济等特点，用好社会资本和社会力量，多元参与、形成合力，构建政府、社会和个人有机结合的基本公共服务供给体系。一方面，通过政府购买服务、PPP 模式等方式，引导社会资本参与农村基本公共服务供给；另一方面，加强农村基层自治组织建设，鼓励村民参与公共服务设施的建设和管理，发挥农民在农村基本公共服务供给中的积极作用。此外，还要强化监督评估，定期对服务项目、资金使用情况等进行检查和评估，及时发现和解决存在的问题，建立健全农村基本公共服务供给的监督评估机制，确保农村公共服务不走样、不变形、不打折扣。推进农村基本公共服务供给的信息公开透明化建设，及时公布服务项目、资金安排、实施进展等信息，主动接受社会监督，提高政府公信力和群众满意度。

（四）完善新型城镇化体制机制，保障城乡一体化发展

河南的城镇化水平长期以来低于全国平均水平，尽管与全国平均水平的差距逐年收窄，但 2023 年仍比全国平均水平低 8.08 个百分点，河南城镇化仍处于爬坡过坎的攻坚阶段，以新型城镇化促进城乡一体化是今后一段时间河南城乡融合发展的重要内容。要全面提高城乡规划、建设、治理融合水平，制定城乡一体化规划，统筹城乡发展，将外部性内部化，减少城乡发展中的负外部性，避免城乡发展失衡。优化城乡空间布局，将城乡作为一个整体，统筹考虑产业发展、基础设施、公共服务、生态环境等因素，编制城乡融合发展规划，明确发展目标、空间布局和重点任务。以中原城市群、郑州都市圈、省域副中心城市为依托，促进全省大中小城市和小城镇协调发展，形成功能互补、分工协作、优势互补的城乡一体化发展格局。加大对城乡融合发展的财政支持力度，创新城镇化投融资机制，鼓励社会资本参与乡村振兴和新型城镇化建设，引导金融机构加大对农业农村的信贷支持力度，拓宽城镇化融资渠道。

　　加强农村交通、水利、能源、信息等领域基础设施建设，一是完善农村公路网络，加快推进"四好农村路"建设，发展农村物流体系，建设农村物流配送中心，完善农村物流网络；二是推进高标准农田建设，实施农村饮水安全巩固提升工程，完善防洪抗旱减灾体系，提高农村抵御自然灾害的能力；三是实施新一轮农村电网改造升级工程，提高农村电网供电能力和供电质量，发展农村清洁能源，改善农村能源结构，减少环境污染；四是加快农村宽带网络建设，实现行政村宽带网络全覆盖，加强农村信息化应用，完善农村电商服务体系，推广应用农业物联网、大数据、云计算等现代信息技术，提升农业生产效率和经营管理水平。加强农村人居环境整治，持续推进农村厕所革命，建立健全农村生活垃圾收运处置体系，推进农村生活垃圾分类减量，建设农村生活污水处理设施，改善农村环境卫生状况，全方面缩小城乡生活环境差异。

　　要高度重视城乡融合发展工作，将其纳入重要议事日程，制定和完善城乡治理相关法律法规，加大对城乡治理违法行为的查处力度，建立健全城乡治理考核评价机制，将城乡治理工作纳入各级政府和部门的绩效考核体系。提高全社会对城乡融合发展的认识，营造良好的社会氛围。引导企业、社会组织和个人积极参与城乡融合发展，形成共建共享的良好局面。建立健全城乡一体化的治理体制，明确各级地方政府和部门的职责分工，形成权责清晰、运转高效的治理体系，发挥基层党组织在城乡治理中的领导核心作用，推动城乡基层党组织互联互通、共建共享，形成城乡治理合力。利用互联网、大数据、人工智能等现代信息技术，积极推进城乡治理数字化转型，建设智慧乡村，提升城乡治理的智能化、精细化水平，推广应用"互联网+政务服务"，实现乡村居民办事"最多跑一次"，提升政务服务效率和水平。

B.12
积极探索市域城乡融合发展的实现路径

——基于许昌市建设城乡融合共同富裕先行试验区的
调研与思考

陈明星*

摘　要：　城乡融合发展是中国式现代化的必然要求。许昌自 2019 年被确定为国家城乡融合发展试验区以来，持续推进城乡融合战略设计和政策集成，深入推动城乡产业融合与绿色低碳转型，扎实推进基础设施与公共服务共建共享，不断深化农业农村改革与城乡要素流动，城乡融合持续深入，融合动能持续增强，城乡改革持续深化，营商环境持续优化。许昌市全域探索城乡融合发展的试点表明，推进市域城乡融合，必须强化中心城市引领、强化实体经济支撑、筑牢县域经济底盘、强化治理赋能增效、强化创新示范集成，切实促进农民农村共同富裕和乡村全面振兴。

关键词：　城乡融合　农业农村改革　共同富裕

一　主要探索

（一）推进城乡融合战略设计和政策集成

2019 年 12 月，许昌被确定为国家城乡融合发展试验区，成为河南省唯

＊　陈明星，河南省社会科学院农村发展研究所所长、研究员，主要研究方向为农业经济与农村发展。

一入选的地级市，也是全国 11 个试验区中仅有的 2 个全域试验区之一，重点开展农村集体经营性建设用地入市、农村产权抵押担保、科技成果入乡、城乡产业协同、城乡基本公共服务均等化等五个方面的试验。2021 年，许昌市八次党代会提出"推进城乡融合共同富裕先行试验区建设"，并先后被写入《中共河南省委关于学习贯彻党的十九届六中全会精神的意见》和2022 年省政府工作报告。2022 年 10 月，河南出台《中共河南省委　河南省人民政府关于支持许昌高质量建设城乡融合共同富裕先行试验区的意见》，2023 年 1 月许昌市印发实施方案，并围绕经济高质量发展、创新驱动、高水平开放、城乡融合、收入分配、公共服务、文化事业繁荣发展、绿色低碳发展、社会治理等，先后出台 9 个配套工作方案，同时争取 47 个省直部门出台专项支持政策，形成了城乡融合共同富裕先行试验区建设"1+1+9+N"政策体系。积极融入郑州都市圈一体化发展，抢抓郑州都市圈扩容提质重大机遇，从规划、生态、交通、产业、文化、服务等方面深入推进郑许一体化，围绕产业、科技、开放、文化、治理等统筹推进"九大行动"，全面放宽城镇落户限制，推进城镇基本公共服务常住人口全覆盖，基本医疗保险和生育保险实现市级统筹。

（二）推动城乡产业融合与绿色低碳转型

一是推动产业链群发展。坚持"一群多链、聚链成群"，制定实施 10大产业集群、16 个重点产业链培育方案，深入推进"强链补链稳链"，出台培育重点产业链工作推进方案，分产业链编制市级行动方案和"四图谱六清单"，实现产业链、创新链、供应链、要素链、制度链深度耦合和协同发展，并选取重点企业对接农村集体经济发展，促进重点产业链反哺农村集体经济，让职业农民变身成产业工人，实现"务农、顾家、挣钱"三不误，以产业发展带动当地经济发展，解决群众特别是困难群众就近就地就业问题。二是打造城乡产业协同发展平台。突出特色产业园和农业产业强镇创建、涉农市场主体培育等重点，积极推进禹州市、长葛市、鄢陵县省级现代农业产业园建设，加快建设长葛市佛耳湖镇、石象镇、石固镇、鄢陵县望田镇，禹州市古城镇，襄城县茨沟乡、麦岭镇等农业产业强镇，加快培育壮大农业市场主体，为企业提供专项服务，帮助企业解决实际困难。三是强化数字赋能。深入推进数字化转型战略，加快布局建设数字基础设施，大力发展5G、区块链等数字产业，全面壮大数字发展新动能。全面推进移动5G"数字乡村"平台建设，巧借数字"引擎"，搭建数字乡村农业综合服务平台，推动党建数字化、治理数字化、服务数字化转型。四是加快绿色低碳转型。推进产业绿色低碳发展，实施重点领域节能降碳改造，加快长葛经济技术开发区循环经济产业园碳达峰试点园区建设，推动企业内、企业间和产业间物料闭路循环。全域推进"无废城市"建设，壮大绿色环保产业，培育创新型环保企业，推行环境污染第三方治理。

（三）推进基础设施与公共服务共建共享

一是加快城市更新，建设高品质美丽宜居智慧城市。积极推进老旧小区改造、新一代信息基础设施建设，打造市政基础设施综合管理信息平台，许昌市被列为全省唯一的城市体检试点城市，中原人工智能计算中心入选国家首批新一代人工智能算力开放创新平台筹建名单。二是高标准编制乡村规划，加快推进乡村建设。实施县域城乡一体化规划行动，开展"首席乡村规划师"服务活动，启动编制全市68个乡镇国土空间规划，按照"急用优先"的原则，积极有序推进全市村庄规划编制工作，结合村庄建设边界划定、乡镇国土空间规划编制完善实用性村庄规划编制成果，明确"通则式"村庄规划编制要求。创建全省第一批乡村建设示范县1个（襄城县）、示范乡镇3个、示范村24个。三是扎实推进基础设施城乡一体化。完善农村交通运输网络，加强自然村和村内主干道硬化路建设，集中开展农村公路危桥改造，加强农村资源路、产业路、旅游路建设，推进"四好农村路"示范创建提质扩面，实行县、乡、村三级"路长制"，落实管养主体责任，推进城乡客运服务一体化。推进城乡供水一体化，推动城市供水管网向农村延伸，推广县域"建管一体化"模式，梯次开展县域农村供水地表化项目建设。实施新一轮农网升级改造，推动燃气管网向农村地区覆盖延伸，大力推进冬季清洁取暖提质工程。加强农村物流体系、商业体系和农村信息基础设施建设，加快农村5G等"新基建"布局，积极创建数字乡村示范县。加强防灾减灾基础设施建设，建立排水防涝联动机制，开展燃气管道老化更新改造和燃气用户加装安全装置工作，推进问题窨井等设施风险排查和整治。四是着力促进基本公共服务优质均等。积极推进产粮大县公共服务能力提升项目建设，抓好魏都区、鄢陵县省级一刻钟便民生活圈试点区（县）建设，推动县级公共服务和社会保障体系不断完善。推动教育高质量发展，持续提升公办幼儿园占比、学前三年毛入园率、普惠性资源覆盖率。提升医疗服务能力，加快市公共卫生医疗中心、市中医院改扩建项目建设进度。加快建设养老服务体系和健康支撑体系，持续提升托育服务水平。

（四）深化农业农村改革与城乡要素流动

一是探索农地入市改革路径。建安区、鄢陵县、长葛市、襄城县先后出台农村集体经营性建设用地入市实施细则。2023年长葛市被确定为国家试点后，先后出台了试点工作实施方案、管理办法、收益分配暂行规定等文件，健全制度体系、规范入市程序、规定收益分配、营造改革氛围。探索采取标准地出让、弹性出让等多种供应方式，打造一批典型案例落地场景。积极引导其他非入市试点县（市、区）探索集体经营性建设用地使用权入股联营。二是创新农村产权融资模式。以农村资产确权颁证和整村授信为抓手，开展农村集体资产清产核资和股份合作制改革。总结提升2015年长葛市被确定为全国首批农地抵押贷款试点县市以来的实践经验，创新颁发农村土地流转使用权证，开展农村产权流转交易规范化试点。三是引导农业科技人才下乡。健全县（市、区）、乡（镇）、村（户）三级科技服务网络，引导科技特派员等农业科技人才服务农业农村。四是加快科技成果入乡转化。创新兼顾创新主体、推广主体和应用主体的农业科技成果推广利益分配机制，利用许昌科技大市场，开辟新技术、新产品等农业科技成果转移转化新渠道。

二　主要成效

（一）城乡融合持续深入，共同富裕扎实推进

一是农村基础设施提档升级。持续推进垃圾、污水处理等农村人居环境整治，统筹城乡燃气设施一体化，全市行政村燃气管网覆盖率达到76.6%。[①] 全域开展"四好农村路"示范创建活动，乡镇二级以上公路连通比例达到96.1%，建安区成功创建2024年第四批"四好农村路"全国示范县。城乡电商物流体系尤其是农村寄递物流体系建设加快推进，建成市、县、乡、村四级城乡配送网络，累计建成邮件处理5个县级中心、72乡镇中心、2145个村级综合便民服务站，实现快递直投服务全覆盖。二是城乡公共服务水平加快提升。完善就业服务体系，率先推进学前教育普及、义务教育基本均衡，积极推进普惠养老，持续推进市域综合医改、县域医共体建设和医药卫生体制改革，4个县（市）8个医共体实现实质性运行。深化国家公共文化服务体系示范区建设，打造钧瓷、刺绣、民间社火等具有地域特色的文化分馆76个，组建乡村文化合作社338个。三是城乡产业平台不断壮大。推进开发区高质量发展，优化"8+1"开发区发展新格局，完善"管委会+公司"运营模式，持续完善开发区供热、供气、供水、排水、供电等硬件基础设施，加快建设智慧园区、新基建、服务设施等软件基础设施，推进环境治理设施共建共享和老旧基础设施更新改造，提升园区承载能力，2023年，全市8个先进制造业开发区实现营业收入1653.8亿元；拥有规上工业企业699家，实现规上工业增加值349.1亿元，同比增长5.7%，高于全市3.7个百分点；新增高新技术企业数、新增省级及以上"专精特新"企业数分别达92个、48个；实际利用外资金额达759万美元。强化现代农业载体建设，涉农县（市、区）实现省级现代农业产业园全覆盖，省级农业产业化集群达到10个，市级以上农业产业化龙头企业达到114家、农民

[①] 本文数据均来源于许昌市政府工作报告或相关工作简报等。

合作社示范社达到 117 家、示范家庭农场达到 314 家。四是城乡居民共同富裕扎实推进。城乡居民收入差距持续缩小,2023 年全市农村居民人均可支配收入为 24228.2 元,增长 6.7%,高于 3.4% 的城镇居民人均可支配收入增速,城乡居民收入比为 1.63,同比缩小 0.05,分别低于 2.01、2.39 的全省和全国平均水平。农村集体经济发展持续壮大,集体经济年经营收入在 5 万元、10 万元以上的村分别占 100%、51.3%。

(二)融合动能持续增强,发展活力不断彰显

一是融合动能持续增强。郑州都市圈一体化发展加速,郑许市域铁路投入运营,许港产业带强势隆起,为许昌城乡融合拓展了产业互补、资源共享、协同发展的空间。许昌、长葛分别成为全国农村产权流转交易规范化整市试点、农村集体经营性建设用地入市试点。2023 年,省级以上创新平台达到 357 个,规上工业企业研发活动覆盖率达到 71.9%。二是产业活力持续彰显。围绕"10 群 16 链"产业布局,2023 年全市 12 家企业分别获评国家数字化转型贯标试点企业、国家智能制造示范工厂、国家级绿色工厂。立足"花菜药烟"等优势特色产业,加快全产业链发展,全市创建省级现代农业产业园 5 个、认定省级现代农业产业园 3 个,成功申报国家级农业产业强镇项目 5 个,认定国家级农业产业强镇 1 个,省级以上农业产业化龙头企业达到 51 家,其中,国家级农业产业化龙头企业 3 家。三是消费活力持续彰显。2023 年,许昌在全省率先推出"特色消费地图",胖东来入选 2023 年全国"诚信兴商"典型案例,"支持胖东来等流量商超发展"写入 2024 年省政府工作报告,胖东来享誉全国,许昌的知名度和美誉度不断提升。县域商业网络体系逐步完善,2024 年新建县级商贸中心 2 个、物流中心 1 个,改造提升乡镇商贸中心 22 个、农贸市场 2 个、物流综合服务站 24 个,目前县域 10000 平方米以上县级商贸中心 13 个、物流配送中心 6 个,乡镇 500 平方米以上商贸中心 69 个、物流综合服务站 86 个,鄢陵县继禹州市、长葛市之后入选新一批县域商业体系建设示范县(市),魏都区、鄢陵县被定为省级一刻钟便民生活圈试点。

（三）城乡改革持续深化，要素联动激活乡村

一是加快农业转移人口市民化。制定促进农业转移人口市民化实施方案并公开征求社会意见，完善就业服务等配套体系，2023年许昌常住人口城镇化率为56.12%，比上年末提高0.94个百分点。二是农村集体经营性建设用地入市取得突破。2020~2022年，全市累计入市交易农村集体经营性建设用地20宗，面积为762亩。2023年3月，长葛市被确定为全市唯一的农村集体经营性建设用地入市试点后，以第三次国土调查公布的数据为基础，对集体建设用地详情进行排查摸底，选择村级企业发展空间大、工业基础底蕴雄厚的大周循环经济产业园、老城镇、佛耳湖镇蜂产品集聚地、增福镇建筑机械等区域重点突破，统筹推进村集体组织登记赋码、农村集体经营性建设用地基准地价编制、农村集体建设用地所有权调查、实用性村庄规划编制等工作，将佛耳湖镇辛集村一宗面积为27.06亩的工业用地作为长葛试点首宗入市地块进行探索并成功出让。三是农村资产抵押担保产权权能逐步实现。截至2023年底，全市金融机构累计办理农地经营权抵押贷款487笔，累计发放金额5.32亿元。同时，探索农村产权抵押担保权能新模式，依托高标准农田建设，按照"投融建运管+土地经营权"一体化模式，探索释放集体土地经营权，实现集体资产变资本，并保障高标准农田的建设实施及后期稳步运营。创新涉农金融产品，引导金融机构综合运用"农地经营权单一抵押""农地经营权+地上附着物"等模式，因地制宜创新金融产品，满足农户和新型农业经营主体多样化融资需求。如长葛农商银行和长葛轩辕村镇银行针对新型农业经营主体融资特点，分别创新推出"农地通"和"利农通"，采用农地经营权直接抵押或附加担保方式进行授信，提升农户贷款可得性和满意度。在农地经营权基础上探索开展养殖物活体抵押取得实效，如农行通过智慧畜牧贷产品，对养牛行业进行支持，通过智能耳标进行活体监测。

（四）营商环境持续优化，服务效能纵深提升

一是强力推进营商环境优化。加快构建"1+3+N"政策体系，狠抓指

标优化提升，打造每个指标一个以上全省首创做法，每个县（市、区）一个以上典型案例。开展政务服务质效提升，完善大厅功能，重塑办事流程，打造具有许昌特色的"胖东来式"政务服务，推动更多政务服务事项向基层延伸。围绕规范市场准入、维护市场公平竞争、强化知识产权保护等工作全面推行跨部门综合监管，构建高标准市场体系。推动外商投资自由化，推进贸易通关便利化，全面提升营商环境市场化、法治化、国际化水平，打造营商环境的许昌品牌。二是切实增强服务企业能力。深入推进"万人助企联乡帮村"工作，用好营商环境"吐槽大会"、营商环境特邀监督员、营商环境综合排名等工作制度，更好发挥营商环境投诉平台作用，构建政企良性互动的长效机制，重点解决拖欠企业账款、征信惩戒滥用等顽疾。进一步规范执法行为，针对多头执法、"一刀切"执法、逐利执法等执法突出问题，在重点领域开展规范涉企行政执法专项行动，切实保护市场主体合法权益，企业反映问题动态办结率达 100%，居全省第 1 位。三是纵深推进信用体系建设。持续加大信用数据归集力度，深化信用惠企便民应用。加强"信易贷"应用创新，拓展企业融资渠道，降低银企信息成本。

三　启示与思考

（一）强化中心城市引领，着力构建现代城镇体系

城乡融合离不开城市牵引作用的发挥，市域城乡融合也不能就市域论市域，而必须以更宽广的视野拓展城乡融合的资源要素整合空间。许昌的探索实践表明，深度融入郑州都市圈，加快许港联动，强化空间同城、产业协同、交通互联，提升中心城市能级，是增强许昌城乡融合势能的有效途径。特别是随着区域经济极化效应的不断显现，拥抱都市圈、融入城市群已成为中心城市及其周边各县市提升发展能级的重要路径，市域城乡融合必须积极对接都市圈、城市群，在"融圈入群"中链接城乡融合要素资源，协同推

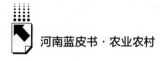
进以人为核心的新型城镇化和乡村全面振兴，构建与城乡融合相适应并有效发挥引领作用的现代城镇体系，持续优化城乡空间布局。

（二）强化实体经济支撑，突出创新引领产业变革

城乡融合的关键在于产业融合，市域城乡融合必须强化实体经济支撑。许昌坚持把发展作为解决一切问题的基础和关键，将发展经济的着力点放在实体经济上，聚焦构建"633"工业发展体系，当然也面临诸如产业集群和产业链条发展不完善、资源要素保障不足等共性问题。所以，推进市域城乡融合，必须牢牢抓住高质量发展首要任务，依托区域特色优势和资源禀赋，在经济新增长点上培育新动能，在产业发展上抢占新赛道，在优质企业培育上激发新活力，强链条、促转型、赋数智、育主体，壮龙头、兴业态、树品牌，大力提升创新发展能力，推动乡村产业全链条升级，形成城乡产业互促发展格局，进一步夯实城乡融合产业基础。

（三）筑牢县域经济底盘，稳步推进乡村全面振兴

县域既是市域的重要组成部分，又是城乡融合的主阵地。市域城乡融合发展，必须强化县域经济的基石和底盘作用。许昌6个县（市、区）经济总量排名均进入全省前50位，县域经济发展各具特色，从而形成对全域城乡融合的坚实支撑。因此，要以做强县域富民产业为抓手强化产城融合、产村融合，纵深推进县域经济"三项改革"，因地制宜发展县域主导产业和特色产业，不断提升县域经济发展水平和产业发展能级，打造一批全国县域经济百强县、经济总量千亿县、财政收入百亿县，并强化县域统筹，坚持产镇（村）一体联动发展，推进镇域产业集聚、产村融合，持续推进农村人居环境整治提升、美丽乡村建设扩面提质及基础设施联通化、公共服务均等化，推动县域产业聚势赋能、县城扩容提质、乡村和美蝶变，加快形成产业发达、城美乡富、融合协调新格局。

（四）强化治理赋能增效，推动要素资源优化配置

城乡融合本质上是城乡要素资源的重组，推进市域城乡融合必须创新市

域治理，达到公平、效率、安全的统一。许昌在推进城乡融合实践中，除深化农业农村改革、全面推进试点任务外，牢牢把握粮食安全等底线，加强耕地保护，稳步推进粮食应急保障中心建设，克服极端异常天气影响，2023年粮食总产达到 289.15 万吨。许昌的探索表明，推进市域城乡融合，必须充分运用改革"关键一招"，加快构建有利于城乡要素合理配置的体制机制，促进城乡要素平等交换、双向流动、优化配置；必须健全共建共治共享的社会治理机制，创新市域治理体系，不断提高基层治理能力、水平和效能；必须树牢大安全观，坚决守住安全底线，提升各类风险防范化解能力。

（五）强化示范创新集成，促进农民农村共同富裕

城乡融合既是一项复杂的系统工程，也是一个长期的动态演进的历史过程，推进市域城乡融合既要充分借鉴已有的成功模式和经验，也要结合实际创新探索适合自身的特色实践，并总结提升为普适性经验。要以促进农民农村共同富裕为目标强化联农带农，着眼过渡期后的政策衔接并轨，建立健全农村低收入人口和欠发达地区常态化帮扶机制。大力培养乡村人才，深入推进"人人持证、技能河南"建设，统筹高素质农民培育、致富带头人培训、乡村工匠培育等培训计划资源，大力挖掘培养乡村手工业者、传统艺人以及乡村工匠大师、名师等，加快培育一批产业技术工人。鼓励"田秀才""土专家""乡创客"和能工巧匠在乡创业，吸引在外企业家、农民工、大学生、退役军人等人员返乡创业。加快一二三产业融合发展，健全利益联结机制，把以农业农村资源为依托的产业增值收益更多地留在农村、留给农民，带动农村集体经济发展和农民增收致富。

参考文献

《刘国中：完善城乡融合发展体制机制》，"新华网"百家号，2024 年 8 月 1 日，https：//baijiahao. baidu. com/s？id=1806144094749201277&wfr=spider&for=pc。

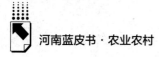

王红茹：《专访中共许昌市委书记史根治：坚定扛起责任使命 高质量建设国家城乡融合发展试验区》，《中国经济周刊》2023年第16期。

邓雷、杨红卫：《城乡融合共同富裕的"许昌实践"——关于许昌市城乡融合共同富裕先行试验区建设的调查与思考》，《许昌日报》2022年11月29日，第3版。

许昌市统计局：《2023年许昌市国民经济和社会发展统计公报》，《许昌日报》2024年4月30日，第3版。

《政府工作报告——2022年4月26日在许昌市第七届人民代表大会第九次会议上》，《许昌日报》2024年3月4日，第1版。

B.13
中部地区推动县域经济高质量发展的调研与思考

河南省社会科学院课题组*

摘　要： 近年来，中部地区在推动县域经济高质量发展中，突出机制创新、突出集群集聚、突出融圈入群、突出改革赋能、突出城乡融合，县域经济发展成效显著。中部地区县域经济高质量发展主要在于注重协同作战和差异发展，注重多元融合和多维转型，注重政府和市场双向补位，注重正向激励和标兵打造。基于此，建议河南在推进县域经济高质量发展中，深化改革发展，加强县域发展顶层谋划；强化聚链融圈，提升县域产业发展能级；补齐发展短板，实施县城品质提升行动；创优营商环境，增强县域经济发展活力；完善激励机制，激发县域经济发展动力。

关键词： 县域经济　高质量发展　中部地区

2024 年 3 月，习近平总书记在湖南主持召开新时代推动中部地区崛起座谈会时强调，要"大力发展县域经济，形成新的增长点"。党的二十届三中全会也就完善城乡融合发展体制机制进行了系统部署。县域作为国民经济的基础单元和城乡融合的重要枢纽及切入点，是国民经济在县域空间的"全息投影"。县域经济的繁荣发展，事关中部地区高质量发展全局，事关新时代中部地区崛起战略目标的实现。近年来，中部地区各省充分发挥县域经济在推动区域协调发展、建设现代化产业体系、推动乡村全面振兴等方面

＊ 课题组组长：陈明星；课题组成员：陈明星、宋彦峰、张瑶；执笔：宋彦峰、张瑶、陈明星。

的重要作用，着力抬高高质量发展底板，县域经济体量占据中部地区的一半，成为中部地区发展的重要支撑，其典型做法和发展路径对同为中部地区的河南来说，具有较强的借鉴和启发意义。

一　中部地区推动县域经济高质量发展的典型做法与成效

（一）突出机制创新，构建县域发展新格局

机制体制创新能够激发县域经济发展的巨大潜能，通过破除体制机制藩篱打通"中梗阻"，构建县域发展新格局，推动县域经济突破性发展。湖北提出"百强进位、百强冲刺、百强储备"梯队发展战略，纵深推进"强县工程"，深入推进制造业重点产业链"链长+链主+链创"融合机制、十大重点农业产业链"链长制"，着力打造强县梯队。全国百强县从2018年的4个、2019年的5个增加至2023年的8个，数量居全国第4位、中部第1位，且其中7个县市名次相较上年均有所提升。湖南大力实施区域共进行动，强化"一核"引领，加强"两副"支撑，促进"四区"协同，推进县域经济发展有支撑、上规模、增效益、可持续，走出具有湖南特色的县域经济高质量发展的新路子。2019年以来，湖南县域GDP年均增长5.4%，GDP突破2.7万亿元，GDP达200亿元以上、100亿元以上的县市均增加了10个，全国"百强县"达4个，其中长沙县、浏阳市、宁乡市包揽中部百强前3位。

（二）突出集群集聚，塑造产业升级新优势

强县域，关键是强产业。产业园区是产业发展、转型升级的主战场。产业集群是带动产业升级和高质量发展的"生力军""火车头"，而产业园区则是产业集群的重要载体和组成部分。安徽聚焦汽车"首位产业"，积极布局新能源汽车与零部件产业链条，坚持产业集群式发展思路，形成八个省级县域汽车零部件产业集群，通过整零协同、错位发展，汽配产业集群效应显著提升。2023年，安徽72个县域集群的平均营收为109亿元，而汽车集群

平均营收达到 137 亿元，其中长丰总营收最高，达到 735 亿元。[①] 湖南锚定"三高四新"美好蓝图，深入推进产业发展"万千百"工程，以"五好"园区建设为载体，引导改革在园区先行、产业向园区集中、企业向园区集聚，通过"龙头企业招引配套企业"产业集聚模式，推动主导产业集群集聚发展。2023 年，"五好"园区综合排名在前 5 位的省级园区均在县市，有效助推了县域经济高质量发展。

（三）突出融圈入群，找准县域发展新定位

中部经济强县主要分布于城市群、都市圈内，依托区位优势，主动加强与区域性中心城市的经济联系，准确定位、主动找位、积极争位，同向发力"融圈入群"，乘势而上推动县域经济"成高原"。湖北 8 个全国百强县均是依托武汉城市圈、"襄十随神"城市群和"宜荆荆恩"城市群，打造协同生产、协同服务的链式协同集群，形成百强县市和都市圈、城市群相互支撑、融合发展的格局。湖南"头部县域"集中在长株潭城市群，长沙县、浏阳市、宁乡市依托长株潭城市群的资源共享、优势互补，成为区域融合驱动主导模式的代表。其中长沙县作为"中西部第一县"，2023 年 GDP 为 2129.52 亿元，比上年增长 4.7%，是中西部地区唯一 GDP 突破 2000 亿元大关的县，县域经济基本竞争力稳居全国百强县第 5 位。

（四）突出改革赋能，打造营商环境新高地

营商环境是一个地区经济软实力和综合竞争力的集中体现，是稳定市场信心、推动高质量发展的重要因素。山西通过改革"硬举措"优化营商"软环境"，以地方立法形式出台《山西省优化营商环境条例》，全国首创出台《山西省一枚印章管审批条例》，并创新推出"五有套餐"，探索"一枚印章管审批""承诺制+标准地+全代办"等综合改革，全力打造"三优六

---

① 《长沙县 2023 年国民经济和社会发展统计公报》，长沙市人民政府网站，2024 年 5 月 11 日，http：//www.changsha.gov.cn/szf/ztzl/sjfb/tjgb/202405/t20240511_11438609.html。

商"营商环境。2023 年，中部百强县之一沁水县行政审批局"'1236'打造企业开办'金字招牌'"案例被评为全国第四届政务服务软实力"小切口"改革优秀案例，全年净增经营主体 2493 家，净增企业占净增经营主体比重为 87.8%。湖南宁乡善用营商环境"加减法"，构建"策划式招商+股东式服务"体系，深化"互联网+政务服务"改革，获得了 2022 和 2023 城市营商环境创新县（市）。2023 年净增经营主体 20412 家，增长 13.26%，总量达 174331 家；净增企业 5568 家，增长 18.32%，总量达 35961 家，实现了在"营商"中"赢商"。①

（五）突出城乡融合，拓展乡村发展新空间

城乡融合发展是中国式现代化的必然要求，是县域经济高质量发展的基本路径。江西打造景村融合、产村融合、三治融合、城乡融合、共同富裕"四融一共"和美乡村，因地制宜确定由武宁县等 17 个先行县（市、区）组成的赣东北、赣中、赣西南、赣南 4 个先行区。湖南依托都市圈构建城乡融合发展的空间载体，2023 年，长株潭都市圈常住人口城镇化率为81.97%，超出 65.2% 的国家平均水平，城乡区域发展差距和居民生活水平差距显著缩小，城乡居民可支配收入比为 1.61。长沙市大力推进城乡对接·村社互进行动，积极探索村社联动发展新模式，102 个结对村（社区）开展"城乡对接·村社互进"活动 150 余场次，农村土特产进城，社区居民下乡休闲度假，形成了村社互助良性互动。

二 中部地区推动县域经济高质量发展的启示与思考

（一）注重协同作战和差异发展，引领县域经济全面提质进位

针对县域高质量发展中缺乏块状集群和点面支撑的问题，中部地区一些

---

① 《再次入选！宁乡何以能在 2023 城市优化营商环境创新县（市）评选中"出圈"？》，人民网，2024 年 7 月 7 日，http：//hn. people. com. cn/n2/2024/0707/c356887-40904033. html。

省份在推动县域经济高质量发展中，更加注重协同发展和差异化发展。山西积极拓展优化县域发展空间，推动县际协同发展和毗邻县一体化发展，支持省域交界处的县区建设跨省合作园区。支持中心城市周边县按照"规划一体、产业一体、交通一体"的思路，主动对接、利用经济区的发展优势实现差异化定位、有序化协作、同城化推进。湖北以"强县工程"为抓手，通过示范引领和分类推进，百强县数量不断实现新的突破（见表1），从2018年的4个增加至2022年、2023年的8个，居全国第4位、中部第1位，不仅百强县数量实现新的突破，而且全省县域经济发展形成了"雁行"梯队格局。近年来，河南的全国百强县在数量上出现"失速"现象，被湖北抛在身后；中部百强县数量中也出现同样的情况，2020年中部百强县数量河南"一省独大"，2023年河南仅比湖北多5个。究其原因是县域经济发展存在综合实力偏弱、发展动能不足等问题。县域作为影响高质量发展和现代化建设的重要变量，河南要构筑全域协同发展的基石和区域发展的强支撑，需要进一步思考如何在百强县建设中"突围"，如何形成稳定的强县"雁阵"乃至"狼群"格局，进而形成推进全省高质量发展的稳固支撑。

表1　2018~2023年河南与湖北的全国、中部百强县数量比较

单位：个

年份	全国百强县数量		中部百强县数量	
	河南	湖北	河南	湖北
2018	6	4	34	18
2019	8	5	28	21
2020	7	7	37	21
2021	7	7	32	22
2022	6	8	30	22
2023	4	8	28	23

资料来源：赛迪顾问历年发布的《中国县域经济百强研究》《中部县域经济百强研究》。

（二）注重多元融合和多维转型，凸显中心城市辐射带动效应

中部地区一些省份县域通过产业融合、产城融合、城乡融合等多元融

合，以及绿色转型、创新转型等多维转型，向领域更广、格局更大、效率更高的方向发展。同时，在发展中不断向中心区域靠拢，通过优化空间布局，积极承接产业转移，向中心城市这个引擎"借势"，与都市圈、城市群实现互联互通，把县城这个节点"做实"。湖南在推进县域经济发展中形成了以长沙县、浏阳市、宁乡市为代表的长株潭城市群区域融合驱动主导模式。江西以全省高水平建设内陆开放型经济试验区为契机，积极融入新发展格局，建设了赣州国际陆港，是全国首个"内陆海港"，带动周边县域"买全球，卖全球"，有效融入国内国际双循环。当前，河南"一主两副"中心城市的辐射和带动功能不强，引领县域经济发展的功能还不足。另外，河南县域吸引优质要素集聚的能力较弱，部分县域主导产业不突出、产业层次偏低、转型力度不够，承接都市圈、中心城市产业转移的能力也不够。从趋势看，当下县域经济正处于城乡深度融合的突破期，处于承接产业转移的加速期，河南需要抢抓这一机遇，促进县域城乡、产业、产城的深度融合，促进县域发展的转型升级，让县域经济成为全省实体经济发展壮大的基本底盘。

（三）注重政府和市场双向补位，凝聚县域经济高质量发展合力

与城市经济相比，县域经济体制改革还比较滞后，县域经济做大做强所需要的要素支撑不足，县域经济的高质量发展仅仅依靠市场机制难以有效实现。在实践中，湖北不断强化机制体制创新，通过政策引导发挥有为政府的调控作用。为推动农业高质量发展，湖北实施省级领导领衔的"链长制"，重点打造制造业产业链、十大重点农业产业链，引导推动县域主导产业嵌入省重点产业链。安徽将汽车产业列为首位产业，出台了全国首部省级层面的新能源汽车产业专项立法《安徽省新能源汽车产业集群发展条例》，省市县三级大力支持新能源汽车产业的落地发展，着力解决创新不足、人才短缺、资金不足等问题，形成了长丰、泗县等八大省级县域汽车零部件产业集群。河南谋划了28个重点产业链，举全省之力推进新型工业化、打造重点产业链、构建现代产业体系，这对全省县域经济的发展亦是一次重大机遇。在此背景下，以全产业链的大视野审视县域的定位和功能，推动县域主导产业嵌

入全省重点产业链"补延强稳",既需要发挥市场在资源配置中的决定性作用,也需要政府部门的宏观调控,加强政策的集成创新,形成县域经济高质量发展合力。

(四)注重正向激励和标兵打造,营造县域经济奋勇争先的氛围

推动全省县域经济高质量发展,不可能齐步走,示范先行是必然选择,在工作推动中应建立健全长效激励机制。湖北注重强化正向激励与后进鞭策,建立以高质量为导向的县域经济综合评价体系,一年一评价,一年一通报,对百强县(市)给予专项奖励,新进入全国百强的县(市)奖励2000万元,全国百强县每进步一个位次奖励200万元,县委书记符合提拔任职条件的,优先提拔担任市州领导班子成员并兼任县(市)党委书记。安徽出台《安徽省县域特色产业集群(基地)建设成效评估实施方案(修订)》,对于评估结果排名靠前的集群(基地)按程序报省政府审定后奖励通报。河南在县域经济发展方面有较好的基础,尽管百强县数量有所减少,但从2023年中部百强县来看,河南入榜数量依然最多,共有28个县(市),尤其是在前50位中占据了16席(见表2),如果强化引导和激励,注重先进典型的示范引领作用,在全省上下营造争先创优、比学赶超、竞相发展的良性局面,就能更好地激发强县潜力。

表2 2023年中部六省百强县数量分位段比较

单位:个

位段	河南省	湖北省	安徽省	湖南省	江西省	山西省
1~10	3	2	1	3	1	0
11~20	1	6	2	1	0	0
21~30	5	1	1	1	2	0
31~40	3	2	4	0	1	0
41~50	4	0	2	3	1	0
51~60	3	1	3	3	0	0
61~70	3	2	2	1	1	1
71~80	1	4	3	2	0	0

位段	河南省	湖北省	安徽省	湖南省	江西省	山西省
81~90	2	3	1	4	0	0
91~100	3	2	2	2	0	1
合计	28	23	21	20	6	2

资料来源：赛迪顾问发布的《2023 中部县域经济百强研究》。

三　河南推动县域经济高质量发展的若干建议

县域经济不仅蕴含着区域发展的新逻辑和新空间，更是国民经济的重要组成部分。自 2014 年，习近平总书记视察河南提出县域治理"三起来"重大要求以来，河南牢记领袖嘱托，深入推动县域治理"三起来"，探索走出了富有地域特色的县域经济高质量发展之路。新时期要聚焦思想之变，深入贯彻党的二十届三中全会关于进一步深化改革的会议精神，锚定"两个确保"，以思想之变引领发展之变，谋划新时期县域"三起来"，加快推动县域经济"成高原"，助推全省高质量发展。

（一）深化改革发展，加强县域发展顶层谋划

党的二十届三中全会将"完善城乡融合发展体制机制"作为全面深化改革五个体制机制之一进行强调，充分说明当前城乡融合发展正迎来重要历史机遇，县域作为城乡融合发展的基本单元要抓住这个历史新机遇，基于新时期新征程谋划新的顶层设计。一是进一步全面深化改革。树立强烈的危机意识，通过纵向自身比较和横向中部各省比较，认真审视新时期河南县域发展的短板弱项和优势，以党的二十届三中全会精神为指引，破除县域经济社会发展中各方面的体制机制弊端，更加注重改革的系统集成性、政策的综合效应。二是进一步强化县域发展顶层谋划。将县域发展与统筹新型工业化、新型城镇化和乡村全面振兴结合起来，实施"百县千乡万村"强县兴乡美

村富民工程，编制县域经济高质量发展专项规划，构建产业发展、民生保障、支持政策与县域发展良性互动的保障机制，各县（市）可结合本地实际制定具体实施方案，打造一批产业先进、充满活力、城乡繁荣、生态优美、人民富裕的经济强县。三是强化示范引领。重点突出河南在中部经济百强县中的28个县（市），建立省领导联系工作机制，以重点县突破性发展带动县域经济全面提质增效。

（二）强化聚链融圈，提升县域产业发展能级

一是培育县域主导产业集群。引导各县域因地制宜培育壮大2~3个主导产业，集中资源打造1~2个特色产业集群，推动县域产业发展与全省"7+28+N"产业链群对接，力争形成一批营业收入过百亿元的产业集群和规上工业产值过千亿元的产业强县，培育一批农业强县、工业大县、旅游名县等。二是推进县域"融圈强链"。发挥中心城市、都市圈、城市群的辐射引领带动作用，推动县域立足自身特色优势，加强与中心城市、都市圈、城市群经济链接，深度融入中心城市、都市圈、城市群的产业链、供应链、资本链、人才链、创新链，探索构建融资在城市、投资在县域，研发在城市、制造在县域，头部在城市、配套在县域的一体化发展空间布局，形成市域引领、县域支撑、优势互补、融通发展的县域经济发展新格局。三是强化县域产业要素保障。建立专项资金，采取贴息、奖补等方式，依托工商、税务、自然资源、生态环境、电力、金融等数据平台，精准培育链主企业，支持市县和相关部门争取国家项目、开展重大项目招商引资。

（三）补齐发展短板，实施县城品质提升行动

以提升县域高质量发展基础能力为导向，强化县域基础设施建设，着力提升县域公共服务水平，补齐县城建设短板，提升县城综合承载能力。一是实施县城品质提升行动。完善县城生命线体系，统筹各类安全基础设施建设和提升改造，提高县城抵御自然灾害、应对突发公共事件、防范运行风险的

能力，提升县城安全韧性和品质。实施数字赋能行动，增强互联网、大数据、人工智能等技术在县域生产和生活中的应用，推动县域能源、水利、市政、交通等领域传统基础设施智能化升级，建设智慧社区。二是推进县域城乡深度融合。在统筹新型工业化、新型城镇化和乡村全面振兴的基础上，促进发展空间集约利用、生产要素有序流动、公共资源均衡配置、基本公共服务均等覆盖，推进城乡规划建设一体化、基础设施一体化、要素配置一体化、生态环保一体化、基本公共服务一体化，加大对人才、转移产业的吸引力度。

（四）创优营商环境，增强县域经济发展活力

进一步优化和改善县域营商环境是破解当前县域经济发展难题的重点工作之一。一方面，持续优化县域营商环境。借鉴山西的做法，深化"承诺制+标准地+全代办"改革，统筹推进企业投资项目承诺制和工程建设项目审批制度改革，推动"成交即发证""交地即开工""竣工即登记"。加强部门协同联动，推动改革横向贯通、纵向深入，提高项目落地水平，缩短项目审批周期，降低企业成本。持续推进"一件事一次办"改革，实现企业开办、企业准营、员工录用、涉企不动产登记、企业简易注销等政务服务一次办。另一方面，建立问题诉求台账，制定排查整治问题清单。借鉴湖北的做法，面向社会发布《关于开展"营商环境问题线索征集"的公告》，收集营商环境领域问题线索。强化部门摸排线索，按月梳理民营企业投诉平台和阳光信访投诉平台的问题线索，建立问题诉求台账，指导督促各部门对照整治重点，深入开展自查自纠，建立排查整治问题清单。

（五）完善激励机制，激发县域经济发展动力

实施差异化评价，强化正向激励。加强县域经济发展的统计监测，完善县域经济高质量发展评价机制，加强综合评价指引，鼓励县域发展争先进位、冲刺赶超。一是完善评价机制。从综合质效、创新发展、协调发展、绿色发展、开放发展、共享发展等方面，优化调整县域经济高质量发展综合评

价指标体系，每年开展综合评价。二是强化评价结果运用，将县（市、区）评价结果作为对市县评先奖励和干部任用的重要依据。每年差异化认定一批县域经济高质量发展先进县和进步县，设立县域高质量发展专项资金，明确对高质量发展评价结果与百强县进榜晋位情况的奖励标准。对于先进县和进步县，在安排省重大项目时同等条件下优先支持，对于表现突出、实绩明显的干部，在提拔使用和职级晋升中重点考虑。

参考文献

杨爱君、代晓丽：《乡村振兴战略下县域城乡融合的理论逻辑与实践探索》，《贵州社会科学》2024 年第 3 期。

孙久文、邢晓旭：《中国式现代化下县域经济高质量发展的理论与实践》，《齐鲁学刊》2024 年第 1 期。

章卫东、平静：《以产业振兴推进县域经济发展》，《人民论坛》2023 年第 24 期。

高昕、李国权：《以县城为重要载体的城镇化建设：三重约束与突破路径》，《区域经济评论》2024 年第 1 期。

涂圣伟：《县域城乡融合发展的内在逻辑、基本导向与推进路径》，《江西社会科学》2024 年第 8 期。

城乡改革联动

B.14
农户分化视角下河南农地经营优化探索与实现路径

刘依杭[*]

摘　要： 随着河南推进农业农村现代化发展和农业产业结构不断优化，农户生产经营方式也经历了一系列演变，并呈现多样化的发展模式。农户主体逻辑差异、农业经营方式变革以及农业社会化服务体系的完善，为农户结构性分化提供了内在动力和外在条件，农户分化为生存型农户、兼业型农户、生产型农户和退出型农户等不同类型，且不同类型农户的行为逻辑都会直接影响农地经营方式。因此，在农户结构性分化下，河南农地经营应结合农户分化主体特征设计更加精准的扶持政策，发挥农户分化主体的多元化能动作用，强化其发展能力建设，促进现代农业发展和乡村全面振兴。

关键词： 农户分化　农地经营　小农经济　河南

---

* 刘依杭，河南省社会科学院农村发展研究所副研究员，主要研究方向为农业经济与管理。

2017年党的十九大报告首次提出实施乡村振兴战略，并强调要实现小农户和现代农业发展有机衔接。2024年中央一号文件明确指出要以小农户为基础、新型农业经营主体为重点、社会化服务为支撑，加快打造适应现代农业发展的高素质生产经营队伍。小农经济在我国延续了千年之久，"大国小农"依然是我国的基本国情农情。由于我国人多地少、人均农业资源占有率低，传统小农经营往往在有限的土地上通过投入大量的劳动力，即边际效益递减的方式来获得总量的增长，使农业经营长期陷入"过密化"的困境。随着农业农村发展进入现代化建设新征程，以及新型城镇化快速推进，小农经济也在不断演变和发展，现代农业发展意识正在萌发，在村庄内部逐步演化出自耕经营、出租经营、规模经营三种农地经营方式。因此，如何立足国情农情，用"促变"的思路认识和对待小农，给予小农经济更多的关注和政策扶持，是当前重大的理论与实践问题，也是思考建设农业强国、全面推进乡村振兴战略的基本前提。河南作为全国重要的农业大省、农村人口大省，理解小农经济、改造小农经济以及推动农业农村现代化发展具有重要的意义。在建设农业强省的进程中，迫切需要对当前农户分化的发展态势和演化逻辑进行深入分析，通过农业组织化与新型农业经营主体建立起稳定的经济联结和社会联结，从而实现真正意义上的现代农业发展，促进小农户与现代农业发展有机衔接。

一 小农经济的主要特征

（一）以家庭为基本生产单位

小农生产具有综合性、开放性和动态性，并随着时代变迁和社会发展而不断变化。尽管理论界对小农经济的特征一直存在诸多争论，但对小农经济以个体家庭为单位进行生产经营的社会组织形态基本保持一致的观点。因此，从生产主体角度来看，以家庭为单位、生产资料个体所有为基础，根据农作物生长周期进行合理分工，从事小规模农业生产经营活动，消费需求随家庭人口结构的变化而变化，具有独立性与分散性是小农经济最根本的特征。

（二）以小块土地自主经营为核心

土地是农民最重要的生产资料，也是最基本的生活保障，小农之"小"最核心的特征在于其耕种的土地面积之"小"。改革开放之初，为调动农民生产积极性，国家推行了家庭联产承包责任制，为保证土地资源的公平分配，往往会把土地分割成多个小块，按照"远近搭配、好坏搭配"的原则进行分配，农户承包的土地较为碎片化。随着农业生产力的提升，农户小规模经营与现代农业集约化发展的矛盾日益凸显。土地承包经营以来，大部分农户已习惯了分散耕种的生产方式，即使有农户流转出土地经营权，也存在过渡性和不确定性。若这些农户社会身份和职业发生根本转变，那么将不再属于小农范畴；若他们又回到农村进行土地承包经营，小农经济特征又会完全恢复。

（三）以满足家庭消费需求为目的

随着农业产业转型升级，农业生产力水平大幅提升，越来越多的小农户农业生产在满足家庭消费需求的基础上将过剩的农产品在市场上销售，以获取额外收入。虽然农业科技逐步嵌入小农经营的生产方式，重构了小农经营的成本收益结构，但总的来说，小农生产的首要目的还是以满足家庭不可缩减的生存消费需求为主，而非追逐收入最大化，只有达到了这个目的才能将多余的农产品实现商品化。因此，当农村经济发展乏力、小农户生存空间受到挤压时，小农生产主要以维持生计为目标；而当政策环境和市场环境得到改善，农村经济发展为农户提供更多就业机会时，小农户则不再单纯依靠农业生产维持生计，其生产目的将转向商品化。

（四）以家庭内部劳动分工为基础

小农经济主要依靠家庭劳动力进行农业生产，农忙时家庭成员之间会互助合作，很少以支付薪酬的方式雇佣外部人员参与劳作。当前，随着农业现代化快速发展和农村劳动力老龄化现象日益凸显，越来越多的小农户通过购买农机服务来进行农业生产，但这种方式主要是为弥补家庭劳动力的不足，或将劳动力从农业中释放出来获取务工收入，以家庭劳动力为主的经营方式并没有发生实质性改变。而且家庭成员以亲缘为纽带，共同进行生产分工，具有较强的信任与合作能力，且劳动激励形式多样、利益高度一致，具有显著的经济效益。此外，家庭内部分工还能有效应对市场环境的变化，以家庭劳动力优化配置实现内部化处置外部性风险，从而减少潜在的损失和影响。

（五）以生产互助为主要形式

在传统小农生产模式中，小农户通常会以多样化的互助行为来满足农忙时增加的劳动力需求。邻里之间经常会相互帮助，共同合作完成农事活动。这种互助合作的行为逻辑建立在以亲缘和地缘为基础的"特殊信任"之上，是基于共同利益、共同情感、共同价值以及共鸣精神而产生的，与农民合作组织制度有较大区别。现阶段，在政府和社会各界对发展新型农业经营主体的大力支持和倡导下，多种形式的农民联合与农户自发性组织交织在一起。在一定程度上，具有经营活力和带动能力的新型农业经营主体的合作力量正逐步增强。

二　农户结构性分化的主要类型

近年来，随着农业农村现代化的推进和农业产业结构的不断优化，河南农户生产经营方式经历了一系列演变，并呈现多样化的发展模式。河南先后推行家庭联产承包责任制、农村承包地"三权"分置、实施乡村振兴战略等一系列政策，极大地促进了河南农业经济和社会的发展。在迈向全面建设社会主义现代化国家新征程的背景下，城镇化进程不断加快，大量农村劳动力向城市转移就业，乡村人口、产业、社会结构进一步演变，农户结构性分化也变得更加显著，主要呈现以下四种类型。

（一）生存型农户

生存型农户普遍存在于农业现代化的起步阶段，主要以自给自足型经营方式从事传统农业生产。由于生存型农户通常以留守老人为主，信息相对闭塞，缺乏对市场的了解和风险的预判，且劳动力对外输出困难，因此生存型农户逐渐对精耕细作的路径产生依赖效应，缺乏进一步提升农业生产的能力，农产品主要以自给性生产为导向，从而实现"养家糊口"的目的。从生存型农户的发展趋势来看，随着农业老龄化现象日益加剧，越来越多的农村留守老人由于年龄增长、劳动力下降而选择撂荒土地，或随子女迁入城镇彻底退出农业生产，生存型农户总体上呈现逐渐萎缩的态势。

（二）兼业型农户

随着河南城镇化进程的深入推进，大量农村劳动力向非农产业转移，并形成了以"代际分工为基础的半工半耕"家计模式的兼业型农户，成为小农经济社会构成的重要组织形态，也是城镇化进程中农民向市民身份转换的重要阶段。目前，河南兼业型农户主要包括以农业收入来源为主、辅之从事非农产业的农户，以农业收入来源为辅、主要从事非农产业的农户。在不同资源禀赋和经济发展水平下，兼业型农户具有较强的动态特征和转型潜力。当农业农村发展势头较好，农业收入在家庭收入中所占的比重不断提高时，兼业型农户则愿意投入更多的劳动力从事农业生产经营活动；反之，当农业农村发展面临诸多障碍时，兼业型农户则会选择缩减农业生产规模，使农业劳动力逐步向非农产业转移，从而提升家庭工资性收入。

（三）生产型农户

生产型农户以家庭为基本生产经营单元从事农业生产经营，并具有相应的专业技能和资源，收入主要来源于农业。主要包括专业大户、家庭农场、合作社等。在河南工业化、城镇化进程中，他们按照"人动"带动"地动"的逻辑，通过农村劳动力转移，实现农业适度规模化和专业化经营。因此，生产型农户不再以传统自给自足为目标，而是高度依赖社会分工，将先进技术、现代装备、管理理念等引入农业，开展专业化、品牌化经营，提高农产品生产效率和经营收益。他们往往拥有足够的农业知识储备、技术能力和生产资本，将农业生产作为增加收入的主要来源。一般来说，生产型农户将是未来河南农业发展的中坚力量。

（四）退出型农户

退出型农户指的是逐步退出农业生产，且家庭劳动力从事非农产业的小农户。主要有两种类型：一种是举家进城务工的小农户，因户籍迁移和自身规划发展切断了与农业农村生产生活的联系。对于此类农户，应建立闲置产权和宅基地有偿退出和盘活利用等制度机制，以"增、减、调、租"等方式进一步激活农村资源，优化资源配置。另一种是就地职业转换而逐步退出农业生产的农户，其对农村土地的"生存依赖"基本消失，通常将承包的耕地撂荒或流转给他人耕种。这类农户普遍在城郊农村地区，拥有更多机会实现非农就业，家庭收入来源以工资性收入为主，但户籍仍保留在农村，并继续享有农民身份的权益。

三 农户结构性分化的主要形成机制

（一）农户逻辑差异为小农经济转型提供了主体动力

随着农业经营方式转变和城镇化快速发展，农户逐渐分化为生存型农户、兼业型农户、生产型农户和退出型农户等多种类型，不同类型农户的逻辑差异赋予了小农经济转型动力。退出型农户逐渐与农村和小农经济脱离，不再是农业经营主体的组成部分。生存型农户主要是农村社会的弱势群体，因自身劳动力限制无法外出务工，只能依靠传统农业进行生产经营。兼业型农户则通过家庭分工或代际分工的形式，形成半工半耕兼业化经营模式，是当前农村社会的主要力量，也是小农经济的主要担纲者，其农业经营逻辑基于城镇化进程中维持家庭生计的稳定，以粮食种植等传统农业种植为主。而生产型农户即所谓的"中坚农民"或"中农群体"，如家庭农场、专业经营户等新型农业经营主体，通过农村劳动力的转移实现土地规模化和集约化经营。他们虽然还延续着小农家庭经营的外在形式，但其内在性质和运行逻辑已发生改变，既嵌入高度社会化的农业产业分工体系，也是推进传统小农向现代农业转型的动力来源，在农业农村现代化进程中扮演着重要角色。生产型农户以青壮年劳动力为主体，农业经营方式倾向于用资本和技术替代劳动来获得更高的利润，具有强烈的扩大再生产动力。

（二）农业经营方式变革促进了小农经济去内卷化

随着经济社会的快速发展，农业生产经营方式进一步转变，"以土为生"的传统小农经营模式发生了根本改变，使农户卷入现代农业产业体系并呈现高度分化现象。一方面，农业经营方式的转变促进了农村土地流转和农业适度规模经营。与资本下乡式推动土地规模流转的发展路径不同，适度规模经营是适应社会经济条件、农村劳动力转移程度、各要素生产力水平的有效模式，是解决"小农户与大市场""小规模与现代化"之间的矛盾的根本途径。对于农业产业发展内生动力较强的农户而言，通过部分农民进城务工为农村土地流转市场创造的良好条件，使土地流转能够在农户内部之间形成适度规模经营，从而促进小农经济去内卷化。另一方面，农业经营方式的变革也是改变农户内在经济逻辑、经营方式、劳动力投入的重要方式之一。如生产型农户为提升自我发展、市场参与以及农业技术等方面的能力，具有较强的动力调整优化农业产业结构、经营结构，从而增强农业竞争力和农业收入水平。因此，农业经营方式由传统分散经营向集约化适度规模经营转变，促进了农户结构性分化和小农经济转型发展。

（三）农业社会化服务不断完善助推了社会化小农发展

传统小农经济以封闭式家庭经营为主，经营能力无法适应市场需求，与农业产业化发展存在严重的脱节。随着农业社会化服务的不断推进，小农户逐渐被卷入一个开放、流动、分工的社会化体系，自身也开始发生根本性变化，小农经济开放性不断增强，与传统封闭的小农经营方式渐行渐远，进入社会化小农阶段。自实施乡村振兴战略以来，河南各项政策不断向农业农村倾斜，大量资金、人才、产业向乡村流动，极大地改善了农业生产条件，为小农生产提供了便利条件。同时，随着农业生产分工分业进程的不断加快，多元化、社会化的市场主体广泛参与使农业社会化服务体系不断完善，为农业产前、产中、产后提供了全过程综合配套服务，使小农生产力得到极大的释放和发展，促进了小农户与大市场的对接，也保证了小农经济的生存性和农村发展的可持续性。正是农业社会化服务体系的不断完善，为社会化小农发展奠定了坚实基础，从而推进农户结构性分化。

四　农户分化下农地经营的逻辑选择

（一）生存型、兼业型农户：基于"趋粮化"的逻辑选择

随着河南农业农村现代化发展，农户已不再仅仅依赖土地，而是积极融入社会化分工体系，具有"社会化小农"的特质。而像生存型农户和兼业型农户在农地经营中更倾向于"趋粮化"的逻辑选择，其主要原因在于农民外出务工、转移就业机会不断增加以及工资性收入的上涨，使农业生产成为一种只具有保障功能的辅助性活动。

对于生存型农户而言，务农人员以老人和妇女为主，缺乏对外输出劳动力的选择。因此，生存型农户的农业生产主要是为满足自身的消费需求，缺乏扩大再生产的能力。对于那些劳动力投入需求较大、需要精心管控或难以被机械化所替代的农产品，如经济作物，则在生存型农户的农业种植结构中处于劣势地位；而像小麦、大豆、水稻、玉米等粮食作物，对农业劳动力投入需求较少且适合全程机械化作业，则能够充分发挥在农业种植结构中的比较优势。因此，生存型农户在遵循多重内在因素的逻辑下，做出农地经营"趋粮化"的逻辑选择。

对于兼业型农户而言，种植结构"趋粮化"是兼业型农户自我行为调适下实现其家庭收益最大化的生计策略。首先，由于兼业型农户土地规模小、流转意愿低，主要依靠家庭劳动力从事农业生产活动，较少发生雇用关系，农忙时从事农业生产、农闲时外出务工的兼业形态成为获得家庭收入的主要方式。因此，为达到家庭劳动力要素的最优分配，实现家庭收入最大化，兼业型农户更倾向于选择劳动力投入较少的传统作物耕种，以便在非农产业获取更多收益。其次，外出务工的农民以从事劳动密集型产业为主，缺乏专业技能和市场经验，抵御市场风险的能力不强、稳定性较差。因此，种植传统粮食作物成为兼业型农户维持家庭生计的基本保障和保底选择。当经济发展势头向好时，能较好地满足外出务工人员的基本生活需求，节省城市消费支出成本；当经济发展衰退面临诸多风险时，农户则可以安全退守回到农村，开展农业经营生产。最后，在扶农助农相关政策的助推下，农业基础设施和生产条件不断改善、农业生产性服务体系不断健全、务工务农往返更加便利、种植补贴更为优厚，进一步推动了兼业型农户的"趋粮化"选择。

（二）生产型、退出型农户：基于"多元化"的逻辑选择

与生存型、兼业型农户相比，生产型和退出型农户在农地经营上更具经济理性和风险理性，倾向于通过优化资源配置和提高利用效率来追求农地经营的利益最大化。

生产型农户在农地经营逻辑方面具有明显的逐利性，以追求自身利润最大化为目标调整农业种植结构，从而实现农业经济的可持续发展。因此，生产型农户更加注重农业经营规模的最优节点，以实现资源优化配置和经济效益最大化。但由于粮食作物与经济作物的农业生产率存在一定的差异，其最优生产经营规模也不尽相同。此外，随着土地成本、人工成本、机械设备成本的投入，农地最优经营规模也会随着成本的上升而改变。因此，生产型农户会在综合考虑利润最大化和成本最小化的基础上调整农业种植结构。当农地经营规模小于粮食作物最优规模，则会选择种植经济作物；反之，当农地经营规模大于粮食作物最优规模，单一粮食生产难以实现规模经济目标，甚

至面临因缺失劳动力监督、经营管理不善而导致的生产效率低下等问题，为获得更多的收益，生产型农户则会选择"粮食作物+经济作物"混合式种植经营模式，以此寻求粮经结合的最优效益，提高收益的稳定性。

与生产型农户不同的是，退出型农户通常选择将农地流转给其他农户或经济组织，以获得一定的农地经营收益。由于退出型农户已脱离农业生产活动，农业资源禀赋相对稀缺，家庭收入主要依赖外出务工所获得的非农收入，农业收入已不再是其生产决策的关键，只是把土地作为择业退路的基本保障。因此，退出型农户往往将农地以出租、转让或承包等形式流转给农业经营主体，从而实现农地经济效益的增长，增加收入来源。此外，退出型农户也会根据农地流转的交易成本进行选择，若农地流转的经济功能趋于弱化，以至于交易成本大于其在非农产业生产活动中所需支付的代价，或供求双方对农地价值评估维度不一致导致谈判成本、监管成本增加，退出型农户则更倾向于选择将农地进行闲置或撂荒处理，从而等待更好的经济时机。

五　农户分化下农地经营的优化路径

小农户是农业经营的核心主体，如何使小农户融入现代农业，是农业现代化进程中的重大议题。随着河南城镇化快速推进和市场化条件下新型农业经营主体的快速崛起，小农经济正发生深刻变化，其农户结构性分化为推进农业转型升级以及高质量发展提供了可能。因此，分析农户分化下农地经营的路径选择，是提升小农经营政策执行效率、推进乡村全面振兴的关键。基于此，本文建议从以下几个方面加以改进和优化。

（一）结合农户分化主体特征设计更加精准的扶持政策

推动小农户与现代农业发展有机衔接，既要充分尊重小农户的意愿，保障小农户的合法权益，又要遵循现代农业的发展规律，使小农户共享农业现代化的成果。因此，应避免为了农业现代化而损害小农户的利益，压缩小农经济发展空间；同时不能因为过度保护小农户而阻碍农业现代化的进程。随着河南工业化、城镇化深入推进，以及政府对农业适度规模化、产业化的大力支持，农户分化将成为不可逆的趋势，这也对现代农业发展提出了更高的要求。实现小农户与现代农业发展有机衔接，关键是要对小农户发展予以充分重视和有效扶持，结合不同类型的农户主体特征和现代农业发展需求导向制定相关政策，形成功能互补。在此过程中，生产型农户最有机会成为现代农业的积极力量和有效参与者，要为他们营造良好的经营环境，提供社会化服务保障，在资金、技术、用地、产权等方面予以倾斜支持。对于以维持生计为主要目的，难以承担起农业现代化重任的生存型农户，应进一步完善相关托底措施，保障他们的基本生活。对于兼业型和退出型农户而言，由于农业经营不再是家庭收入的主要来源，政策支持应重点向非农领域倾斜，破除制约劳动力市场的体制机制障碍，帮助他们获得更多非农就业机会，提高收益的稳定性。

（二）充分发挥农户分化主体的多元化能动作用

基于"大国小农"基本国情农情，当前和今后很长一个时期，小农户仍将是农业生产经营的主要组织形式，这也意味着农业转型进程中小农经济在乡村振兴中具有不可替代的作用。因此，在农户分化背景下，一方面，要为进城农民提供充分的就业机会，通过建立统一的社会保障制度，确保城乡居民平等享受基本公共服务，提升城市对农村剩余劳动力的就业吸纳能力，给予退出型农户更多的发展空间。另一方面，对于同时兼顾农业生产和非农活动的兼业型农户，他们对农村土地和农业经营还具有一定的依赖性，因此需要进一步探索符合农情、包容小农特征的城乡融合发展道路。此外，对于生产型农户，他们嵌入乡村社会，不仅是缓解城市人口吸纳压力的贡献者，也是全面推进乡村振兴的中坚力量，应充分发挥他们在乡村振兴中的主体作用。

（三）重点强化农户分化主体的发展能力建设

小农户从传统农业经营向现代农业经营的转变，是一个从量变到质变的过程。在这个转变过程中，应对农户分化的发展态势有更为清晰的了解，认识到小农户与现代农业的兼容性，从而提升不同类型农户的自身发展能力。首先，应提升小农生产经营的综合能力，特别是针对生产型和兼业型农户的具体需求，进行差异化、有针对性的能力培训。其次，要把小农户能力建设与政策支持相结合，形成更加有效的长效激励机制，促进更多小农户融入现代农业发展。此外，还应采取多样化的衔接载体和合作模式，为不同类型农户提供相应的支持。为生存型农户提供基本扶持，为积极参与现代农业发展的生产型农户创造公平的机会，为有意从事非农领域的退出型和兼业型农户提供必要的非农支持。通过一系列措施，最大限度地释放不同类型农户的资源禀赋和发展潜力，实现小农户与现代农业共同发展的目标。

参考文献

梁伟：《农民理性扩张与小农经济再认识》，《现代经济探讨》2023 年第 1 期。

黄宗智：《中国的新型小农经济：实践与理论》，广西师范大学出版社，2020。

刘守英、王宝锦：《中国小农的特征与演变》，《社会科学战线》2020 年第 1 期。

武舜臣、胡凌啸、赵策：《分化小农和现代农业发展有机衔接的路径选择》，《西北农林科技大学学报》（社会科学版）2023 年第 1 期。

贺雪峰、印子：《"小农经济"与农业现代化的路径选择——兼评农业现代化激进主义》，《政治经济学评论》2015 年第 2 期。

朱战辉：《农民分化视角下小农经济转型与乡村秩序再造》，《华南农业大学学报》（社会科学版）2021 年第 5 期。

周娟、万琳：《乡村振兴背景下新生代返乡农民创业及其对农业转型的影响》，《中国青年研究》2023 年第 5 期。

张大维、陈涛：《接点服务：小农户衔接现代农业的供需结构与均衡路径》，《中国农村研究》2020 年第 2 期。

李玉超、张立杰：《农业社会化服务对农业绿色全要素生产率的影响研究——基于农户分化的视角》，《农村经济》2024 年第 3 期。

B.15
河南提升耕地质量的路径研究

生秀东*

摘 要： 当前，河南省粮食产量连年增加，同时由于粮食生产效益不高，农民缺乏种粮积极性，投入减少，粗放经营，土壤生产力下降。耕地质量问题是在种粮利润率下降、农业兼业化和土地产权细碎化等因素的共同作用下产生的。建立提升耕地质量的长效机制，就是从制度动因上完全消除影响耕地质量的不利因素。本文针对这些问题提出了相应的政策建议：深入落实"藏粮于地"战略，以新思路规划高标准粮田建设，持续开展耕地质量保护与提升行动，推进适度规模经营，重点发展面向小农户的农业生产性服务业，深化农村土地"三权分置"改革，完善耕地质量提升的长效机制，调动地方和农民种粮的积极性。

关键词： 耕地质量 耕地细碎化 适度规模经营

河南粮食产量多年居全国第 2 位，是名副其实的产粮大省，粮食产量占全国的 1/10，小麦产量占全国的 1/4。近年来，河南省深入落实"藏粮于地、藏粮于技"战略，2017~2023 年，粮食产量持续稳定在 1300 亿斤以上，为国家粮食安全做出突出贡献。在粮食产量连年增加的同时，由于粮食生产效益不高、农民缺乏种粮积极性，投入减少，粗放经营，土壤生产力下降，粮食生产面临不可持续的风险。分析河南省耕地质量存在的问题并提出相应的破解策略，对于保障我国粮食安全具有重要意义。

---

* 生秀东，河南省社会科学院农村发展研究所研究员，主要研究方向为农村经济。

一　河南省耕地质量存在的问题

当前河南省耕地质量存在的问题如下。第一，全省耕地质量总体不高，中低产田面积占比较大，目前仍有 3000 多万亩中低产田，且早期建成的高标准农田设施年久失修。[①] 第二，化肥施用不合理，导致土壤中的有机质含量较低。河南省耕地质量监测报告显示，全省土壤有机质平均含量在 2020 年为 19.2g/kg，而全国土壤有机质平均含量是 24.4g/kg。[②] 为实现粮食增产，长期不合理施用化肥的结果是土壤有机质含量持续不断地减少。第三，耕地面源污染越来越严重。过量施用化肥、农药导致土壤板结、耕地面源污染局面逐步恶化，也加速了生态恶化。耕地土壤酸化的面积约占全省耕地总面积的 6.51%。[③]

影响河南耕地质量的另一个重要因素是农业水资源短缺。目前河南省亩均水资源利用量不足全国平均水平的 1/4，农业水资源的可持续利用量严重不足。全省大部分农田灌溉仍然采取传统落后的大水漫灌方式，水资源利用效率低下，相应地增加了农业生产成本。水资源利用效率低下的重要原因是村庄田间水利设施管理不善、年久失修，这造成农业抗御自然灾害的能力严重下降，也导致土壤生产率降低。

二　影响耕地质量的多重因素

一般地说，支配农民生产行为的经济机制决定了耕地质量的升降。因为农民作为理性经济人，耕地质量的变化也是他们对冲外部影响、争取收益最大化的重要手段。这里重点分析市场价格调节、农业兼业化、土地产权细碎化、土地流转的契约稳定性等因素对耕地质量变化的作用机理。

---

① 中共河南省委：《在乡村振兴中实现农业强省目标》，《求是》2023 年第 6 期。
② 《河南省第十四届人民代表大会第二次会议第 1010 号建议及答复》，河南省科学技术厅网站，2024 年 9 月 13 日，https://kjt.henan.gov.cn/2024/09-13/3063124.html。
③ 河南省农业农村厅：《河南省耕地质量状况调查》，《中国农业综合开发》2021 年第 6 期。

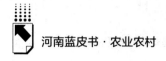

（一）市场价格调节对耕地质量的影响

价格机制是耕地质量的基本调节机制，价格机制通过农民种粮纯收益的升降引导农民的生产投入决策，从而决定土地质量的升降，进一步决定粮食的产能。以此观之，几十年来，粮食价格总体呈现下降趋势，而投入要素价格呈现长期上涨态势。

在成本上升和价格下降的双重压力下，粮食增产与农民增收之间存在尖锐的矛盾，粮食生产的成本利润率呈现长期下降趋势，小农户种粮积极性受挫。这导致土地投入积极性下降，加剧了中长期耕地生产力下降的风险。进一步根据比较静态分析，在均衡状态下，粮食价格下降幅度（或相应的生产性成本的上升幅度）等于投资于耕地的边际投资支出的减少幅度，即农民以耕地质量的下降来维持生产的正常进行。

（二）农业兼业化对耕地质量的影响

工业化、城市化进程的加快带动农业生产进入兼业化发展阶段。农户的兼业化、副业化虽然有利于农户家庭内部效率的提高和收入增加，但缺乏社会整体效率，会引起农业投入要素质量下降和土地粗放经营问题，导致粮食产能的下降。一般来说，农户的兼业化经营通过两种途径影响粮食产能。其一，老人和妇女属于弱劳动力，这使得传统的农作制度必然地向节省使用劳动力的方向转型。农业生产要避免繁重的体力劳动，就会减少劳动密集型作业环节，减少复种指数，降低农业生产率和土地利用率，导致粮食总产量下降。在理论上，兼业化条件下小农经济进一步向粗放经营演变的过程可以描述如下。遵循局部均衡分析方法，假设技术水平等其他条件和环境保持不变，在进行粮食生产时，劳动供给量因为弱劳动力而首先下降，这样就会打破以前生产过程中早已形成的要素投入的最优结构或均衡结构，不均衡的生产结构引起资源利用率下降、产出减少和收入降低，从而形成向新均衡运动的压力。种粮收入降低，农户的理性反应是，相应减少土地投资，土地质量开始下降，最终达到一个新的（适应弱劳动力的）要素投入均衡结构。新均衡结构与旧均衡结构相比，产量、劳动量和土地质量同时降低了，粮食的现实产能和潜在产能也都下降了。也就是说，兼业农户的粮食生产方式由精耕细作逐步演变为粗放经营。其二，在城乡二元结构、农村土地产权结构等制度性因素的限制之下，随着兼业化程度的不断提高，承包地为农户带来的收入越来越少，而作为农民最后的退路，承包地给农户带来的安全感会越来越强，即承包地的社会保障功能超越其生产功能。这时农户对耕地的珍惜程度就会越来越低，耕地保护投入会减少，引起耕地质量下降，从而影响粮食的长期产能。

（三）土地产权细碎化对耕地质量的影响

众所周知，农村家庭联产承包责任制的实施在促进农业快速发展的同时，带来了严重的承包地细碎化问题。土地细碎化对粮食产能的不利影响主要表现在两个方面。一是土地细碎化对土壤质量有严重影响。例如，土地细碎化不利于大型机械作业，长期以来，河南省农业生产普遍使用旋耕和小功率机械耕作，导致耕地耕层厚度较浅，土壤质量下降。据调查，河南省耕地耕层厚度大部分在 15~20cm，低于全国耕地 21.6cm 的平均耕层厚度。二是土地细碎化增加了粮食的生产成本。因为土地细碎化既不利于农业机械对劳动力的替代，也增加了机械作业时间和成本，此外还增加了田间管理成本。因此，在粮食生产处于均衡状态时，土地细碎化程度越高，相应的耕地质量就越低。

（四）流转土地的契约稳定性对耕地质量的影响

新型农业经营主体的短期化行为缘于流转土地的契约稳定性差。流转期限短诱发了种粮大户的短期化土地利用行为：在合同期限内，过度使用土地而加速土壤退化。从产权角度看土地流转合同，种粮大户规避了土地长期投资引起的合同签订、度量和执行的交易费用，但其短期化行为却产生了另一项性质不同的交易费用，即土地质量的下降或土壤生产力的下降，抬高了土地利用的社会成本。

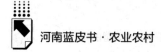
综上所述，耕地质量不仅是土地投入与产出间的一种技术问题，也受粮食价格、土地产权制度和流转土地的契约稳定性的影响。例如，粮食价格下降，土地生产率降低，耕地质量下降；契约稳定性下降，土地生产率也会降低，耕地质量下降。

三　提升耕地质量的对策建议

作为粮食生产核心区，河南省承担着保障国家粮食安全的重大责任，亟须建立健全耕地质量提升的长效机制，调动农民积极性，提高土地产出率，不断巩固提升粮食产能。

（一）深入落实"藏粮于地"战略

1.持续推进高标准农田建设

开展新一轮高标准农田建设需要新的思路，过去规划的弱点是标准太低，产能提升不多，而且没有土地肥力提升的内容，不得不依靠扩大播种面积来实现粮食产能的稳定提升。新的高标准农田建设规划，需要制定更高的投资标准，进一步完善建设内容，提高信息化水平，增加土地肥力，健全管护机制，探索高效利用耕地的多种经营模式。

一要提高投资标准。将高标准农田建设工程的最低投资标准由 1500 元/亩提高到 3500 元/亩。投资标准只有达到 3500 元/亩，才能实现农业智能化高科技配置，将物联网、大数据、云计算等先进科技和农业节水灌溉技术高效结合，实现多种功能，大幅度提升粮食生产能力。

二要推广先进技术，改良土壤理化性状。高标准农田建设要立足改善影响粮食产能的主要限制性因素，下一轮高标准农田建设亟须培育土壤肥力，通过深耕深松、增施有机肥、种植绿肥以及生物技术等提升耕地地力。高标准农田建成后，要持续实施测土配方施肥，采取秸秆还田等措施，不断提高土壤生产力。推广保护性耕作制度，避免耕地过度开发引起耕地退化。

三要健全管护机制。因地制宜，积极探索行之有效的农田管护模式，明确管护主体，落实管护责任，建立健全管护机制。高标准农田流转以后，引导和激励专业大户、家庭农场、农民合作社参与高标准农田设施的运行管护；高标准农田没有流转前，由农民用水合作组织或村集体等参与农田设施的管护，明确管护责任。建立健全农田管理维护基金制度，落实管护资金，做到有人管、有钱修，确保耕地产能长期稳定。

四要推动良田高效利用。项目竣工后，鼓励和支持高标准农田向专业大户、家庭农场、农民合作社流转。开展规模经营，有效发挥高标准农田现代化设施的功能，促进粮食潜在产能向现实产能转化。积极开展土地托管、代耕代种等农业生产性服务，带动小农户发展现代农业，充分提升粮食生产的规模效益和产能潜力。

2. 加强农田水利基础设施建设

加快实施大中型灌区重点水利建设工程，扩大有效灌溉面积。以改善农田水利条件为重点，配套和改造现有农田灌排设施，大幅度改善中低产田的生产条件。加快推广节水灌溉技术，提升灌溉效率，减少地下水超采。加强抗旱应急水源工程建设，配备小型抗旱应急机具，全面提升农业抗御自然灾害的能力。

3. 持续开展耕地质量保护与提升行动

加大耕地保护力度，地方政府财政通过提供耕地补贴的方式来积极推动深耕深松、测土配方施肥技术、秸秆还田等行之有效的技术措施，增加土地肥力。首先，大幅度增加土地耕层厚度，推进深耕深松，出台利用机械化深松整地的财政补助方案，鼓励家庭农场、农机专业合作社等农业生产性服务组织为千家万户提供深耕深松的生产性服务；宣传推广土壤调理剂，鼓励农机农艺融合，提升耕地质量。其次，加大农作物秸秆还田的财政补贴力度，财政补贴数额能够完全弥补秸秆还田作业费用和减产损失，推广整村、整乡大面积开展农作物秸秆还田模式。提倡秸秆还田与有机肥施用相结合的模式，改善土壤理化性状，还要因地制宜发展绿肥种植。最后，推广测土配方施肥，宣传推广缓释肥料、水溶肥料、生物肥料等现代新型肥料，有效解决化肥带来的面源污染问题。

（二）推进适度规模经营

1. 加快推进土地流转

第一，以土地股份合作制推进土地流转。在大中城市郊区、产业园区周围的农村地区，大多数农户家庭成员长期在城镇就业，有较为稳定的工作和收入，对这部分农户而言，农村承包地具备了长期出租、转让土地经营权的现实条件。要积极发挥农村土地股份合作社的作用，推动整村、整区域土地流转，提高规模经营水平。

第二，探索统一流转土地经营权。以高标准农田建设和土地整理整治为契机，集中连片流转土地，发展农业规模经营。河南省邓州市孟楼镇进行了成功的探索，以市政府注资成立农村土地开发公司，以较高的价格从农户手中集中连片流转土地，统一进行土地整理整治，提升土地生产力，再出租给农民专业合作社、农业龙头企业进行规模经营，形成了土地集中流转—土地整理—再流转模式。该模式成功运行的内在机制是以政府信用做担保，以国有土地开发公司为"中介"，解决了小农户与新型农业经营主体间的信息不对称和信任问题，最终实现了农户、村集体经济组织、新型农业经营主体和土地开发公司四方共赢的格局：农户从土地开发公司处取得的土地租金要高于全镇农业的平均亩收益；村集体经济组织拥有增量土地的产权，从中获得土地租金收入；土地开发公司通过土地整理，提高了耕地生产力的等级，也从经营权规模化流转溢价中取得满意的投资报酬；新型农业经营主体从农业规模经营的生产效率提高及交易成本的节约中得到较高的收入。

2. 提高农业社会化服务水平

小农户相对于家庭农场和种粮大户来说，仍然具有优势。它的劳动力的机会成本是零，这是它的效率来源。而家庭农场和种粮大户的土地租金和劳动力工资成本则较高。近年的实践证明，在以小农户为主体的条件下，实现小农户和现代农业发展有机衔接，需要重点发展面向小农户的农业生产性服务业。近年来，随着农业兼业化的发展和老年农业的出现，对农业社会化服务的市场需求空前旺盛，另外，各类新型农业服务主体纷纷涌现，推动了农业生产环节"外包"市场的发展，为老人农业提供代耕代种、土地托管等多种服务。这是兼业化条件下农业分工深化的表现，实现了小农户劳动力成本低的优势与新型农业服务主体先进技术装备优势的有机结合，对提高小农户种粮积极性、巩固粮食产能发挥了重要的作用，对构建现代农业经营体系的作用也日益突出。

（三）完善耕地质量提升的长效机制

河南省耕地质量问题是在种粮利润率下降、农业兼业化和土地产权细碎化等因素的共同作用下产生的。提升耕地质量的长效机制，就是从制度动因上完全消除影响耕地质量的不利因素，进一步深化农村土地"三权分置"改革、健全粮食价格形成机制，扭转耕地质量下降态势。首先，进一步深化农村土地"三权分置"改革。在落实"增人不增地、减人不减地"政策措施的同时，稳妥有序推进农村权益转让改革，扩大土地要素市场化改革成果，前瞻性地研究制定农村承包地、宅基地等退出政策，保障进城落户农民的合法土地权益。推行农村土地承包权、宅基地资格权、集体收益分配权等集体成员权益的"一揽子"退出改革，鼓励符合条件的进城农户依法自愿有偿退出，为农民进城、承包地流转和土地规模经营创造更有利的市场和制度条件。当前深入落实"三权分置"制度的一个重点是释放土地经营权活力，避免新型农业经营主体的短期化行为。在依法保护农村集体土地所有权和农户土地承包权的前提下，平等保护经营主体依流转合同取得的土地经营权，有利于新型农业经营主体形成长期的经营预期，有效避免新型农业经营主体的短期化行为，提高其投资土地的积极性，提升耕地质量。另外，要加快解决土地产权细碎化问题，鼓励农民采取互利互惠方式，扩大农户承包地地块面积，降低土地耕作成本和土地流转成本。还要积极推进整乡、整村土地细碎化问题治理模式，推广河南省民权县农村"多块变一块""小块并大块"的改革经验。

其次，完善粮食价格形成机制。完善粮食最低收购价政策，适当提高稻谷、小麦最低收购价标准，稳定玉米、大豆生产者补贴和稻谷补贴政策，建立农资价格与粮食价格挂钩的农资综合补贴动态调整机制，控制粮食生产成本，让农民务农种粮不亏本、有钱挣。进一步激励新型农业经营主体发展优质专用粮食，增加经营收入。为提高粮食主产区粮食生产的积极性，加快健全主产区利益补偿机制。当前主产区利益补偿机制的问题表现在两个方面，一是现有补偿是由中央财政承担的粮食奖补，奖补资金有限，没有解决产粮大省或大县"粮财倒挂"问题，二是各种现有粮食奖补政策尚未把粮食主产区的粮食调出量和销区的调入量作为重要依据。要加大对粮食主产区的转移支付力度，加大对粮食净调出省份的奖补力度，落实产粮大县奖励政策，让粮食主产区抓粮得实惠，调动地方政府重粮抓粮积极性。受益地区也应对粮食主产区进行补偿，平衡地区之间的经济利益。同时降低高标准农田建设中地方配套资金比例，这既属于支持农业发展的绿箱政策，符合国际通行规则，也有利于减轻粮食主产区的财政压力。

参考文献

中共河南省委：《在乡村振兴中实现农业强省目标》，《求是》2023 年第 6 期。

生秀东：《河南省发展农业适度规模经营的模式与经验探讨》，《南方农业》2017 年第 36 期。

孔祥斌、陈文广、党昱譞：《中国耕地保护现状、挑战与转型》，《湖南师范大学社会科学学报》2023 年第 5 期。

B.16
统筹建立粮食产销区省际横向
利益补偿机制的难点及对策

苗 洁*

摘 要： 统筹建立粮食产销区省际横向利益补偿机制，是健全主产区利益补偿机制的有效途径，是保障国家粮食安全的重大举措，也是促进区域协调发展的重要体现。由于省际粮食流通数据不易统计、利益补偿标准核算复杂、对部分地区利益触动较大、没有可借鉴的成熟经验等，当前省际横向利益补偿机制落地实施还有不少难点。需要统筹经济、社会、生态等多目标和粮食生产、流通、消费等各环节，协调好中央和地方、产区和销区的关系，在对粮食产销区进行重新划分和调整的基础上，加快推动省际横向利益补偿机制落地实施，拓展多形式多渠道补偿方式，创新补偿政策工具和实现路径。作为粮食主产区和规模调出省，河南要尽快明确对省际横向利益补偿机制的现实需求，依托对口合作开展先行先试，对省际横向利益补偿相关内容进行探索。

关键词： 粮食主产区 粮食主销区 横向利益补偿机制 粮食安全 区域协调

作为保障粮食安全的主力军，河南等 13 个主产区贡献了全国 75% 以上的粮食产量、80% 以上的商品粮、90% 左右的粮食调出量，但由于种粮比较效益低，粮食对财政贡献小，主产区面临"产粮越多、经济越弱、财政越

---

* 苗洁，河南省社会科学院农村发展研究所副研究员，主要研究方向为农村经济。

穷"的困境。利益补偿是补齐粮食主产区财力短板的重要来源，长期以来，国家对主产区实行的主要是以中央财政转移支付为主的纵向利益补偿机制。2023年中央经济工作会议、中央农村工作会议和2024年中央一号文件都提出要"探索建立粮食产销区省际横向利益补偿机制"，标志着我国在完善粮食主产区利益补偿方面迈出重要一步。党的二十届三中全会通过的《中共中央关于进一步全面深化改革　推进中国式现代化的决定》再次强调要"统筹建立粮食产销区省际横向利益补偿机制，在主产区利益补偿上迈出实质步伐"。当前，我国粮食产销区省际横向利益补偿机制仍处于探索阶段，尚未取得突破，仍有待进一步深化研究。

一　统筹建立粮食产销区省际横向利益补偿机制的现实意义

建立粮食产销区省际横向利益补偿机制，是完善主产区利益补偿机制的重要手段，也是立足于粮食安全面临的矛盾和问题，缩小产销区经济发展差距、调动主产区抓粮积极性的内在要求。

（一）是保障国家粮食安全的现实需要

近年来，粮食生产区域供需不平衡问题越来越突出，成为保障粮食安全的潜在隐患。粮食主产区为保障国家粮食安全做出了巨大贡献，2023年，中国主产区粮食产量为54171万吨，比2003年产销区划定之初增加23592.46万吨，增长77.2%，占2003～2023年全国粮食增量的89.1%；主产区粮食产量占全国粮食总产量的比重也由2003年的71.0%增至2023年的77.9%，提高6.9个百分点（见图1）。其中，河南省2003～2023年粮食产量增加3054.8万吨，增长85.6%，对主产区粮食增量的贡献率为12.9%。而2003～2023年7个主销区的粮食产量和占比"双下降"，粮食产量减少430.2万吨，占全国的比重由7.9%下降为4.3%。2003年主产区粮食产量是主销区的约9倍，到了2023年则是主销区的18倍，产销区粮食生产两极分化趋势明显。

同时，我国粮食生产呈向北方核心产区集中态势，粮食产区不断萎缩、粮食调出省持续减少，"北粮南运"格局强化，加剧了粮食安全风险。2023年主产区中能调出粮食的仅剩黑龙江、内蒙古、吉林、河南、安徽5个省份。其中，黑龙江粮食调出量最大，约占全国的1/3；河南作为第一口粮大省、粮食加工转化大省，每年调出原粮和制成品600亿斤以上，也是全国第一小麦调出大省。[①] 而主销区粮食自给率持续降低，2023年常住人口粮食人均产量比全国低396公斤，[②] 产需缺口越来越大。北京、上海粮食自给率已降至10%以下，浙江、广东两省粮食自给率只有20%左右，[③] 需要大量调入粮食来满足需求和稳定供给。主销区从主产区调粮食，在一定意义上相当于调耕地、调水资源，利益不均衡不协调的粮食生产空间格局，本身就是不可持续的，如果不加强利益补偿，主产区可能将继续萎缩。

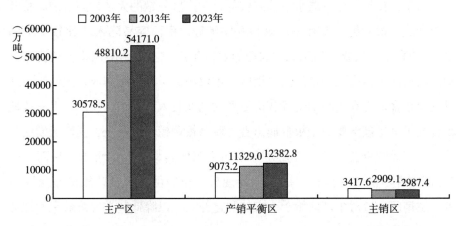

图 1　2003 年、2013 年、2023 年中国粮食主产区、产销平衡区和主销区粮食产量

资料来源：根据历年《中国统计年鉴》及国家统计局公布的数据整理。

---

① 胡凌啸、刘余、华中昱：《粮食主产区利益补偿状况及机制创新》，《农村经济》2024年第5期。

② 《党的二十届三中全会〈决定〉学习辅导百问》，党建读物出版社、学习出版社，2024。

③ 魏后凯、贾小玲：《中国粮食主产区萎缩态势及其福利损失》，《中共中央党校（国家行政学院）学报》2023年第5期。

（二）是缩小产销区发展差距的现实需要

按照我国主体功能区的定位，粮食主产区属于限制开发区域，为了更多更好地提供粮食等农产品，多年来无法向主销区一样以牺牲粮食和农业生产为代价，进行大规模工业化城镇化建设，其与主销区经济发展差距不断拉大。2003~2022 年，主产区与主销区人均 GDP 差距、人均财政收入差距以及农村居民人均可支配收入差距分别扩大近 3 倍、5 倍和 4 倍，[①] 在人均公共服务水平、人均医疗卫生支出等方面，主产区也滞后于主销区。2023 年，13 个粮食主产区中，有 9 个省份（除江苏、山东、内蒙古和湖北）人均 GDP 低于全国平均水平，有 11 个省份（除江苏和山东）农村居民人均可支配收入水平低于全国平均水平。河南省粮食产量约是浙江的 10 倍，但农村居民人均可支配收入、人均 GDP 都还不足浙江的 1/2。[②]

由于粮食加工业发展水平普遍较低，主产区外销的大多是廉价的原粮及初级产品，粮食仍然没有真正成为发展优势，反而容易陷入"比较优势陷阱"。粮食主产区要承担化肥、农药等农资生产成本高企的风险，粮食产品却以较低的价格由主产区流向主销区，不仅满足了其口粮需求，主销区还通过发展粮食加工和食品加工等获得更高的利润收入，广东、浙江、上海等地粮食加工水平甚至要高于粮食调出省。商品粮调销不但调走了主产区发展其他高效产业的机会，粮食补贴还存在向主销区转移外溢的可能，从而产生"穷区穷省补偿富区富省"的不合理现象。作为国家粮食政策的直接受益者，主销区理应对主产区给予一定的利益补偿，以降低其在经济效率和社会公平方面的损失。

（三）是健全主产区利益补偿机制的现实需要

现行粮食主产区利益补偿机制不完善，难以适应主产区经济发展和粮食

---

① 《全国政协委员胡培松院士：细化补偿机制，让粮食主销区助力主产区》，新京报网站，2024 年 3 月 4 日，https://www.bjnews.com.cn/detail/1709562855129482.html。
② 全国及相关省份 2023 年国民经济和社会发展统计公报。

生产需要。中央政府作为唯一补偿主体，承担着较大的财政压力，补偿规模、范围和领域有限，补偿激励效应放缓弱化，补偿的长效性和针对性有待提升。在中央补贴的基础上，各地也会根据区域实际情况实施种粮补贴，主产区虽然补贴规模较大，但补偿标准普遍偏低，经济相对发达的主销区种粮补贴标准反而高于主产区。在普惠性的农业补贴政策效应递减的同时，粮食生产成本上涨、种粮收益被挤压，主产区农民种粮积极性减弱，粮食产量增长速度呈放缓趋势。

现有利益补偿机制更多的是实施"外生性"的粮食补贴、奖励等直接补偿，对利用市场机制激发主产区内生发展活力和动能关注不够，缺少对主产区发展空间、发展机会、发展权利和生态价值等方面的利益补偿。[①]尽管中央纵向利益补偿有效缓解了主产区的财政压力，但是单纯依靠中央财政转移支付无法从根本上解决主产区面临的"粮财倒挂""粮食大省、经济弱省、财政穷省""高产穷县"等发展问题，难以实现主产区财力、稳粮保供能力和农民种粮动力之间的良性循环，必须在加大纵向利益补偿力度的同时，拓宽补偿渠道，建立粮食产销区省际横向利益补偿机制，让主产区得到更为合理的补偿，破解农业和非农产业之间的矛盾，进一步激发重农抓粮积极性。

二 统筹建立粮食产销区省际横向利益补偿机制的难点

我国在 2005 年中央一号文件、2008 年发布的《国家粮食安全中长期规划纲要（2008—2020 年）》以及 2018 年发布的《中共中央 国务院关于建立更加有效的区域协调发展新机制的意见》中，都曾提出要在主销区和主产区之间进行利益协调和补偿，但这些政策只停留在鼓励倡导层面，产销区

---

① 陈明星、唐轲、张淞杰：《完善粮食主产区利益补偿机制的路径及对策》，《区域经济评论》2022 年第 1 期。

利益协调仅限于省份之间建立粮食产销协作关系的初步探索。例如，河南已经与北京、福建等 20 多个省（区、市）建立了长期稳定的粮食产销合作关系，在 2024 年 6 月第二十届粮食产销协作福建洽谈会上，河南签订原粮及成品粮油合同、协议和意向协议共计 37.8 万吨，金额达 9.76 亿元。[①] 多年来，产销区之间的合作持续加强，但由于省际粮食购销流通等数据不易统计，利益补偿标准测算复杂，对部分地区利益触动较大，加上没有经验可供借鉴，省际横向财政转移支付和利益补偿机制一直未能落地实施。

（一）产销区粮食流通数据难统计

我国对粮食安全的关注重生产环节轻流通环节，在粮食贸易统一大市场和商品粮自由流通的情况下，虽然粮食总运输量在增长，但省际粮食流向并不明确，调入调出量也缺乏精准的统计数据。比如，河南省依托主要铁路、公路干线和水运系统，已形成"河南—华南""河南—华北""河南—华东""河南—西部""沿淮河、沙颖河、唐白河水运"等多条跨省粮食物流通道，但对于外调的粮食具体流通到了哪些主销区、每个主销区流入多少等并不清楚，也不易统计。粮食流通的实际情况包括规模、流向、消费量、贡献度等是出台横向补偿标准的重要参考，如果无法获取精准数据，省际横向利益补偿就难以实现。

（二）省际横向利益补偿标准核算较复杂

补偿标准是否合理科学对于省际横向利益补偿机制的实施至关重要。核算产销区省际横向利益补偿标准需要考虑多方面的因素，具体怎么补、补多少等细节问题还有待研究和突破。从宏观层面看，涉及土地作为耕地使用而放弃其他用途时的机会成本，产销区 GDP 增速、人均 GDP、人均财力的差异，以及主产区人均公共产品和公共服务拥有量的滞后程度等。从中观层面

---

① 《河南省在第二十届粮食产销协作福建洽谈会上取得丰硕成果》，河南省人民政府网站，2024 年 6 月 26 日，https：//www.henan.gov.cn/2024/06-26/3013610.html。

看，粮食售卖时，主产区为主销区供给的粮食价格一般低于主销区粮食市场上的销售价格,[①] 而且由于具有准公共物品属性，粮食的价值未能在市场价格中得到充分体现，主产区和种粮主体可能无法获得与其贡献相匹配的收益，在核算补偿标准时需要加以考虑。从微观层面看，粮食生产涉及土地、资本、劳动力等多要素投入，核算补偿标准时还要考察主产区粮食生产成本，以及在耕地、水资源、农业生产环境保护利用和质量提升方面的投入等，而且不同地区、不同品种的粮食生产成本和资源消耗也有差别。产销协作等补偿方式也应纳入省际横向利益补偿范畴，但这种补偿是间接的和隐性的，更不容易量化。

（三）涉及产销区利益调整，难度较大

统筹建立省际横向利益补偿机制，涉及对产销区利益的重大调整，对于主产区而言，这是政策利好，但需要"出钱买粮"的主销区对此可能会有不同的看法或顾虑。一些较为发达的主销区认为，虽然自身产粮不多，但大力发展工商业等非农产业已承担了相应的税收责任，这些上缴中央的财税也是国家对产粮大省、产粮大县实施财政转移支付的重要来源。除此之外，其还对欠发达地区提供横向帮扶和资金援助，即使不一定都用于支持粮食生产，但主销区已经付出"真金白银"，再进一步对主产区或粮食调出省进行横向利益补偿，会加重地方财政负担。尤其这几年经济下行压力下，主销区自身财政的可持续性也要权衡。而且省际横向利益补偿涉及的主体更加多元，包括中央政府、主销区、主产区、粮食生产经营主体和销售主体等，各主体的利益目标和行为取向不尽一致。从产销区行政级别看，还包括省、市、县三个层级。哪一级政府作为承担补偿的主体或受偿的对象，资金筹集和分配怎么确定，补偿可持续性如何确保，产销区省域之间、市域之间、县域之间怎么统筹联动等，都是难点所在。

---

① 于法稳、孙韩小雪：《共同富裕目标下建立粮食产销区省际横向利益补偿机制研究》，《中国国情国力》2024年第4期。

三 统筹建立粮食产销区省际横向
利益补偿机制的对策

建立粮食产销区省际横向利益补偿机制是一个复杂的系统工程，既涉及区域发展、产业发展，还涉及多元利益主体协同发展等。在加大中央财政对粮食主产区纵向转移支付力度的基础上，需要统筹经济目标、社会目标、生态目标等，从追求产量目标向保粮稳供、促进农民增收、增进区际公平、推进可持续发展等多元目标转变。要协调好中央和地方、产区和销区的关系，处理好效率、公平和安全，激励、约束和协同等问题，调动产销区双方的积极性。统筹粮食生产、流通、消费等各环节，推动城乡、产业和区域联动，建立与发展阶段相匹配的省际横向利益补偿机制和配套政策。

（一）对粮食产销区进行重新划分和调整

建立省际横向利益补偿机制，需要明确补给谁、谁来补，按照"谁受益谁补偿"的原则，一般认为应该由粮食调入省对粮食调出省进行补偿，这就需要进一步明确粮食产销区范围。因为我国现有的粮食产销格局是2003年确立的，当时依据各地粮食生产与自给情况，如产量、人均占有量、商品粮库存等指标，将全国31个省份划分为13个主产区、7个主销区和11个产销平衡区。20年过去了，我国粮食生产供需格局已经发生重大变化，原有产销区划分已难以准确反映全国粮食产销的实际情况。比如，以前能调出粮食的江苏、湖南、湖北、江西、四川等主产省，现在都需要调入粮食，其中江苏和四川的粮食调入率超过了20%；[1] 而属于产销平衡区的新疆，则成为常年调出粮食的省份，2022年和2023年其粮食增量都居全国第1位。因此，亟须结合全国粮食生产格局变化和调入调出情况，对粮食产销区进行

---

[1] 魏后凯、贾小玲：《中国粮食主产区萎缩态势及其福利损失》，《中共中央党校（国家行政学院）学报》2023年第5期。

重新划分和调整，这是实施省际横向利益补偿的前提，也可以更好地精准施策，释放粮食生产潜力，遏制主产区萎缩态势。在此基础上，提高主销区、粮食调入省对统筹建立省际横向利益补偿机制的认识，增强对主产区粮食生产贡献的认可，也督促主销区强化责任意识，提高粮食自给率，构建饭碗一起端、责任一起扛的保粮新格局。

（二）加快推动省际横向利益补偿机制落地实施

关于"谁来补、补给谁、补多少、怎么补"，国家要尽快研究出台具体实施办法和细则。为了能获得突破，推动省际横向利益补偿取得实质性进展，可以采取"摸着石头过河"的办法，先补偿起来，积极稳慎、循序渐进，在实践中不断调整、逐步完善。加强粮食、农业、统计、交通、财政、税务多部门统筹联动，有针对性地解决省际横向利益补偿机制实施的难点问题。比如，在国家层面建立粮食调入调出数据交易平台或省际横向利益补偿工作大数据平台，对粮食流通数据进行采集、管理和共享，使粮食流通量、流向"有迹可循"，为省际横向利益补偿提供精准的数据支撑。对于补偿标准的核算，可成立由相关利益主体组成的省际横向利益补偿协商机构，共同进行探讨测度，平衡产销区之间的利益关系。短期内可将粮食生产成本、调入调出量等作为补偿的主要依据，再逐步将机会成本、价格波动、粮食质量、资源消耗、财力差距等因素纳入核算指标体系，兼顾主销区发展实际和地方财力条件，确定优化省际横向利益补偿标准，按照实际贡献度对主产区进行补偿。选取典型的粮食调入省和调出省，依托对口合作开展产销区省际横向利益补偿机制试点工作。河南作为国家重要的粮食生产大省和粮食净调出省份，亟须先行先试，对省际横向利益补偿相关内容进行积极探索，争取形成可复制可推广的经验和成果。

（三）拓展多形式多渠道省际横向利益补偿方式

与纵向自上而下的中央财政转移支付不同，省际横向利益补偿机制更注重区域间的协调互动和对接，有利于强化区域间的经济联系。因此，除了直接的转移支付和资金补偿，还要加强对主产区发展空间、发展机会和发展权利等方面的补偿，坚持输血造血并举，创新粮食产销区利益联结机制。鼓励具有良好协作基础的不同省份，进一步探索拓展在产业发展、耕地保护、普惠性农村金融、粮食科技创新、农村人力资源开发等方面的协作，形成多形式、多方位、多渠道的综合性补偿机制。在国家层面统筹安排，加快优化粮食产业布局，全面深化省际粮食产销合作。引导主销区积极参与河南等主产区优质粮源基地、仓储设施、加工园区、营销网络、物流运输等的建设，从粮食购销合作转向粮食供应链协作，实现主产区保粮、富民和强县多赢。在高标准农田建设上，可探索产销区粮食产能合作"飞地"共建，根据投资额度、建设水平、增产潜力等折算成一定比例的产能，视为主销区承担保面积、保产量的任务，既能缓解主产区建设高标准农田的配套资金压力，又能解决主销区部分产能提升压力。

（四）创新省际横向利益补偿政策工具和实现路径

把中央纵向支持政策与省际横向利益补偿政策结合起来，加大对产粮大省、产粮大县的奖励政策支持力度。可在全国层面统筹设立粮食横向利益补偿基金池，突出提升粮食综合生产能力的资金使用导向，超额完成的地区可到资金池里领取奖励，没完成的就认缴，并尽可能保障补偿资金持续递增。通过财政补贴、税收优惠等措施，促进多种省际横向利益补偿方式有效实施。加快明确主产区农业生态系统的产粮价值，按照党的二十届三中全会提出的相关要求，加快健全横向生态保护补偿机制，统筹推进生态环境损害赔偿，完善粮食主产区农业生态产品价值实现机制，增强主产区高质量高水平保障粮食安全的能力。利用"虚拟水"计算主产区生产粮食所需要的水资源数量，对河南这样水资源短缺的产粮大省进行适当补偿。除了产销区粮食产能共建，还可以开展省际口粮产能交易，借鉴碳汇交易机制，建立粮汇交易制度。综合考虑国家粮食安全形势、粮食主产区财政自给率、主销区粮食自给率和财政承受能力等因素，科学设计粮汇交易价格形成机制。从组织建设、制度改革、法律法规等方面建立健全省际横向利益补偿的保障体系，确保省际横向利益补偿实现常态化和可持续性。

参考文献

于法稳、孙韩小雪：《共同富裕目标下建立粮食产销区省际横向利益补偿机制研究》，《中国国情国力》2024 年第 4 期。

魏后凯、贾小玲：《中国粮食主产区萎缩态势及其福利损失》，《中共中央党校（国家行政学院）学报》2023 年第 5 期。

王越等：《生产要素视角下粮食主产区利益补偿机制研究——以东北粮食主产区为例》，《中国农村经济》2024 年第 6 期。

朱盼盼：《生态价值视角下的粮食产销区横向利益补偿》，《农村·农业·农民》2024 年第 13 期。

杜志雄：《粮食产销区省际横向利益补偿机制应积极和稳慎推进》，《人民政协报》2024 年 4 月 17 日，第 4 版。

刘慧：《粮食生产区划分有待完善》，《经济日报》2023 年 8 月 3 日，第 5 版。

文姝荣、钟钰：《加快探索建立粮食产销区横向利益补偿机制》，《农村工作通讯》2024 年第 14 期。

郑兆峰、宋洪远：《健全粮食主产区利益补偿机制：现实基础、困难挑战与政策优化》，《农业现代化研究》2023 年第 2 期。

赵光远：《粮食产销区省际横向利益补偿机制的现实需求与落地方式》，《新长征》2024 年第 4 期。

周丽云、罗必良：《粮食产销区省际横向利益补偿的协调机制及市场化策略》，《社会科学辑刊》2024 年第 5 期。

B.17
生态产品价值实现机制的河南探索与启示

孙月月*

摘　要：　推进生态产品价值实现对于满足人民群众美好生活需要、加快发展新质生产力、实现共同富裕具有重要意义。近年来，河南省各区域结合自身实际，依托生态禀赋，发挥资源优势，积极拓展生态产品价值实现的路径，进行了多样化、多层次的创新实践，取得了很多有价值的经验和进展，初步形成了南阳模式、三门峡模式和信阳模式。在今后的发展中，需要坚持生态保护初衷，兼顾经济发展效益；充分发挥市场作用，强化金融政策支撑；搭建生态交易平台，创新价值变现模式。

关键词：　绿色发展　生态产品价值实现　河南省

习近平指出："要积极探索推广绿水青山转化为金山银山的路径，选择具备条件的地区开展生态产品价值实现机制试点，探索政府主导、企业和社会各界参与、市场化运作、可持续的生态产品价值实现路径。"[①] 2021年，国家印发了《关于建立健全生态产品价值实现机制的意见》《关于深化生态保护补偿制度改革的意见》等重要文件，从国家层面系统性阐述了生态产品价值实现的相关问题。党的二十届三中全会提出，"加快完善落实绿水青山就是金山银山理念的体制机制"，并强调"健全生态产品价值实现机制"。

---

*　孙月月，河南省社会科学院助理研究员，主要研究方向为生态经济。

①　《习近平：在深入推动长江经济带发展座谈会上的讲话》，新华网，2018年6月13日，http://www.xinhuanet.com/politics/leaders/2018-06-13/c_1122981323.htm。

河南省始终高度重视并认真贯彻中央的有关决策部署，印发《关于建立健全生态产品价值实现机制的实施意见》《河南省"十四五"国土空间生态修复和森林河南建设规划》《河南省"十四五"生态环境保护和生态经济发展规划》等文件，积极拓展绿水青山转化为金山银山的路径，促进生态产业化和产业生态化，推动生态产品价值实现机制走向深入。

狭义的生态产品主要是延续 2010 年《全国主体功能区规划》的提法。该规划首次赋予了清新的空气、清洁的水源和宜人的气候等自然要素"产品"属性，这些生态产品能够提供维系生态安全、促进生态调节、提供良好人居环境等服务。广义的生态产品不仅包括自然资源要素，而且包括自然资源经过人类劳动的产业化加工和改良后所形成的诸多产品。

一 探索生态产品价值实现的重要意义

完善生态产品价值实现机制是全面深化改革的重要制度安排，关系我国的经济社会发展理念、发展方式、发展动力及发展质量，是建设美丽中国的应有之义，对于推动经济社会全面绿色转型、加快建设人与自然和谐共生的现代化具有重大而深远的意义。

（一）推进生态产品价值实现是满足人民群众美好生活需要的重要举措

一方面，当前，广大人民群众对良好生态环境和高品质生态产品的需求日益增强，同时，我国拥有世界上最大规模的中等收入群体，他们具备较强的购买意愿和购买力。另一方面，环境污染和生态破坏的修复难度相对较大，修复成本也越来越高。推进生态产品价值实现，将生态环境"产品化"，创造出更多优质的生态产品，形成生态产品的生产体系、交易体系以及流通体系，可以让生态产品的需求者有偿消费，让保护、修复生态环境者获得合理的回报，让破坏、损害生态环境者付出相应的代价，最终促进优质生态产品的持续、高效供给。

（二）推进生态产品价值实现是加快发展新质生产力的重要抓手

"新质生产力本身就是绿色生产力。"生产力在生态文明建设层面体现的是人与自然的实践性关系，反映的是保护生态环境和经济社会发展的关系问题。新质生产力与把自然作为外生变量的传统生产力不同，它将自然生态环境视为自身的固有组成部分。生态产品价值实现的前提是保护和改善生态环境，符合发展新质生产力的核心要求，可以说，二者具有质的统一性。完善生态产品价值实现机制，将良好的生态环境与资本、劳动力、技术等生产要素置于现代化经济体系同等重要的位置，可以充分释放生态环境的经济价值，推动不断形成新的经济增长点，为高质量发展奠定绿色之基，为新质生产力发展提供绿色动能。

（三）推进生态产品价值实现是实现共同富裕的重要途径

社会主义的本质要求是促进共同富裕。要实现全体人民的共同富裕，最大的难点在农村。① 我国的城乡发展不平衡、城乡发展差距较大、农村发展不充分问题依然存在，这成为实现共同富裕的现实阻碍。广大农村地区的经济发展水平虽然往往比城镇落后，但具有更好的生态资源和优势，可以将这些生态资源和优势转变为产业优势、经济优势，使其成为实现共同富裕的有力手段。因此，积极拓展生态产品价值实现路径，要充分利用好广大农村地区的生态产品，提高生态产品的经营开发能力，加强城乡间、区域间的生态要素流动，挖掘生态资源的经济价值，把美丽生态转化为美丽经济，把生态财富转化为经济财富，把生态优势转化为竞争优势，把促进乡村生态振兴、产业振兴结合起来，促使农民就地就近致富，推动城乡的共同繁荣发展。

二 河南生态产品价值实现机制的实践探索

整体上看，河南生态产品具有总量庞大、种类丰富多样、分布地域广等

---

① 贺雪峰：《共同富裕与三轮驱动的中国式现代化》，《南京农业大学学报》（社会科学版）2022年第4期。

特点。河南省各区域结合自身实际，依托生态禀赋，发挥资源优势，积极拓展生态产品价值实现的路径，进行了多样化、多层次的创新实践，取得了很多有价值的经验和进展，形成了可推广的发展模式，展现了生态产品价值实现的广阔前景。

（一）南阳的实践探索

南阳市地理环境独特，地形以山地、丘陵和盆地为主，拥有全省约 1/4 的林地面积，地跨长江、黄河、淮河三大流域，水系发达，是南水北调中线工程核心水源地和渠首所在地，拥有大山、大水、大空间的宝贵生态资源，发展潜力在生态，发展优势也在生态。2021 年，淅川县、西峡县被自然资源部确定为自然资源领域生态产品价值实现机制试点县；2022 年，南阳市入选河南省生态产品价值实现机制试点市。近年来，南阳肩负"一库清水永续北送"的使命和担当，使生态产品价值高效实现，走出了一条水源地高质量发展之路。

一是彰显优质生态产品价值。落实政治责任，发挥水资源价值。南阳把修复生态湿地、修复历史遗留废弃矿山、人工造林放在重要位置，积极恢复丹江口水库有效库容 530 万立方米，确保南水北调河南段供水水质始终保持在地表水 Ⅱ 类以上标准，确保了水质安全，确保了"一库清水永续北送"[1]，十年来累计调水 650 亿立方米，共有近 1.08 亿人口受益。[2] 发挥水资源丰富、水质极佳、文化底蕴丰厚的优势，打造包括酒品、饮料、乳品、茶叶在内的酒饮品产业链，加快强链、延链、补链步伐，提高创新能力和资源整合能力。

二是探索"土地资源+生态溢价"模式。以出让的方式促进优质自然资源保值增值。西峡县人民政府办公室在 2024 年印发了《西峡县土地矿山自

---

[1] 《河南省 2023 年度美丽幸福河湖揭晓　丹江口水库居榜首》，河南日报客户端，2024 年 5 月 18 日，https：//app-api. henandaily. cn/mobile/view/news/3131220883343933444464495。

[2] 张志强：《河南省南阳市：走好水源地高质量发展之路》，《学习时报》2024 年 6 月 28 日，第 7 版。

然资源使用权出让生态溢价及补偿专项资金管理办法（试行）》，进一步规范生态专项资金的管理，为增强西峡县生态产品的供给能力提供了政策保障。截至2024年6月，西峡、淅川出让了附带生态价值的国有建设用地使用权共计98宗，土地出让金超过20亿元，实现生态溢价5439.45万元；出让了附带生态补偿的矿业权1处，总价值为8895.97万元，其中生态补偿为395.97万元。①

三是深化"公共品牌+生态溢价"模式。培育特色鲜明的生态产品区域公共品牌。构建以"宛美西峡""淅有山川"为代表的区域公共品牌体系，引入第三方生态产品质量认证机构，促进认证标准的国际化、标准化，探索"互联网+"销售模式，与地理标志农产品等品牌相互叠加，提高品牌知名度。南阳特色生态产业快速发展，优质农产品不断提质扩容，"宛美西峡""淅有山川"全国闻名，在国内知名农业品牌咨询机构福来咨询公布的2023年十大品牌中，西峡猕猴桃、西峡香菇就占据了两个席位。尤其是西峡县成为全国最大的香菇出口基地，香菇出口到全球30多个国家和地区，以香菇、猕猴桃、山茱萸为代表的"菌果药"三大特色产业的年综合产值超过300亿元，为乡村振兴提供良好的产业支撑、注入不竭的动力。淅川县建成软籽石榴等生态林果基地和金银花等中药材基地40余万亩。②

四是完善"生态文旅+生态溢价"模式。第一，聚焦"全域旅游"，打造康养胜地。西峡县以老界岭、恐龙遗迹园为依托打造全域旅游，2023年接待游客1061万人次，实现了旅游年综合产值58.9亿元。③2024年十一黄金周期间，西峡县接待游客超过50万人次，实现了综合旅游收入45090万元。④

---

① 《绿水青山咋"变现"？村民吃起"生态饭"端上"金饭碗" | "微"观改革》，"顶端新闻"百家号，2024年8月9日，https：//baijiahao.baidu.com/s？id＝1806874691622502586&wfr＝spider&for＝pc。
② 《网评 | 点燃绿色发展引擎》，南阳日报客户端，2024年5月28日，https：//app.nybyjt.com/mobile/view/news/552274。
③ 《西峡县自然资源领域生态产品 价值实现机制探索与实践》，河南土地网，2024年7月15日，http：//www.henantudiwang.com/News/n16794.html。
④ 《南阳西峡县：文旅融合成时尚 综合效益创新高》，《河南商报》2024年10月9日，第A11版。

淅川县则以渠首为依托打造特色全域旅游。第二，开发生态文旅产品，创新文旅时尚。西峡县不断丰富文旅融合新业态，结合农耕文化、民俗礼仪、传统工艺，创设沉浸式旅游体验场景，吸引年轻人打卡和消费。淅川县实施"文旅兴县"行动，打造环丹江旅游圈，统筹县域内的民宿、农家乐，盘活乡村闲置老旧房屋资源，建成别具一格的民宿。推出"体育游""美食游"，举办商圣范蠡文化节、龙舟赛等体育赛事，做优淅川酸菜、丹江鱼宴等特色美食。综合效益提高，文旅融合释放新动能。

（二）三门峡的实践探索

三门峡市位于陕西省、山西省、河南省的交界之处，地理位置独特，山区丘陵地理资源丰富。但三门峡市"因坝而生，先矿后城"，产业结构偏重，造成了地质破坏严重、土地资源利用低效、生态质量退化等诸多环境问题。2021年，灵宝市入选自然资源领域生态产品价值实现机制国家试点；2022年，三门峡市入选河南省生态产品价值实现机制试点市。近年来，三门峡市在国家战略的指引下，统筹兼顾保护和发展，其生态环境发生转折性变化，筑牢黄河流域的生态屏障，并积极探索将"再现"的自然美景转化为高价值生态产品的新路径。

一是重点解决生态修复治理难题。长期以来，灵宝市的金矿、渑池县和义马市的煤矿等矿产资源的开采破坏了当地的生态环境，这些县（市）近年来纷纷着力优化产业结构，关闭淘汰落后产能，改善生态环境面貌。例如，灵宝市在小秦岭国家级自然保护区全面开展矿山环境整治和生态修复，关闭了1500多个坑口，修复了140余平方公里的矿区植被，绿色化改造了选矿冶炼企业，对重金属超标的河流进行治理，灵宝市境内的6条黄河一级支流水质100%达标，上游的窄口水库水质达到了Ⅰ类，成为水利部监管的十个Ⅰ类水质大型水库之一。保护区内再现国家保护野生动物。[1] 2019年3

---

[1] 《灵宝市入选生态产品价值实现机制国家试点》，三门峡市人民政府网站，2021年8月30日，https://www.smx.gov.cn/4039/615910752/922876.html。

月，中宣部将小秦岭国家级自然保护区列为全国生态文明建设高质量发展先进典型。再如，为防止黄河流域生态水土流失，渑池县在高桥矿山治理区，通过覆土平整、栽种绿化、修筑截/排水沟等方式进行生态修复。截至2024年8月底，该项目已完成95%，全部完成后预计可恢复林地627亩、草地1073亩、耕地1466亩，可实现年蓄水能力9万吨、固土1761吨。2024年，渑池县已在治理区附近规划打造红高粱、冬凌草中药材种植基地2个千亩种植示范区，估算收益每年可达300余万元。①

二是大力发展特色生态经济。第一，创新区域公共品牌，提高品牌影响力。例如，灵宝打造"函谷农耕"区域公共品牌，不断提升其生态溢价和市场份额。灵宝苹果成功创建国家级现代农业产业园，其寺河山苹果产业的品牌价值超过了200亿元。② 第二，举办大型主题活动，创造发展"钱"景。例如，卢氏县在赏花季举办山地自行车赛、中药萃取发展高峰论坛、连翘产业高质量发展论坛、非遗文化传承活动等，与之相应的春赏花、夏避暑、秋摘果、冬看雪的"红绿"经济特色逐渐凸显，山萸肉、连翘、烟叶、核桃、食用菌等的特色经济快速发展，为其带来了每年100亿元的收益。③ 陕州区依托黄河生态廊道建成通车的区位优势，举办"葡萄节"，推进新品种葡萄种植，为村集体创收100万元，辐射带动了400余人就业增收。④

三是做大做强"生态+旅游"品牌。第一，突出"文旅"融合发展。积极打造文旅IP，创建靓丽品牌，提升文旅竞争力，函谷关历史文化旅游区、地坑院非遗文化旅游区、黄河文化旅游带等发展迅猛。其中，函谷关

① 《看河南黄河流域城市生态环境之"变"》，人民网，2024年8月24日，http://henan.people.com.cn/n2/2024/0824/c351638-40954545.html。
② 《三门峡主题系列新闻发布会举行 金城灵宝开创新黄金时代》，大象新闻网，2024年8月24日，https://www.hntv.tv/sanmenxia/article/1/1827155449828298753。
③ 《三门峡卢氏：生态"高颜值"转化经济"高价值"》，大象新闻网，2024年6月26日，https://www.hntv.tv/sanmenxia/article/1/1805803369528377346。
④ 《河南省三门峡市陕州区：做强特色产业 闯出富民新路》，《中国城市报》2024年1月15日，第A13版。

历史文化旅游区通过创新编排《大秦烽云》《问道函谷》等大型实景演绎节目，为游客提供沉浸式体验，年游客接待量达到了50万人次。[①] 第二，突出"农旅"融合发展。例如，卢氏县积极寻求农旅融合新业态的突破。该县的森林覆盖率达到70.35%，其将丰富的自然山水资源和地方文化、特色美食等旅游资源深度融合，构建以"农工贸游一体化"为链条构成的生态农业体系，打造"菌、果、药、蜂"优势产业，深化"订单农业"，建成了多个乡村旅游示范点、休闲农庄及特色精品民宿，建成旅游精品线路10条，获得了全国生态文明建设示范县、全国休闲农业与乡村旅游示范县等称号。[②]

（三）信阳的实践探索

信阳市是河南省的传统农区，传统产业占比大，但信阳地处大别山革命老区，生态条件优越，绿色资源富集，获得国家森林城市、国家级生态示范市、中国优秀旅游城市等称号。2022年，信阳市成功入选河南省生态产品价值实现试点。近年来，信阳抢抓绿色发展战略机遇，找准生态赛道，放大生态"后发"优势，聚焦生态产品价值实现，大力发展绿色经济，加快走好绿色崛起之路。

一是推动"生态+"多元融合发展。第一，打造"气候+旅游"模式，创建气候品牌，推动气候生态产品价值实现。在全域建设38个负氧离子监测站点，实时共享监测数据。浉河区、新县、罗山县、光山县、商城县、固始县等成功获评"中国天然氧吧"，固始县和光山县成功创成"中国气候宜居城市（县）"，打造这些"金字招牌"成功获取了关注和流量。2024年2月10~17日，信阳市共接待游客597.79万人次，民宿、休闲山庄等甚至一房难求，平均入住率在95%以上。旅游综合收入达到35.02亿元，比2023

① 《三门峡主题系列新闻发布会举行　金城灵宝开创新黄金时代》，大象新闻网，2024年8月24日，https://www.hntv.tv/sanmenxia/article/1/1827155449828298753。
② 《三门峡卢氏：生态"高颜值"转化经济"高价值"》，大象新闻网，2024年6月26日，https://www.hntv.tv/sanmenxia/article/1/1805803369528377346。

年增长了 77.8%。^① 第二，打造"生态农（林）业+文旅"模式。光山县司马光油茶园及林下养殖、浉河区何家寨森林康养基地、平桥区河南润辉生态农业开发有限公司林下中药材种植基地等不断创新乡村农林产业发展方式，带动村民增收致富。以光山县为例，其利用县域内的山地资源，大力发展油茶产业，走出了一条因油茶而富、因油茶而美之路。打造"油茶—林下种植—林下养殖"相结合的立体循环产业模式，提升了油茶的生态溢价。通过健全油茶产业链条，做强油茶精深加工，提高了油茶附加值。截至 2023 年底，千余名返乡大学生参与油茶加工、电商物流等全产业链，带动了 5 万余名群众就近就业。^② 做活茶旅融合，打造多层次生态景观，开辟品茶、观光、科普、休闲度假等生态旅游项目，大大增加了油茶园的游客接待量和生态旅游收入。

二是打通"生态+金融+经济"转换渠道。发挥绿色金融的牵引作用，一体打造区域性绿色金融中心。积极融入全国碳交易市场，推动金融机构基于碳交易开展碳金融业务，挂牌成立市级碳汇公司，开展碳汇项目的开发、交易、咨询服务、金融助贷等业务，促进碳汇生态产品价值实现。立足全国首批气候投融资试点市基础，成立气候投融资促进中心，建成气候投融资综合监测管理云平台。截至 2023 年底，共谋划气候投融资项目 21 个，总投资为 349 亿元。^③ 2024 年 3 月 18 日，"新县葛根粉"地理标志的一家使用企业获得了中国银行信阳分行 134 万元的授信贷款，这成为河南省首例以地理标志证明商标为标的实现的知识产权质押融资贷款业务。^④

三是构建生态产品总值核算技术规范和平台。第一，及时发布《信阳

① 《信阳：进一步推动气候生态产品价值实现》，中国气象局网站，2024 年 2 月 27 日，https：//www.cma.gov.cn/2011xwzx/2011xqcxw/2011xjctz/202402/t20240227_6088283.html。

② 《河南信阳光山县立足自然禀赋，延伸产业链条，发展生态旅游——油茶飘香 硕果满园（美丽中国）》，中国环境全国生态环境信息平台网站，2023 年 10 月 10 日，https：//www.cenews.com.cn/media-article.html？aid=19380&mediaID=1732。

③ 《瞄准"双碳"战略 推动绿色转型 信阳入选国家碳达峰试点市名单》，河南省人民政府网站，2023 年 12 月 20 日，https：//www.henan.gov.cn/2023/12-20/2869624.html。

④ 《河南首笔！"新县葛根粉"地理标志证明商标质押融资成功》，信阳市人民政府网站，2024 年 3 月 22 日，https：//www.xinyang.gov.cn/2024/03-22/3035674.html。

市生态产品总值核算技术规范》，该规范于 2024 年 1 月 18 日正式实施，指导信阳市生态产品价值核算工作，为政府决策、考核评价、经营开发融资、生态资源权益交易、生态补偿、生态损害赔偿等奠定了制度基础。第二，建立了信阳生态价值管理平台，设立客户端和管理端两个端口，为信阳生态资源及产品的分布提供了可视化服务，也为生态价值的实现提供了常态化核算服务。客户可在该平台了解绿色金融信息（包括金融保险、贷款和融资等）、交易信息（包括供应方、需求方和交易公告等）、生态旅游信息（包括景点介绍、旅行攻略等）。管理端则为管理方提供生态产品价值核算所需的内部数据和交易信息。

总体来看，经过实践探索，河南初步摸索了生态产品价值实现的机制，取得了一定的成绩。相关的制度和政策体系得以完善，生态环境持续向好，生态产品不断增加，生态产品价值逐渐显化，绿色产业集群加速隆起，释放出可观的生态红利，助力乡村振兴成效显著，绿水青山向金山银山转化通道逐步拓展，促进了保护和发展的共赢，让社会得"绿"，让人民得"利"。

三　启示与思考

目前来看，虽然河南的生态产品价值实现探索仍处于起步阶段，各地发展水平高低不一，生态产品"度量难、交易难、变现难、抵押难"等问题尚未得到解决，生态产品价值实现的制度体系、市场机制、法治保障、风险控制等还有待进一步完善，但从南阳市、三门峡市和信阳市等几个试点区域的实践来看，对生态产品价值实现的探索的确取得了良好成效，其做法对全省生态产品价值实现机制的探索具有一定的借鉴和启示意义。

（一）坚持生态保护初衷，兼顾经济发展效益

一是夯实生态保护责任，深化对生态产品价值的认识。始终坚持把生态本底环境养护好，防止生态产品价值实现偏离做好绿水青山保护的初衷，防止出现破坏生态环境、浪费资源、过度开发利用等不良行为和现象。南阳、

三门峡等地勇于承担起保护和修复生态的责任，提高了生态产品供给能力，形成了互推互促的良性循环。二是丰富转化方式，突出转化特色。要突出创新，提高生态产品价值转化方式的丰富性、多样性。促进三产融合，整合农、林、文、旅多方资源，盘活乡村"沉睡"的生态资源，探索更多集康养、研学、度假多功能于一体的生态产品，提高生态产品的附加值。纵向延伸涉农产业链，逐渐形成贯穿全过程的农业产业系统，推动农业现代化，从而进一步带动农业产品的效益链和价值链。发展人工智能、大数据、互联网等数字技术，赋能生态产业化、产业生态化。要突出特色，着眼于生态产品的差异化发展、特色化发展，着力提高质量标准，打造地方特色生态产品品牌矩阵，扩大生态经济的溢价空间，强化品牌效应，如南阳成功打造的诸多区域公共品牌为南阳的绿色发展起到了重要的作用。

（二）充分发挥市场作用，强化金融政策支撑

一是充分发挥市场的决定性作用。以市场为导向，优化核算方法，推动生态产品价值核算标准、核算方法、核算评价体系的统一，在摸清生态家底"存量"的同时，更加关注生态产品供给能力及其转化为经济价值的"增量"。核算结果紧扣市场需求，对接资本市场，调动社会资本的参与积极性。二是充分发挥政府引导作用。健全金融支持政策体系，为进一步拓展绿色金融服务、丰富绿色金融工具提供保障。建立生态信用评价制度，如科学建立生态信用行为正负面清单制度和生态信用积分制度，引导金融机构基于生态信用评价结果开展贷款业务，加大生态信贷的投放力度，创新生态权益的融资贷款模式。同时，要注意控制金融供给的成本和风险。如信阳市发挥绿色金融的牵引作用，打通了"生态+金融+经济"的转换渠道。

（三）搭建生态交易平台，创新价值变现模式

一是建立多方参与、功能完善、交易高效的生态产品交易平台，促进生态产品供需的精准匹配，打通生态产品交易的堵点。丰富包括林权、水权、碳汇等在内的生态产品交易种类，建立健全覆盖全域、全流程的生态产品市

场交易服务体系。提高交易效率，降低交易成本，清晰化、可视化定期展示区域生态产品的分布，利用大数据、云计算等现代信息技术开展电商直播、线上生态产品推介会等活动，提高区域特色生态产品的知名度和认可度。信阳市建立生态价值管理平台的做法值得借鉴。二是创新价值变现模式。通过优化转移支付资金分配机制、创新政府购买生态服务机制、动态确定生态补偿标准等方式完善横向生态保护补偿机制。通过严格监督，按照"谁污染、谁付费"的方式完善生态环境损害赔偿制度。通过探索社会资本、集体经济组织、农户多方参与的发展模式，特别是积极吸纳农户的积极参与，建立长效的利益联结机制，促进共同富裕。

参考文献

贺雪峰：《共同富裕与三轮驱动的中国式现代化》，《南京农业大学学报》（社会科学版）2022 年第 4 期。

王喜峰、姜承昊：《完善生态产品价值实现推进机制的关键问题和政策路径》，《价格理论与实践》2024 年第 7 期。

李宏伟：《生态产品价值实现机制的探讨》，《中国生态文明》2023 年第 6 期。

孙博文：《建立健全生态产品价值实现机制的瓶颈制约与策略选择》，《改革》2022 年第 5 期。

B.18
积极探索新型农村集体经济有效实现形式

——基于鹤壁市的调研与思考

河南省社会科学院课题组*

摘　要： 　探索新型农村集体经济的有效实现形式，对推进乡村全面振兴、加快农业农村现代化和实现共同富裕具有重要意义。近年来，鹤壁市积极探索发展壮大农村集体经济的多元化路径，通过抓好项目选择、优化生产关系、推动业态创新、强化共建共享等，农村集体经济发展取得良好成效。鹤壁市在发展新型农村集体经济中注重组织引领、注重支持保障、注重开发利用、注重主体带动、注重利益联结，对于其他地区具有较强的借鉴意义。为进一步发展壮大全省农村集体经济，要围绕"13345"做文章，即做好一个顶层设计，重点用好"三类"人才，持续深化"三变"改革，着力强化四级联动，切实筑牢"五重"保障。

关键词： 　新型农村集体经济　乡村振兴　鹤壁

　　积极探索新型农村集体经济的有效实现形式，促进新型农村集体经济的不断发展壮大，是推进乡村全面振兴的重要方面，对加快农业农村现代化、实现共同富裕具有重要意义。党的二十届三中全会强调，要发展新型农村集体经济，构建产权明晰、分配合理的运行机制。然而，在实践中仍不同程度

---

　　* 课题组组长：陈明星、宋彦峰、石涛；成员：陈明星、宋彦峰、石涛、张瑶、张坤、李天华；执笔：陈明星、宋彦峰、张瑶、张坤、李天华。

地存在要素保障不足、多重风险叠加、运行机制不畅等问题，如何让农村资源"活"起来、集体经济"富"起来、村民荷包"鼓"起来，是一道亟须破解的现实命题。近年来，鹤壁市把发展新型农村集体经济作为推进乡村全面振兴的重要抓手，积极探索发展壮大农村集体经济的多元化路径，形成了多种特色鲜明、卓有成效的发展模式，其探索对于其他地区具有较强的借鉴和启示意义。当前，要立足实际、乘势而上，突出"13345"，做好一个顶层设计，重点用好"三类"人才，持续深化"三变"改革，着力强化四级联动，切实筑牢"五重"保障，为推进乡村全面振兴和实现共同富裕奠定坚实基础。

一　鹤壁探索新型农村集体经济有效实现形式的做法及成效

近年来，鹤壁市采取加大扶持力度、强化队伍建设、精准实施项目等一系列措施，农村集体经济发展取得较大进展。2023 年，鹤壁市集体经济总收益为 1.61 亿元，全市 892 个村集体经济收入全部达到 5 万元以上，其中，100 万元以上的村有 36 个，占 4.0%；10 万～100 万元的村有 279 个，占 31.3%。[①]

（一）抓好项目选择：走出"无中生有""有中生优"新路子

产业兴旺是发展壮大农村集体经济的重要前提，因地制宜选择富民产业是关键。鹤壁着眼于产业生成的经济逻辑，既抓"有中生优"又促"无中生有"，巧打"特色产业牌"，有力带动资源优势转化为发展优势。鹤山区娄家沟村地处山区，没有适合发展乡村旅游的"红绿资源"，便巧做"无中生有"大文章，发展室内循环水密集式水产养殖项目，走出一条浅山丘陵地区利用山泉水订单式养殖海鱼的致富道路，2023 年村集体经济收入突破

---

① 本文数据均为课题组在鹤壁市调研新型农村集体经济发展时所得。

100万元。东齐村围绕红油香椿形成了从种植到加工、销售一体的完整产业链，东齐香椿获得首批国家农产品地理标志，红油香椿年均产销量为5万余斤，年创收30余万元，带动全村人均收入提高约3000元，2018年东齐村成功入选全国"一村一品"示范村。

（二）优化生产关系：打造"土地生金"新农业

土地是产业兴旺、农民增收的最主要的生产要素。鹤壁以土地流转为突破口，用活土地经营权，推进村级集体经济发展与农业现代化、规模化、集约化相结合，深挖土地增收潜能。作为以种粮为主的传统农业村，浚县王窑头村靠田吃田，依托村集体经济组织合作社自营流转耕地380亩，推行"保底+分红"土地流转模式，实现了土地集体种、分红连年增、"村集体+村民"双增收的局面。2023年，村集体经济收入达18万元，村民分红由2021年的200元/亩增加至617元/亩，加上每年700元/亩的保底流转金，每亩土地综合收益高于当地土地流转市场价格。淇滨区白庄村依托股份经济合作社，推行"统种共富"集体经济发展模式，农户以土地入股合作社，合作社实行土地代耕代管，按照"成本均摊，利益均沾，风险均担，收益共享"的原则，对土地进行合作化、规模化经营，经营收益采取"442"分红模式，实现集体、股民、村民"三丰收"。截至2023年底，纳入村集体管理的土地占全村土地的50%以上，村集体经济收入共60万余元，村民累计分红28万余元。

（三）推动业态创新：助力"美丽经济"新增长

鹤壁立足资源禀赋，以农文旅产业深度融合为主线，探索出一条以乡村特色风貌为载体，以产业融合发展为突破口，将"美丽资源"变换成"美丽经济"的多元业态融合的特色发展之路。浚县白寺村推动集体经济发展模式实现了由参观基地向研学基地转型、传统村落向旅游景区转型、传统种植向特色种植转型的"新三变"，打造白寺镇党校并升级为省级示范性乡镇基层党校，成功创建国家3A级旅游景区，2023年村集体经济收入达265万元，为全县乃至全市农村集体经济发展开辟了"白寺模式"。淇县赵庄村依托自然生态、地势、历史资源等优势，成立河南赵庄景区管理有限公司专业化运营景区，形成了集游乐观光、旅游休闲、度假康养于一体的特色"多元旅游"新业态，打造"老家赵庄"文旅品牌，完成了从省级"贫困村"到休闲度假"网红村"的蝶变，实现了村集体经济发展和群众增收的双丰收，2023年景区年接待游客80万人次，村集体经济收入突破100万元。

（四）强化共建共享，构建"链式反应"新机制

为增强农村集体经济造血功能，加快"消薄"进程，鹤壁积极创新探索"村村联建""村企联建""飞地抱团"等多种形式的"抱团发展"经营模式，形成多方利益共享的"链式反应"，推动村级集体经济发展上台阶。鹤山区姬家山乡结合七个古村落的旅游资源优势，成立"北斗七星"联合党委，重点打造"北斗七星"美丽乡村旅游示范带，联合创建省级"北斗七星"康养旅游度假区，2023年"五一"期间，七村接待游客合计超5万人次。其中，西顶村引进旅游开发公司，依托村庄"红绿资源"，联合打造集乡村旅游、研学培训、健身康养于一体的"云端西顶"特色旅游品牌，走出一条独具"村企联建、互惠共赢"特色的乡村振兴之路，2023年村集体经济收入超过40万元。淇县桥盟村与易地搬迁的高庄镇雨露社区，突破地域限制，实行飞地抱团、成果联享的发展模式，将政府扶持资金、村集体自筹资金等资源集中配置到桥盟村，通过联村联建大棚促进村集体收入增长。

二　鹤壁探索新型农村集体经济有效实现形式的经验与启示

鹤壁市新型农村集体经济多样化的实现形式及取得的显著成效，主要得益于有力的组织保障、有效的政策集成、有方的产业培育、有为的主体带动以及有实的利益联结，为推动乡村全面振兴和农民农村共同富裕提供了坚强保障和动力源泉。在进一步全面深化农村改革的背景下，巩固提升全省农村

集体经济产权制度改革成果，鹤壁市的做法可转化为进一步发展壮大新型农村集体经济的思路办法，真正解决好"谁来组织、如何支持、怎样发展、谁来发展、如何规范"等难题。

（一）注重组织引领，建设"好抓手"助推"好发展"

随着农村改革不断往深处走、向难处走，领航农村的发展方向更加需要基层党组织发挥战斗堡垒作用，进一步发挥党建引领的核心作用，以高质量党建保障农村集体经济的高质量发展。鹤壁的探索表明，这些典型的发展模式均凸显了基层党建的引领作用，如张家沟村、双庙村等均成功创建五星党支部。通过发展壮大农村集体经济这个抓手，用农村集体经济实实在在的收益打破基层党组织在乡村建设、人居环境整治、基层治理等工作中"穷家难当"的尴尬局面，推动了乡村全面发展。当前，全省进入建设农业强省的重要时期，无论是推动规模化经营发展现代农业，还是促进农民农村共同富裕，都需要不断强化农村集体经济组织"统"的作用，破除"集体组织效率不高"的偏见，以党建为引领，将发展壮大新型农村集体经济作为乡村全面振兴重要抓手，解决好"谁来组织"农村集体经济发展的问题。

（二）注重支持保障，叠加"好政策"夯实"好基础"

当前，全省农村集体经济总体上呈现物质积累薄弱、增速相对缓慢、发展不够平衡的状态，这就需要给予农村集体经济发展多维度的支持。在实践中，鹤壁充分发挥政策叠加效应，提供"真金白银"和"真心实意"，从财政支持、项目孵化、人才引进等多方面支持农村集体经济发展。如鹤壁除争取9486.2万元农村集体经济发展资金、10.8亿元乡村振兴衔接资金外，还争取了9000万元的农业产业园项目、3000万元的农业强镇项目，为进一步发展集体经济、乡村产业和改善基础设施打下坚实基础；鹤山区出台发展壮大新型农村集体经济"十条"举措，涉及项目奖补、村干部创收奖励、人才引进、数字电商、品牌打造等。截至2023年11月底，全省还有18.9%的行政村没有经营性收入。就当前而言，不仅这些薄弱村集体经济的发展需要多方位的支持，而且一些发展中的农村集体经济也需要进一步的支持，各地应借鉴鹤壁做法出台个性化的支持政策，从项目规划、人才支持、激励奖励等方面出台一揽子的扶持政策，解决好"如何支持"农村集体经济发展的问题。

（三）注重开发利用，促进"好资源"变成"好产业"

鹤壁各地区立足当地资源优势，通过"活化村资源、运营村产业"的发展思路，探索"一村一策"发展策略，将资源优势转为产业优势。如娄家沟村利用山泉水发展海水养殖，赵庄村依托自然生态和历史资源优势大力发展乡村旅游等，均实现了集体经济发展的"提档加速"。全省农村资源丰富，农村集体经济发展有诸多可利用的资产、资源，如土地、闲置房屋、自然生态、传统农耕文明等，依托这些资产、资源发展乡村特色产业，是下一步农村集体经济深化改革和发展的题中应有之义。基于此，未来农村集体经济的持续深化发展，应依托优势资源，因势利导，主动谋划发挥自身优势形成有竞争力的乡村产业，通过产业振兴助推乡村全面振兴，解决好"怎样发展"农村集体经济的问题。

（四）注重主体带动，通过"好引擎"激活"好动能"

从既有的实践来看，能人带动是农村集体经济发展的必要条件，也是新型农村集体经济高质量发展的重要保障。新型农村集体经济的实现形式是否有效，关键在于能否挖掘"强带动"型的能人作为激发乡村全面振兴的强力引擎。鹤壁通过从原班子中"留"、从外出能人中"请"、从后备干部中"提"、从致富能手中"选"等多种方式广纳贤才，加强农村带头人培训或考察，并出台《进一步激励广大基层干部新时代建新功的若干举措》，着力打造乡村人才矩阵。全市农村"两委"干部中，有致富能手1871名、外出务工经商返乡人员276名、本乡本土大学毕业生448名，已培育了康天平、张桂芳等乡村"头雁"。因此，新型农村集体经济的发展要突出能人带动，多渠道挖掘人才，并建立能人能够公平争取外生资源的体制机制，激发能人干事创业的积极性，解决好"谁来发展"农村集体经济的问题。

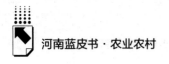
（五）注重利益联结，探索"好机制"共享"好收入"

2025 年 5 月 1 日将实施的《中华人民共和国农村集体经济组织法》中指出，农村集体经济组织应当"坚持按劳分配为主体、多种分配方式并存，促进农村共同富裕"。因此，在当前推进共同富裕的历史阶段，发展新型农村集体经济具有十分重要的现实意义。农村集体经济的发展与农民收入应从"弱连接"走向"强链接"，形成利益共同体。值得借鉴的是，鹤壁在发展新型农村集体经济的过程中充分考虑了联农带农问题，让农民成为改革的同路人，探索了"分粮+分红""保底+分红""双绑机制+"等多种形式的利益联结机制，多渠道增加农民收入。同时，开展农村集体经济组织规范运营管理试点，从明确职责任务、规范议事决策、建立财务账套、强化资产管理、探索资金线上管理、推动经济发展等 6 个方面进行探索推进，在淇滨区开展了村集体经济组织与村委会账务分离试点。发展农村集体经济，要坚持农村集体经济组织的"人合"属性，只有做到将集体经济经营成果与农民共享，实现双方的同心同力、同向而行，并规范运营管理，农村集体经济发展才能充满动力、真正活跃起来，解决好"如何规范"农村集体经济发展的问题。

三 进一步探索新型农村集体经济有效实现形式的对策与建议

鹤壁市通过探索多样化的新型农村集体经济实现形式，有效提升了乡村发展、乡村建设和乡村治理效能，但通过调研也发现，农村集体经济发展还存在一些共性问题：一是要素保障不足，农村集体经济发展缺乏有技术、善经营的能人引领带动，发展资金不足，特别是囿于耕地红线和生态红线，一些村集体经济发展所需的项目用地难以落实，发展空间受限；二是多重风险叠加，如乡村产业发展的自然风险、市场风险、技术风险、运营风险等；三是运行机制不畅，面临规范管理与效率活力两难，既要建立健全管理机制、监督机制等，又要提升运行效率、抢抓发展机遇。改革无止境，唯有持之以恒、久久为功，才能在中国式现代化建设中步履坚实。随着农村改革持续深入，借鉴典型的做法和经验、解决当下农村集体经济发展中的问题，进一步发展壮大全省农村集体经济，需要围绕"13345"做文章，为推进乡村全面振兴和实现共同富裕奠定坚实基础。

（一）做好一个顶层设计

一是把发展壮大新型农村集体经济作为抓党建促乡村全面振兴的战略抓手。不断提升农村集体产权制度改革在深化农村改革领域中的重要地位，突出发展壮大新型农村集体经济在推进乡村全面振兴、建设农业强省和加快农业农村现代化中的作用和意义。二是强化顶层设计。及时做好《中华人民共和国农村集体经济组织法》的落实工作。绘制集体经济发展"路线图"，把发展壮大农村集体经济纳入农业强省、强市、强县建设规划编制中，实施地方发展壮大村级集体经济三年行动方案，并结合资源禀赋，做到一县一总规、一乡一规划、一村一计划，分类、分片区推动农村集体经济的发展，加大对薄弱村集体经济的帮扶力度。三是完善农村集体经济发展的政策保障体系。建立发展新型农村集体经济专项基金，加大财政支持力度，落实农村集体经济组织应享受的税收优惠政策。着眼过渡期后的政策衔接和调整，将第一书记和帮扶资源向集体经济薄弱村倾斜。

（二）重点用好"三类"人才

发展农村集体经济，尤其要重点用好"带头人""合伙人""在乡人"三类人才，赋能集体经济发展。一是选优配强"带头人"。把政治素质好、懂经济、善管理、发展集体经济意识强的人充实到村"两委"班子中来，形成吸引致富带头人、能人等投身新型农村集体经济发展的体制机制。二是探索"合伙人"机制创新。以打通人才流动堵点为突破口，探索"农村集体经济合伙人"制度，依托村集体优势资源，向社会发布合伙人招募令，量身制定优惠政策和服务模式，吸引企业家、专家学者、创业者、技术能手等各类人才投身农村集体经济发展，在项目报批、土地流转、资金补助、担保贷款、职称评定等方面给予合伙人政策倾斜。三是激活"在乡人"参与动力。完善多模式的利益联结机制，让村民参与农村集体经济发展和管理，不断提高农民收入，真正激发农村集体经济发展内生动力。

（三）持续深化"三变"改革

一是持续清理"三资"。持续开展农村集体"三资"的摸底、整治、提升和规范工作，对于闲置、低价出租、个人占用等问题，通过入股、规范合同、提高租金等措施增加农村集体经济收入，提升村集体"三资"利用效率。二是发挥市场作用实现农村集体资产的保值增值。借鉴农村产权交易的"洛阳模式"，完善农村产权流转交易市场建设，将其作为农村集体资产盘活的重要手段，推进闲置资产进场交易，符合条件的农村集体资产流转、交易和处置都要通过农村产权交易市场公开进行，做到"应进必进"，保障农村集体资产的保值增值。三是持续探索资源开发利用的多元路径。针对不同的资源禀赋、地理区位、经济基础等，各地要因地制宜、因村施策，探索和发现适宜的农村集体经济有效实现形式，通过开发特色产业、培育支柱产业等，不断发展壮大农村集体经济。四是建立紧密型利益联结机制。推动新型农业经营主体扶持政策同带动农户和集体经济增收挂钩，在实现产业增效、集体增资的同时，创新联农带农机制，探索"共富"的实现路径。

（四）着力强化四级联动

在地方实践中，要强化三个层面的四级联动。一是着力打造市县乡村四级联动工作机制。变乡村两级单打独斗为市县乡村四级联动，合力促发展。充分发挥市县乡村四级党组织在农村集体经济发展中的领航定向和引领推动作用，坚持把发展壮大村级集体经济作为"书记工程"进行谋划推动，压实四级书记抓集体经济的责任。同时，各级成立由党政"一把手"任组长，组织、财政、农业农村和乡村振兴等部门为成员的工作领导小组，加强组织领导和具体指导。二是着力优化市县乡村四级联动的产业布局。在市产业规划和布局的引领下，立足县域产业已有的基础优势，把"链式思维"融入产业发展全过程，引导农村集体经济产业发展围绕县域主导产业进行梯次布局和深度对接融合，实施延链补链强链拓链行动，主动融入区域发展大局，形成研发营销在市县、加工在乡、基地在村、增收在户的联动格局，变村级集体经济各自为战为市县乡村产业的"链动"融合发展，实现主导产业的优势再造和集群发展，避免农村集体经济无序布局发展问题。三是着力营造市县乡村四级联动的发展生态。优化乡村营商环境，深化农业农村"放管服"改革，畅通工商资本、返乡创业等社会资本投入渠道，持续推动乡村创新要素集聚，优化农村集体经济发展生态。

（五）切实筑牢"五重"保障

农村集体经济发展面临自然、市场、技术、管理和要素等多重风险，需要采取一系列风险防范措施为农村集体经济发展保驾护航。一是做好农业防灾减灾。持续推进高标准农田建设，加强气象预警，做好防灾减灾工作。强化农业保险产品和服务创新，尤其是探索特色农业保险险种开发。二是完善多元化产销对接。发展订单农业，与超市、农业龙头企业等签订稳定的购销合同。借助"互联网+"优势，通过淘宝、京东等传统电商平台，淘宝直播、抖音直播等直播带货新模式，拓宽农产品销售渠道。三是强化技术支撑。加快农业农村数字化转型，大力发展智慧农业，全面提升5G、物联网和大数据等在农业生产、产业发展、乡村治理中的应用。推动"五良"融合发展，规划建设一批农业综合应急服务中心，加快发展农业社会化服务，建设数字化村务管理平台。四是优化运行管理。着眼于农村"三资"管理中的侵占挪用风险点，在规范管理、加强监管、安全运行、兼顾效率中寻求平衡，推动集体"三资"监管制度化、常态化运行。五是强化要素保障。对于农村集体经济发展较好的地区，给予建设用地指标奖励或优先保障。鼓励各类金融机构创新支持农村集体经济发展的金融产品，推动实现集体资产抵押贷款。

参考文献

吕之望：《新型农村集体经济促进城乡融合：产权基础与作用机制》，《江西社会科学》2024年第8期。

高鸣、江帆：《新型农村集体经济促进农民共同富裕：理论机理、实践成效与政策构想》，《改革》2024年第3期。

赵黎：《新型农村集体经济高质量发展：内涵特征、现实困境与应对策略》，《农村金融研究》2024年第2期。

周振：《新型农村集体经济发展调研》，《宏观经济管理》2023年第10期。

B.19
农村土地流转价格形成机制的
探索与启示[*]
——基于洛阳市的调研

宋彦峰^{**}

摘　要：　合理的土地流转价格对促进农村生产要素优化配置、推动规模化经营和提高农民收入具有重要的意义。洛阳是全国首批农村产权流转交易规范化整市试点之一，在实际工作中，洛阳通过政府的合理引导和市场的有效调节，引入多重风险保障机制，形成了"政府指导底价+产权交易市场公开竞价"的农村土地流转定价模式，有效保障了多主体权益，促进了土地流转市场健康发展。洛阳探索的农村土地流转价格形成机制表明，农地流转价格的形成，要注重依托数字化赋能新优势，破解农村土地流转交易成本高的难题；依托村集体经济组织"统"的功能，破解农村土地流转中的低位流转难题；依托市场要素配置功能，破解农村土地流转中的高位运行难题；依托交易规则制度创新，破解农村土地流转中的风险管理难题。

关键词：　农地流转价格　价格形成机制　农村产权交易平台　洛阳

土地流转所产生的租金成本是农业生产成本的重要组成部分。合理的土地流转价格对促进农村生产要素优化配置、推动规模化经营和提高农民收入

＊　本文为河南省自然资源决策咨询委员会统筹咨询任务（编号：2024-01）的阶段性成果。

＊＊　宋彦峰，河南省社会科学院农村发展研究所副所长、副研究员，主要研究方向为农村组织与制度、贫困治理。

具有重要的意义。近年来，随着农业规模化经营的发展，以及新型农业经营主体的迅速发展壮大，农地资源由有限性导致的稀缺性更加凸显，农地流转需求旺盛，部分地区出现农地流转价格过快上涨的情况，大幅超过了农业经营者所能承担的合理租金水平。根据历年《全国农产品成本收益资料汇编》测算，2011~2022 年三大粮食作物总成本中土地成本由 2011 年的 149.75 元增加到 2022 年的 280.09 元，占比从 18.93% 攀升到 22.36%，年均增速为5.86%，高于生产成本和总成本的增速。土地流转租金的不合理上涨不仅压缩了农业经营主体特别是粮食生产主体的利润空间，还增加了"非农化""非粮化"的风险，对保障粮食安全产生不利影响。为此，2024 年中央一号文件和河南省委一号文件均提出："健全土地流转价格形成机制，探索防止流转费用不合理上涨有效办法。"河南作为农业大省、粮食大省，承担着粮食安全重任，需要全力以赴保障粮食安全，在实践中需要探索农村土地流转价格形成的有效机制，发现和形成农地流转的合理定价，提升农业经营者种粮的积极性。

一 农村土地流转价格形成机制的理论探讨

（一）探索农村土地流转价格形成机制的意义

按照用途，农村土地分为"农业用地"和"非农业"用地。"农业用地"按照是否种植粮食，分为"粮作"用地和"非粮化"用地。本文所探讨的农村土地主要是指"农业用地"，农村土地流转价格主要指的是农村土地经营权的流转价格。

一是农村土地流转价格对保障粮食安全的影响。当农村土地流转价格不断攀升时，一方面，农业经营主体会通过追求农村土地的产出效率或降低农业生产其他方面的成本，抵扣农村土地流转价格上涨带来的农业经营成本的提高，如规模经营者倾向于通过机械化代替劳动力。这种通过追求农村土地产出效益来应对农村土地流转价格上升的方式，有助于提高粮食产量。另一方面，农村土地流转价格的不断上涨会倒逼农业经营主体实施"非粮化"行动。在农村土地产出效益不再具有边际效益递增的情况下，农业经营者可能放弃农村土地的经营，出现毁约弃耕等情况，或者改变种植结构，将粮食种植变为利润更高的经济作物种植，这种情况对粮食安全构成了较大的威胁。

二是农村土地流转价格对促进农民收入增加的影响。增加农民收入是"三农"工作的中心任务，应千方百计拓宽农民增收渠道。当前，农民持续增收的压力较大，在农村居民人均可支配收入中，财产净收入所占的比重最低，2023年全国农村居民人均可支配财产净收入占比仅为2.5%，这同时说明财产性收入具有巨大的增长空间。农村土地作为农业经营的重要生产要素，对实现农户财产性收入增加具有重要作用。一方面，农户通过土地流转获得了收入；另一方面，农村土地流转价格上涨意味着收入的提升，增强了农户流出土地获得租金的意愿，能够使农户摆脱农业生产经营中"自我雇用"的局面，有更多的机会和时间从事其他职业获取更多的收入，实现多渠道收入的增加。

（二）农村土地流转价格形成的一般机制

一是农村土地流转价格的本质和来源。农村土地的流转价格本质上来源于人类利用土地进行农业生产经营所能提供的产出品的价格。换言之，农村土地流转价格最终取决于农村土地的利用能力，农村土地流转价格是农村土地产出品预期收益的购买价格。农村土地的自然属性，如农地的地力条件、地理位置、规模大小等，确定了农村土地流转价格的底价。农村土地的自然属性条件越优越，其产出品价值也就越大，农村土地流转价格就越高。但是，农村土地流转价格最终来源于农村土地产出品的价格，农村土地流转价格的高低最终取决于农村土地的产出能力。需要注意的是农村土地的自然属性，农村土地亦属于土地，其位置固定，总量也是有限的，这些自然属性也决定了农村土地流转价格的特殊性。一方面，农村土地流转价格具有区位性特征，由于位置固定，具有相同或相似自然属性的农村土地，如果处于不同的区位，其流转价格往往存在较大差异，表现出明显的区位差异性。另一方面，农村土地总量的有限性决定了农村土地供给缺乏弹性，农村土地流转价格存在上涨的趋势，即农村土地资源是有限的，随着人口与社会对土地资源需求的不断增加，新型农业经营主体的蓬勃发展，以及农地规模化经营带来的降本增效效应，农村土地价格存在上涨趋势。

二是农村土地流转价格的形成。市场具有提高资源配置效率、促进资源配置优化的功能和作用。市场机制包括价格机制、竞争机制、供求机制及风险机制等，这些机制共同作用，自动调节资源的流向和流量，实现资源的合理配置。价格机制是核心，是实现市场资源配置的主要杠杆。农村土地流转价格机制是农村土地流转市场机制运行的核心。从宏观因素上讲，农村土地流转价格的影响因素包括产权制度、交易制度、政策法规、经济环境等；从微观上讲，农村土地流转价格的影响因素包括土地的自然属性、交易者动机、经营状况等。但是，从农村土地流转价格机制发生的条件来看，农村土地流转价格的形成主要包括三个条件：产权清晰、政策支持、交易双方的意愿表达。基于当前的客观条件来说，前两个条件对农村土地流转的支撑性是显而易见的。第一，从产权清晰角度来看，农村土地经过多轮改革形成了现在所有权、承包权和经营权"三权"分置的局面，农户能够自主处置农地的经营权，农村土地流转一般指的是农村土地经营权的流转，这对于流转双方而言是明确的。第二，从政策支持角度来看，国家和地方出台多项政策法规，也包括历年的中央一号文件，都支持规模化经营，一些地区推行的"统种共富""小田并大田"等模式和做法，都是推进规模化经营的有益尝试，也为农村土地的规模化流转奠定了基础。第三，农村土地流转双方意愿的表达是发现农村土地价格和调节农村土地价格的重要影响因素，农村土地流出方以一定的流转价格挂牌交易时，农村土地流入方认为预期农村土地产出品价值大于流转价格时，两者便能达成土地流转的一致性。当前，农村土地流转价格持续上涨，一方面是农户作为经营权的所有者自然希望流转价格高，以获得更高的租金收入，并在流转过程中也会寻求更高的价格，另一方面是土地流入者基于当前农业农村发展态势对农业生产经营有更高的收益期望，并在生产经营中也取得了一定的成功，所以农户和土地流入方共同的意愿表达也助推了农村土地流转价格的提高。

二 洛阳探索农村土地流转价格形成机制的做法与成效

近几年，洛阳在实践中探索的土地流转价格形成机制，成效显著，实现了土地流转的合理定价，既增加了农民财产性收入，又保证了农业经营主体的利润空间，提高了粮食生产积极性，还有效推动了乡村产业高质量发展。2023 年 11 月，洛阳获批首批全国农村产权流转交易规范化整市试点。在实际工作中，洛阳通过政府的合理引导和市场的有效调节，引入多重风险保障机制，形成了"政府指导底价+产权交易市场公开竞价"的定价模式，有效保障了多主体权益，促进了土地流转市场健康发展。土地流转价格形成机制的"洛阳模式"对河南省其他地区建立健全土地流转价格形成机制具有较强的借鉴意义。因此，本文选择洛阳市作为农村土地流转价格形成机制的考察对象，探索农村土地流转价格形成机制的做法及对全省开展相关工作的经验启示。[①]

（一）搭建交易平台，完善农村产权交易体系

规范农村产权流转交易的前提是搭建农村产权交易平台。数字化背景下，通过搭建农村产权交易平台，将数字技术应用到农村产权交易市场中打破"信息壁垒"，利用数据的互联互通实现产权交易的全流程监管闭环、全流程电子化交易，有效防范农村小微腐败，保障农村产权流转交易阳光、高效进行，为农村资源的活化和价值最大化提供强有力的支持。2021 年 9 月，洛阳市率先在全省建立覆盖市县乡村四级的农村产权交易平台，实现资产公开挂网、"云端"竞价交易，实现规范化运行和"一网通办"。2022 年 3 月完成第一笔交易。洛阳市农村产权交易平台按照"1+4"的模式建设，1 是洛阳市农村产权交易信息服务网，4 是洛阳市农村集体产权制度改革管理系

---

① 调研时间为 2024 年 6 月，若无特殊说明，本文数据资料均为调研所得。

统、洛阳市农村集体资产财务管理系统、洛阳市农村资金支付管理系统、洛阳市农村集体资产"一张图"。

目前，产权交易主要启用的是洛阳市农村产权交易信息服务网。洛阳按照"统一管理体制、统一交易范围、统一建设标准、统一信息平台、统一制度流程、统一组织领导""六统一"的标准，全面建成"互联互通、分级管理"的市县乡村四级农村产权流转交易体系。采取"全市一张网"，市设交易总网，县设交易子网，乡镇有交易网页，村有交易账号，全市15个县区、155个涉农乡镇（街道）、3100个行政村均已开展实质性交易，实现农村产权交易"全覆盖"。按照"申请交易、资料审核、挂网发布、受理报名、组织交易、成交确认、发布公告、签订合同、办理鉴证、权属变更"的流程规范交易行为，明晰流程责任。市级强政策、县级强交易、乡村级强服务，各司其职，有序运作。

（二）注重政府引导，合理确定土地流转"底价"

政府对市场资源配置的干预是资源配置中的重要补充手段，特别是市场出现失灵时。我国分散的农村土地流转大部分是农户自发进行的，规模化的农村土地流转大多数由政府这个"有形之手"推动完成，仅靠农户自发价格调节机制形成的规模性流转所占比例较低。政府的介入，虽然极大地推动了农村土地流转市场的发展，但是在适度规模化经营的导向下，农户和流入方均对政府产生了一定的依赖和"索取"。对于农户来说，政府推动下的规模化土地流转，因为实施过高标准农田建设、土地治理等，容易获得较高的土地流转价格；对于土地流入方来说，政府有多样化的支持政策和补贴政策，能够间接实现对土地流入方租金的补贴。因此，在农户和土地流入方的共同"期盼"下，政府的支持会产生土地流转的"底价"，但是也会不断推高流转的"底价"。

为更好地发挥政府在土地流转价格形成机制中的作用，洛阳主要对土地流转双方的资格进行审查，并引导和指导土地流转的合理价格。一是开展资格审查，杜绝扰乱价格。洛阳对入场交易的经营主体进行严格的资格审查，将恶意拖欠土地流转租金、改变耕地用途、采取欺骗手段套取财政奖励资金、二次流转抬高租金赚取价差等行为列入"一票否决"事项。二是设定指导价格，引导农户预期。科学测算种植成本和收益，根据地力、位置、基础设施等客观条件，综合考虑历史流转价格、群众接受度、经营主体预期等因素，设定指导价格区间。如嵩县将传统农业土地流转价格区间定为150~350元/（亩·年），特色农业土地流转价格区间定为350~800元/（亩·年），在此基础上，按照四议两公开程序，由村集体和农户民主议定流转地块的入场交易底价。三是防止拉高价格，界定流转规模。如嵩县规定50亩以下的土地流转交易，在镇级交易服务站采取市场竞价的方式；50~500亩的土地流转交易，采取一次性报价，避免恶意竞价、冲动型报价，在价格区间内价高者得。目前，嵩县经营主体平均流转土地规模为135亩。

（三）强化市场调节，有效实现土地流转"定价"

市场在资源配置中起着决定性作用，土地作为基本的经济资源之一，也需要发挥土地市场在资源配置中的作用，农地资源的配置主要是通过供求变化的关系来引导的。农村土地流转价格低于其预期产出品收益，农村土地经营者将会获取更多的利润，驱使更多的农村土地经营者转入土地；农村土地流转价格一旦高于其预期产出品收益，农村土地经营者实际上支付了更高的农村土地使用成本，挤占了利润空间，甚至出现亏损，这时农村土地经营者转入土地的意愿下降。此外，建立健全农村土地流转市场服务体系是发挥市场作用的基础。

洛阳市在实际工作中，除了积极发挥政府的引导和指导作用外，更加注重市场机制作用的发挥。一是引导入场交易，让更多的主体在场内实现规范化交易。洛阳按照"应进必进"的原则，通过强化产业奖补措施，引导土地流转实现场内交易。伊川、嵩县、偃师等县区将农村产权交易与特色产业种植补贴等惠农政策相结合，对流转一定规模土地的经营主体给予50~100元/亩的补贴，引导经营主体在产权交易平台流转土地。二是通过"竞价"实现"定价"。产权交易体系和平台的建立运转，为公开阳光交易和提高农村土地经营权出租收益提供了支撑。农村土地经营权进场交易之后，进行网上公开竞价，最终确定流转价格。2022年和2023年两年内，全市累计完成交易3563笔，交易额达21.36亿元，平均溢价率达5.12%。伊川县土地流转场内交易达729笔，交易额达2.82亿元，涉及流转面积18.9万亩，占该县流转总面积的53.95%；嵩县土地流转场内交易达349笔，交易额达1.55亿元，涉及流转面积14.4万亩，占该县流转总面积的74.61%。

（四）健全风险防范制度，保障农户土地流转权益

洛阳针对土地流转中的风险点，建立了完善的风险保障制度，促进了土地流转市场的健康发展，保障了农户土地流转权益。一是落实风险保障金制度。收取一定的土地流转风险保障金，用于防范履约期内由土地流入方原因引起的拖欠土地流转金的问题，让农民吃下定心丸。风险保障金按一定比例（合同每年租金的1~2倍）缴纳至县农村产权交易中心专用账户。截至5月底，嵩县已累计收取保障金520万元，有效保障了农户收益。二是引入风险保证履约保险。如在实践中，洛阳伊川引入人保财险公司开展土地经营权流转租金支付履约保证保险，为拥有土地经营权且与土地流入方订立《流转合同》的农户或农村集体经济组织提供风险保障。如果土地流入方不按照合同约定履行支付租金的义务，则由人保财险公司承担租金赔偿责任。

三 持续探索河南土地流转价格形成机制的启示与思考

洛阳探索的农村土地流转价格形成机制，其本质做法在于通过发挥政府与市场双向补位协同效应，有效破解传统农村土地流转价格形成过程中因价格发现功能不足、市场调节失灵、风险管理缺失而出现的低位流转、高位运行和违约风险等问题。当前，河南省已经开始推进第二轮土地承包到期再延长30年的工作，把握洛阳探索的土地流转价格形成机制的精髓要义，可以促进全省土地流转市场健康发展、保障土地流转各方权益和粮食安全。

（一）依托数字化赋能新优势，破解农村土地流转交易成本高的难题

产权交易平台的搭建和产权交易规则的完善能够有效降低交易成本和提升契约的稳定性。农村土地流转的交易成本包含流转土地的搜寻成本、谈判成本、交易实施的各项成本等。交易成本提高了农村土地的流转价格、摊薄了农村土地产出品的潜在价值，这无疑会影响流入方的决策。尤其是在土地细碎化的情况下，传统自发的"一地一议"型流转方式由于信息不对称和交换链条过长而增加了交易成本。产权交易平台的建设，特别是加持了数字化赋能的产权交易平台的存在有效降低了农村土地经营权流转中的信息成本。当前规模化的农村土地经营权流转主要由村集体经济组织担任中介，农村土地经营权流转呈现集中流转的特征，在流转中由村集体经济组织作为组织方与土地经营权流入方进行商谈，交易成本得以降低、租金收入得以提升，增加的收益部分也会转移给流出方。此外，产权交易平台的建设和完善的交易规则使得交易契约的稳定性显著提升，交易市场的规范化促进了农村土地流转租约的正式化，避免了场外交易中由于口头式、人情式契约而出现的毁约现象，能够促使农村土地流转市场由人情式交易走向市场化交易。当前，河南大部分地市还没有建立农村产权交易平台，洛阳伊川和嵩县农村产权交易平台运行尚不足三年，还处于起步阶段，也就是说实现农村土地规范化流转和交易的基础设施条件还存在严重的短板。未来一段时间，河南各地市需要加快推进农村产权交易平台的建设。

（二）依托村集体经济组织"统"的功能，破解农村土地流转中的低位流转难题

随着乡村全面振兴战略的持续推进，以及在对"统分结合"经营体制的新探索中，村集体经济组织被赋予了"统"的新功能和作用，村集体经济组织真正或者已经成为重要的农业经营主体和服务主体。之前政府的介入常被认为是土地流转价格失灵的一个重要因素，但是村集体经济组织与农户有密切的联系，在农村土地流转市场规范化发展中，在组织土地规模化经营

和流转中起到了补位的作用。村集体经济组织会借"二轮延包"试点、高标准农田建设、土地整治等契机，对改造后的农村土地进行规模化流转，将连成片、基础较好的农村土地推向农村土地流转市场，在实现农村土地适度规模经营的同时，提高农村土地的财产价值。

土地流转价格低于其价值容易引起粗放经营和掠夺式经营，削弱农业扩大再生产能力和高质量发展动力。针对耕地碎片化、经营主体分散化、种粮主体老龄化等问题引发的土地价格低位流转问题，洛阳不断强化村集体经济组织"统"的功能优势，破解土地流转价格发现功能不足难题。一方面，由村集体经济组织组织农户将分散的土地集中起来，实现土地的规模化经营，解决土地细碎化问题。另一方面，扎实推进高标准农田建设，由村集体经济组织或其他组织将改造后的土地集中起来，再通过农村产权交易平台公开竞价流转，进一步提升土地流转的底价。进入乡村全面振兴和农业强省建设时期，村集体经济组织不是被动承接者，应该主动参与，主动谋划发展壮大自己。现阶段，河南正处于新一轮高标准农田建设和第二轮土地承包到期再延长 30 年的重要时期，应以此为契机不断强化村集体经济组织"统"的功能，在改革发展中通过推动土地规模化、提高土地产出能力等，实现土地价值的不断提升。

（三）依托市场要素配置功能，破解农村土地流转中的高位运行难题

政府的介入推动了农村土地流转市场的发展，并保护了农户权益，但这也会导致土地流出主体因政府行为而出现"高价幻觉"、土地流入主体因享受政策补贴而出现"利润幻觉"，使得土地流转交易价格形成机制从低价时的市场发现功能不足走向高价时的市场调节功能失灵。土地流转的价格高位运行直接影响了农业生产经营的积极性。洛阳通过构建交易平台、完善交易体系等措施，发挥场内交易优势和资源配置功能，通过市场化手段实现土地流转的合理定价。为在全省范围内更好地实现土地流转价格发展，一方面，可借鉴洛阳模式，其他地区尽快搭建土地流转交易平台，并建立健全相应的规则制度，以市场化手段实现价格发展。另一方面，就洛阳模式本身来说，

也要进一步探索土地流转的最高限价的熔断机制，避免恶意竞价，确保流转价格处于合理区间。

（四）依托交易规则制度创新，破解农村土地流转中的风险管理难题

土地流转后会存在一些潜在风险，如土地流入方因各种因素不能支付租金而影响农户的租金收入，或者土地流入方改变土地用途影响农业生产经营活动等。规避这些风险因素，需要着重完善交易规则和创新监管机制。借鉴洛阳经验，应不断完善农村产权交易风险防控制度和风险防控应急预案，确保土地流转交易的规范化，为土地流转价格的形成保驾护航。一是引入保险公司，推广土地经营权流转租金支付履约保证保险制度。二是进一步完善履约风险保障金制度，可探索阶梯式缴纳模式，减轻土地流入主体资金负担。三是为防止土地流入方因资金短缺出现经营难以维系的情况，也可借鉴武汉等地的"交易—鉴证—抵押"场内交易及融资模式，为经营主体提供融资支持。

参考文献

匡远配、彭云：《中国农地流转制度变迁的历史进程、发生机理与预期路径》，《农村经济》2024 年第 4 期。

安乔治：《农地流转价格的决定——从"一田二主"到"三权分置"》，《价格月刊》2023 年第 3 期。

吴学兵、姚志、叶云：《从"偏离"到"回归"：利益相关者视角下农地流转定价机制构建》，《经济问题》2023 年第 12 期。

韩国莹、刘同山：《农地流转价格对非粮种植的影响研究》，《价格理论与实践》2020 年第 7 期。

城乡治理优化

B.20
河南农村党建引领乡村治理
进程与对策[*]

翁 鸣[**]

摘　要： 农村党组织建设既是乡村振兴战略的一个重要部分，又是保证乡村振兴战略有效实施的重要基础，更是党建引领乡村治理的前提条件。农村党组织要以提升组织力为重点，突出政治功能，建设成为宣传党的主张、贯彻党的决定、领导基层治理、团结动员群众、推动改革发展的坚强战斗堡垒。近年来，河南以"五星"支部为目标强化农村党组织建设，创新乡村治理，有力地促进了乡村振兴。未来，要进一步加强市县乡村治理体系建设，鼓励基层干部进行实践创新，加快推进农村治理体系和治理能力现代化进程。

关键词： 农村党建　乡村治理　乡村振兴

---

* 本文为中国社会科学院新时代党建研究中心 2024 年研究课题"党建引领我国乡村治理现代化研究"（编号：DJZX2025010）的阶段性成果。

** 翁鸣，中国社会科学院农村发展研究所研究员、黄淮学院特聘教授，主要研究方向为基层治理。

一 以"五星"支部为目标强化农村党组织建设

为全面加强河南农村基层党组织建设和深入推进乡村治理工作，2022年5月，河南发布《关于创建"五星"支部引领乡村治理的指导意见》（以下简称《指导意见》），形成可操作的具体实施细则和评价标准，将党建引领乡村治理落实到农村基层党组织，成为河南农村党员群众实施乡村振兴的奋斗目标和实施要求。

（一）引导农村基层党组织建设的重点任务

一是聚力"两个作用"，建设支部过硬村。争当好支书、建设好班子、锻造好队伍、严格组织生活。选好用好村党组织的"领头雁"，形成思想觉悟高、干事能力强的村"两委"班子，形成具有农村工作战斗力的党员队伍，按照党章规定坚持党组织"三会一课"。

二是聚力"一村一品"，建设产业兴旺村。选准主导产业、推动品质提升、推动规模经营、发展集体经济。主要内容包括：推动农村产业发展，带领农民群众致富，增强坚持农村基层党组织领导地位不动摇的经济基础。

三是聚力环境整治，建设生态宜居村。做好村庄规划、厕所革命、粪污无害化处理、资源化利用、垃圾源头分类、污水治理和美化村容村貌。通过农村人居环境整治，提升农民群众生活质量和卫生标准，增强农民生活幸福感。

四是聚力"三零"创建，建设平安法治村。防范诈骗行为、防范安全事故、防范非法宗教活动、加强社会治安防控、加强应急能力建设、加强重点人员服务管理、防范疫情传播。以防范体系建设为重点，遏制各种危害隐患暴发，确保农村社会稳定。

五是聚力为民服务，建设文明幸福村。建好用好村党群服务中心，推进移风易俗，做好教育保障服务，做好医疗卫生服务，做好养老服务，做好就业创业服务，推动快递进村，开展文体活动。以农村党群服务中心为主阵地，为农民群众提供社会服务，丰富文明健康的农村生活。

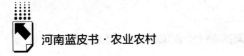

（二）探索农村社会有效治理的有效机制

建立党员联户、干部包片、支部会商机制，及时化解矛盾纠纷。通过建立健全这种机制，深入摸清民情，随时化解矛盾、及时解决问题，将矛盾和隐患消除在萌芽之中。

建立村报告、乡处理、县办结机制，有效处理基层难题。通过村级"吹哨"上报，乡镇响应处理，县级兜底办结，形成县乡（镇）村联动机制，加强农村基层治理力量，提升农村治理能力。

建立"双绑"机制，提高农业产业化市场化水平。大力发展专业合作社，推进农户与合作社绑定发展，加强合作社与龙头企业"双绑"发展，支持龙头企业发展，实现农业产业化水平不断提高，促进农业大省农民收入持续增长。

建立上级派驻机制，限期整顿软弱涣散党支部。对于在一个方面存在突出问题并在限期内不能有效解决，或在两个方面同时存在突出问题的党支部，选派第一书记。对派驻第一书记6个月内未能有效解决问题，或在三个方面同时存在问题的党支部，选派工作队。

（三）建立评星评奖激励村党支部干部机制

设立河南农村星级党支部评选机制和达标要求。

设立产业兴旺星级党支部标准，鼓励积极发展集体经济。一年内没有出现规模性返贫，人均可支配收入同比上升，"一村一品"成效显著，"双绑"机制稳定建立，村集体经济年收益在20万元以上，村党支部可获评产业兴旺星级。

设立生态环保星级党支部标准，鼓励推动生态环境保护。一年内没有出现黑臭水体、河道堵塞、乱砍滥伐等破坏生态问题，粪污无害化处理、资源化利用、垃圾分类、村容村貌整洁、村庄规划有序、卫生户厕占比在80%以上，村党支部可获评生态环保星级。

设立平安法治星级党支部标准，鼓励促进社会有效治理。一年内没有出现电信诈骗、非法集资、非法宗教活动、聚众赌博、非法上访、安全事故、重大案件等问题，村党支部可获评平安法治星级。

设立文明幸福星级党支部标准，鼓励建设平安农村社会。一年内没有出现高价彩礼、大操大办、失学辍学、老无所养、侵犯妇女儿童权利等问题，党群服务中心和卫生室达标，基本医疗和养老保险参保率稳定在 95% 以上，村党支部可获评文明幸福星级。

设立支部过硬星级党支部标准，鼓励党员干部争创先进。一年内没有出现党员干部违法违纪情形，完成发展党员指导计划，近三年村党支部或党支部书记获得过县级以上"两优一先"表彰，完成基层组织建设各项任务，而且已获评其他 4 颗星，村党支部可获评支部过硬星级。

（四）创建农村"五星"支部的组织领导

河南明确要求市县乡党委把开展"五星"创建、深化党建引领乡村治理作为强基固本的重要举措。县乡两级党委处在农村工作的前沿，分析创建工作的基础和问题，明确创建"五星"支部的总体目标，指导村党支部找准目标和努力方向。以此形成县乡村三级党组织共同发力，推进以党建引领乡村治理的新机制新局面。

二　农村党组织建设引领乡村治理成绩显著

自 2022 年以来，河南坚持党的建设促进乡村振兴的鲜明导向，以农村"五星"支部创建为目标，持续推进河南农村党建引领乡村治理，并取得了一系列新成就。2023 年全省农村创成"五星"支部 1110 个、"四星"支部 6349 个、"三星"支部 18544 个，"三星"及以上支部占比达 55.49%。[①] 不少市县党委领导走访辖区五星、四星党支部和软弱涣散行政村，进行实地调

[①] 中共河南省委组织部：《开展"五星"支部创建　全面推进乡村振兴》，《党建研究》2024 年第 4 期。

研，现场推动解决问题；通过多种途径优化带头人队伍，筑牢"创星"根基；组织动员农民群众，激发农村内生动力，汇聚社会创建力量，推进中国式农业现代化。

（一）深入实施村党组织书记队伍建设工程

加大党支部书记培训力度，做实乡村振兴主题培训。省委组织部按照分类方式，着力提升基层干部政策理论水平和实践能力，举办示范培训班 6 期，引导全省各地举办培训班 350 多次，村干部受训 56.5 万人次。2024 年，省委组织部启用视频系统，采取"主课堂+各地分课堂"形式，对 6.52 万名乡镇党委书记、村党组织书记和驻村第一书记进行全员培训。①

全面排查认定软弱涣散支部，调整不称职的村干部。在 2022 年、2023 年整顿转化 4185 个行政村的基础上，市县组织部开展逐村分析研判，并对 2056 个行政村进行整顿，调整了一批不胜任"两委"的村干部，对部分软弱涣散村，选派省市县机关企事业优秀党员干部，采取"成建制"派驻方式。同时，设法把一批致富能手、返乡创业人员、大学毕业生、退役军人等素质较高的人员选入村"两委"班子，实现村干部队伍人员素质优化。

加强基层干部培训基地建设，提升村干部培训效果。为提高对基层干部的培训实效，加强市县党校、干部学院建设。包括党校、干部学院招收硕士研究生以上学历的青年教师，提高教师队伍学历层次；新建和改造一批党校、干部学院教学楼，增加现代化教学设备；开展有针对性的教学模式，着重加强党支部书记的工作能力培训。

（二）"创星"工作与落实乡村振兴任务紧密结合

创建"五星"促经济发展，充分发挥党支部两个作用。河南把落实乡村振兴重点任务，作为"五星"支部创建的试金石。在乡村振兴重要任务落实

---

① 《河南：创建"五星"支部 赋能乡村振兴》，《中国组织人事报》2024 年 6 月 12 日，第 1 版。

过程中，加快农村干部队伍历练成长，在攻坚克难征途上充分展现党组织的战斗堡垒和先锋模范作用。例如，河南开展项目牵引推动产业富民，实施7471个中央财政扶持新型农村集体经济项目和50个红色美丽村庄建设试点项目，[①] 为农村党支部引领产业发展提供了机遇和载体。

创建"五星"促环境整治，解决农村长期脏乱差顽症。针对农村人居环境脏乱差突出问题，全省农村集中治理乱堆乱放、乱倒乱扔、乱搭乱建，充分发挥农村党支部的两个作用，带领党员群众清垃圾、清杂物、清残垣断壁等。[②] 许多农村党支部不仅取得了治理环境的突出成绩，而且实现了争创"五星"支部的目标。

创建"五星"促有效治理，维护社会稳定可持续发展。围绕创建"零上访、零事故、零案件"村庄，建立党员联户、干部包片、支部会商工作机制，排查危险隐患、化解矛盾纠纷，做到每户村民都有1名党员联系，就地化解矛盾纠纷58万起。[③] 特别是濮阳市清丰县学习借鉴"枫桥经验"，通过创建人民调解员协会，完善社会综合治理体系和方法。

创建"五星"促文明新风，弘扬社会主义核心价值观。发挥农村党支部的带头作用，组织村民群众参与树立新风活动，抵制和改变不良习俗。全省新修改村规民约11.3万条，对16.7万个村民议事会、道德评议会、红白理事会、禁毒禁赌会进行规范，推动形成婚丧嫁娶文明办节约办的良好风气。[④]

（三）完善治理体系机制建设提升政治功能

加强党对农村的全面领导，关键是地方党委全面、准确领会党的方针政

---

① 中共河南省委组织部：《开展"五星"支部创建 全面推进乡村振兴》，《党建研究》2024年第4期。

② 中共河南省委组织部：《开展"五星"支部创建 全面推进乡村振兴》，《党建研究》2024年第4期。

③ 中共河南省委组织部：《开展"五星"支部创建 全面推进乡村振兴》，《党建研究》2024年第4期。

④ 中共河南省委组织部：《开展"五星"支部创建 全面推进乡村振兴》，《党建研究》2024年第4期。

策，坚决贯彻落实党中央决策部署。河南省委书记带头抓落实，五级书记共同上阵奋战，建立完善"五星"创建机制，确保创建工作深入细致。

形成"创星"责任体系，加强对市县乡的考核督导。把"五星"支部创建情况作为市县乡党委书记抓党建述职考评的重要内容，省委书记在全省述职考评会上逐一点评，有效传导"创星"工作压力，带动市县乡层层述职点评。

形成"创星"部门联动，发挥党政部门专业合作优势。河南省级层面建立联席会议制度，省委组织部牵头，社会工作、宣传、政法、农业农村、民政等部门为成员单位，定期召开专项会议，通报工作进展情况，研究解决突出问题。制定"五星"支部创建重点任务和分工方案，明确责任单位和完成时限，推动省直相关部门部署落实。市县均成立以党委书记为组长的领导小组，实行"一星一专班"机制，落实完成分工任务。

加强"创星"考核奖励，激发基层干部干事创业精神。在加强"创星"工作考核督导的基础上，对2022年成功创建"五星"支部的696个行政村（社区）进行通报表扬和工作经费奖励，当年"五星"村干部基本报酬上浮20%，87名"五星"支部干部享受定向考试录（聘）用乡镇机关公务员或事业编制人员加分政策。[①] 同时，市县也分别出台对"四星""三星"支部的奖励措施。

三　河南农村党建引领乡村治理的先进典型

河南作为农业大省和人口大省，在省委的正确领导下，按照中央指示精神，进一步加强农村党组织建设，推进乡村治理体系和治理能力现代化，经过地方党委谋划指导和基层干部群众大量创新实践，取得了一批"党建引领、多方参与、整体联动、齐抓共管、充满活力"的乡村治理样板。现选几个实践创新案例，以供借鉴。

---

① 中共河南省委组织部：《开展"五星"支部创建　全面推进乡村振兴》，《党建研究》2024年第4期。

（一）拨云岭村党建引领乡村振兴

洛阳市栾川县拨云岭村以提升组织力夯实基层治理根基为重点，充分发挥农村党支部引领带动作用，始终坚持党员带头当表率、做示范，把筑牢党建基础融入乡村治理全过程。通过支部带村、道德润村、依法治村、产业强村等工作，探索出一套行之有效的乡村治理新模式，先后获得"全国乡村治理示范村""河南省农村基层党建示范村"等荣誉称号。

筑牢战斗堡垒，实施支部带村。党支部充分发挥引领作用，由原来的"单打独斗"转变为"全体联动"，有效激发农村内生动力，实现村民"自我管理、自我教育、自我服务"，展示了党建引领乡村治理的实际成效。具体做法有抓学习教育，促素质提升，通过学习习近平新时代中国特色社会主义思想，促使党员群众换思想、转观念、调思路，提高党性觉悟和工作能力。抓后备队伍，促班子优化，注重村干部梯队建设，在党员群众中广泛筛选，建立年轻化、高学历的村干部后备队伍，为农村可持续发展做好人才储备。抓志愿服务，做示范引领，党支部率先示范引领，集中志愿者开展植树增绿、环保宣传、环境整治、助老助困等活动。抓法治宣传，促乡风文明，教育和引导党员群众学法、懂法、用法，[①]并不断加强乡村道德建设。

强化民风转变，实施道德润村。拨云岭村扎实推进乡风文明阵地建设，形成乡风文明的良好氛围。具体做法有抓宣传教育，促文明新风，利用宣讲、宣传版面等形式，开展文明宣传教育，营造社会氛围。抓"一规四会"，完善村规民约，充分发挥支部带党员、党员带群众的作用，破除陈规陋习、树立文明新风尚。抓文明建设，促移风易俗，大力弘扬社会主义核心价值观，倡导健康文明的生活方式，村"两委"班子及全体党员逐一签订移风易俗承诺书。树先进模范，造良好氛围，开展"拨云岭好人、优秀共

---

① 农业农村部农村合作经济指导司、河南省农业农村厅编《全国乡村治理示范村镇典型经验（河南篇）》，中国农业出版社，2020，第55~56页。

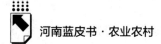

产党员、好干部、十星级文明户、好公婆、好儿媳"等评选活动，营造学先进做文明人的社会氛围。

坚守底线思维，实施依法治村。拨云岭村坚持践行新时代"枫桥经验"。坚持扫黑除恶，保平安稳定。将扫除农村黑恶势力与基层党组织建设、反腐败斗争相结合，排查整治各类问题线索，铲除黑恶势力土壤；做好农村普法，增强群众法律观念。建立公共法律服务室，为群众提供咨询服务；设立民事调解工作室，化解社会矛盾。围绕"矛盾及时化解目标"，建立村内民事调解机制。

夯实发展根基，壮大集体产业。以绿色生态理念为主导，发展具有特色和优势的产业。发展特色乡村旅游、特色种植业。即持续壮大乡村旅游、核桃牡丹间作种植、拨云手擀面等主导产业，着力打造拨云岭品牌。科学合理规划，理清产业思路。确定"集体合作社+旅游+基地+农户"的产业发展模式，实现农户家家有项目、人人有创收的良好局面。谋划新发展，拓展产业路径。近年来，拨云岭村重点打造"剪纸文化非遗项目""蜜蜂亲子乐园""高端民宿集群"等旅游新项目。

（二）"枫桥经验"在清丰落地生根

清丰县通过组建全省首家县级人民调解员协会，以及全国首家承接政府购买调解服务的协会，发挥社会力量参与治理工作，弥补了人民调解委员会的法律缺陷，形成了"三级调""律心调""访诉调""三三"联动工作法，构筑起矛盾纠纷化解的立体防线，年调解案件量由1000件增至7000余件，由于对诉源进行有效治理，信访量大幅减少，治安和刑事案件发案率双下降，被司法部调研组称为人民调解"清丰模式"，全国人民调解员协会向全国推荐"清丰模式"。

"三级调"联动，集中调度聚力。依托人民调解员协会，成立清丰县联合人民调解委员会，包括县直8个行业性、专业性调解组织，17个乡（镇）、503个行政村的人民调解委员会协作联动机制。清丰县联合人民调解委员会设立调度室、调解信息中心、远程视频调解室，对分布于各行政村和社区的网格员排查上报的矛盾纠纷，通过信息调度打通堵点，实现三级调委会协作办案。

"律心调"联动，凝聚社会力量。人民调解员协会联合公共法律服务协会和心理学会，建立律师、心理咨询师、人民调解员协调配合的工作机制，在县、乡矛盾调解中心设立律师工作室和心理疏导室，调解过程中，律师和心理咨询师及时介入配合，实现矛盾调处更加专业，群众体验更加舒心。全县矛盾纠纷调解成功率提高到99%，"民转刑""调转访"案件保持为零。

"访诉调"联动，形成化解合力。研究制定《关于建立"访诉调"对接联动机制的意见》，县法院、县司法局业务骨干和信访局全体人员集中在县综治中心办公，信访局负责分流督办落实，人民调解员负责调解，法院对调解成功的案件进行司法确认、对调解不成功的引导诉讼，实现信访接待、人民调解、行政裁决、司法确认、简案速裁、争议化解等流程无缝对接，形成矛盾纠纷化解合力。

（三）办好村支书培训学院

2016年5月，濮阳市委在习近平新时代中国特色社会主义思想指引下，顺应大抓基层、大抓支部的鲜明导向，发挥李连成先进典型的示范带动作用，创建了"全国首家"农村党支部书记学院，打通了村干部教育培训"最后一公里"。累计举办培训班1945期，培训学员14万余人次。

强化党性修养，坚持政治引领。旗帜鲜明讲政治。把深入学习习近平新时代中国特色社会主义思想作为首修课、必修课、常修课。牢记初心使命。依托冀鲁豫边区革命根据地旧址等濮阳市域内红色教育资源，开设"从冀鲁豫走向新中国"系列课程，引导村支书继承革命传统，传承红色基因。讲纪律守规矩。组织学员参与演绎《共产党宣言》《诵经典 强作风》，开展"学党章 讲纪律 守规矩"教育，强化规矩意识、纪律意识。

强化理论武装，优化教学体系。打造"1+3+1"模块化课程组合。"1"是习近平新时代中国特色社会主义思想主课。"3"是党性教育、政策解读、

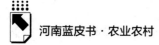

专业技能。"1"是党纪法律。打造多元化师资库。建设村党支部书记、先进典型、专家学者、领导干部、学院教师等五支教员队伍，既有理论讲授又有实践经验分享。打造"5+10"教法库。形成互动式、研讨式、沉浸式、情景式、案例式五类教学形式，"U"形岛、支书教支书、入村跟班、实务演练、村情发布、讲授教学、情景模拟、激情教学、体验教学、访谈教学十种教法。

强化能力提升，创新培训方法。开展模拟实操，紧扣产业发展、平安建设、群众工作等，设置"学练赛"三个环节，增强村支书实战实干能力。开展实景体验，重点做到"五个一"，即一个主题、一个讲解、一组展板、一份材料、一堂授课。开展U形岛教学，运用头脑风暴法、团队列名法、鱼骨分析法等，采取对话讨论、现场展示等方式进行分析研讨。

四　关于河南农村党建与乡村治理的对策建议

河南不仅是农业大省，而且是农业人口大省，在农村党建与乡村治理取得显著成效的同时，与浙江、山东等先进地区相比，仍然存在一些不足和短板。河南应以党的二十届三中全会精神为指导，学习和运用"千村示范、万村整治"工程蕴含的发展理念、工作方法和推进机制，加强党对农村工作的全面领导，加快推进农村治理体系和治理能力现代化进程。

（一）加强市县乡村治理体系建设

党建引领乡村治理是一个巨大的社会系统工程。根据党中央"三农"方针政策，地方党委结合本地区实际情况，发挥党总揽全局、协调各方的领导核心作用，做好科学谋划、顶层设计、制度创新、责任分担，调动各方参与社会治理的积极性。加强市县党委"三农"工作领导体系建设，突出科学发展和制度建设，从根源上破解"小马拉大车"问题，以改革精神推进农村治理体系和治理能力现代化。

（二）提升市县党校教学培训能力

地方党校承担着培训基层党政干部的重要任务。坚持"党校姓党"原则，保持党校和干部学院的特殊性质，防止党校属性特征退化、向地方高校看齐靠拢倾向。注重党校和干部学院教师能力培养，尤其是政策研究、实践研究和理论研究的综合能力，通过外聘知名专家、挂职锻炼、团队建设等方式提升教学能力水平。

（三）鼓励基层干部进行实践创新

全面贯彻落实中央精神，鼓励基层实践创新。党的二十届三中全会提出进一步全面深化改革，继续完善各方面制度机制，帮助基层干部把握改革政策的原则、要点、范围和路径。通过制度设计和制度安排，摆脱传统的封闭、保守观念，激发基层干部勇于担责、实践创新的内生动力。

（四）坚守好党群服务中心主阵地

坚持党对农村的领导关键是要坚守好党群服务中心主阵地。行政村党群服务中心是上级党委与农村群众联系的中转站，也是农村党建和服务群众的主阵地。农村党群服务建设不仅是房屋和设备配置，更重要的是制度建设和"两委"工作质量。加强党支部制度建设，以自我革命精神展现战斗堡垒和先锋模范作用。

（五）强化村务公开，增强群众信任

现代治理注重社会多元共治，倡导公平公正模式。自 20 世纪末以来，中央反复强调村务公开、财务公开，这不仅有助于遏制农村腐败现象，而且有益于调动农民群众参与民主管理、民主决策和民主监督的积极性。有些省份运用现代信息技术和手机，实现农村政务信息公开透明，值得河南省有关部门学习借鉴。

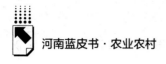

（六）加强农村集体经济增收能力

大力发展农村集体经济，增强党在农村的执政基础。调查表明，浙江省湖州市年平均村级集体经济收入超过 80 万元，河南省农村集体经济收入水平远低于浙江省，河南农村治理工作、服务群众、吸纳人才和发展经济等能力较弱。建议加快引进培养农业技术服务、农产品加工、电商销售和文旅文创等企业。

（七）提升农民合作社质量和能力

党建引领农民合作社是党建引领农村经济发展的重要方式。在农业现代化和农村集体经济发展中，农民专业合作具有重要作用。调查表明，河南农民合作社水平普遍不高，主要表现在国家级、省级示范社占比较低，其主要原因是合作社领办人专业知识和管理能力不足。河南亟须对农村党支部书记和合作社领办人进行针对国家政策、合作社历史和合作社理念的高水平系统培训。

（八）加强对农村流动党员的管理

加强农村流动党员管理是全面从严治党的政治要求。河南是农业人口大省，也是农业剩余劳动力外流大省。从整体上看，河南省对农村外出流动党员管理不严格，主要表现为这类管理制度、管理机构、管理方式都亟待系统化、专业化，可学习借鉴浙江、贵州等地的成功经验，把外出务工与后备村干部培养、党员管理工作和农村经济发展有机衔接，逐步发展成为有价值的创新模式。

参考文献

王同昌：《新时代农村基层党组织领导乡村治理的实践路径》，《学习论坛》2023 年第 1 期。

岳奎、张鹏启：《新时代党建引领农村基层治理路径探析》，《行政论坛》2022 年第 3 期。

郭晓勇、熊秋良：《党建引领乡村治理的理论缘起、演进脉络和嬗变逻辑》，《西北农林科技大学学报》（社会科学版）2024 年第 4 期。

廖天虎：《新时代中国乡村治理转型及其路径创新》，《人民论坛·学术前沿》2024 年第 12 期。

B.21
城乡融合背景下更高水平平安乡村建设的现实瓶颈与优化路径

田雪森*

摘　要： 更高水平平安乡村建设是实现城乡融合的重要基础，也是城乡融合的题中应有之义。城乡融合推动了乡村治安环境的改变，包括乡村社会区域间异质性特征突出、案件和社会治安隐患结构改变、公众观念意识改变等。在新的乡村治安环境下，制度体系不完善、运行机制不畅通、资源要素不充分等更高水平平安乡村建设的瓶颈凸显，需要通过补正结合完善制度体系、权责重构优化体制机制、内外发力补齐要素缺口等多元方案共同发力，推动更高水平平安乡村建设目标的实现。

关键词： 城乡融合　平安乡村建设　基层治安治理

城乡融合是人类社会发展的必然趋势，也是中国式现代化的必然要求。党的十八大以来，共计444条中央法规提及"城乡融合"议题。在中央的推动下，服务于城乡融合发展的"四梁八柱"不断完善，公共服务均等化和基础设施共建共享一体化进程加快，城乡居民收入相对差距持续缩小。2023年全国城乡居民收入比较2012年缩小0.71，降至2.39，实现连续11年持续下降。[①] 然而，城乡融合在推动人口、资本、技术要素流向乡村的同时，导致长期处于封闭稳定状态的乡村内外环境、结构开始改变，旧有的社

---
* 田雪森，河南警察学院讲师，主要研究方向为乡村治理。
① 国家统计局。

会关系面临重构，给乡村的安全建设带来风险和挑战。

党的二十大报告指出，建设更高水平的平安中国，这是基于新的历史环境对国家安全工作提出的要求。河南是农业大省，也是人口大省，2023年人口总数居全国第3位。全省44606个行政村中常住人口为4114万人，占全省总人口的41.9%。2023年，河南农村劳动力转移就业总量为3073.97万人，其中省内转移1839.49万人。[①] 庞大的人口基数和人口流动规模下，河南省更高水平平安乡村建设的复杂性和挑战性都更为突出。其中，乡村治安是乡村安全的主要组成部分，也是群众最切身、最关注的安全建设问题。基于此，本文从城乡融合这一制度背景出发，分析城乡融合背景下河南省乡村治安环境的特征，探讨实现更高水平平安乡村建设的现实瓶颈，并提出相应的优化路径。

一　城乡融合背景下河南省乡村治安环境的特征

城乡融合指的是在城乡生产力充分发展的条件下，通过推动体制机制创新性改革，促进城乡要素自由流动、平等交换和均衡配置，形成城乡协调发展、共同繁荣的新发展态势。在城乡融合的过程中，乡村场域的基础设施、人口结构、社会观念等不断变化，这些变化重构着乡村治安环境，并对更高水平平安乡村建设提出挑战。

（一）区域间异质性特征突出

推动城乡融合的主要手段是通过产业结构升级、基础设施改进、收入水平提升等为乡村发展带来福祉。但由于乡村发展基础不同、政策资源有限等，城乡融合发展的不均衡特征开始凸显。河南省城乡融合发展水平的平均值为37.50分，城乡融合发展水平最高的为省会城市郑州，得分为68.80分。最低的为周口市，得分为25.12分。郑州的城乡融合发展水平为周口市

---

① 《2023年河南省国民经济和社会发展统计公报》。

的 2.74 倍。这意味着全省不同地区乡村发展水平的不均衡性较为突出，各地乡村村民的就业机会、收入水平、社会福利等也存在较大差异。

在"用脚投票"作用下，资源低洼地带的乡村居民开始向资源高地流动和集聚。在人口流动过程中，乡村人口结构开始变化，产生了外生型融合乡村、内生型融合乡村和均衡型融合乡村三种不同的乡村类型。所谓外生型融合乡村，指的是外出务工人员增多、常住人口减少、常住人口结构中劳动力占比较低的乡村。这类乡村通常少有产业入驻，缺少就业机会，教育、医疗等基础服务设施较差，村民需要通过在外务工获取收入和公共服务。鹤壁市浚县刘沙地村、安阳市汤阴县后李朱村是典型的外生型融合乡村。内生型融合乡村是指大量吸纳外来务工人员后常住人口增多且常住人口结构中劳动力占比较高的乡村。在河南，这类乡村大多在城市扩张、产业集聚、高校园区建设等背景下出现。如航空港区比亚迪园区（产业园区建设）、郑州金水区姚桥片区（城市扩张拆迁+龙子湖高校园区建设）等。均衡型融合乡村指的是外出及外来务工人员较少、常住人口数量和结构较为稳定的乡村。这类乡村通常拥有小规模产业园区，距离市区或县城较近，可以与城镇人口共享优质医疗、教育等公共服务，如安阳市汤阴县翻身街村、新乡市原阳县水牛赵村等。

对于乡村治安而言，乡村结构的异质性特征带来了治安问题的差异化。在外生型融合乡村中，常住人口数量较少，社会治安问题数量也相对较少。但既发案件性质往往较为恶劣，如电信诈骗等，多为刑事案件。同时，由于常住人口结构中劳动力占比较低，乡村的自我保护能力减弱，在自然灾害、突发公共卫生事件等紧急事件中存在明显的反应迟缓、组织乏力等问题。内生型融合乡村则面临人口密度大、流动性高的挑战。人口数量的增加带来了更多的社会矛盾，也给乡村安全建设增加了外来人口管理负担。与外生型融合乡村相比，内生型融合乡村有较多的社会纠纷、消防隐患等问题需要治理。均衡型融合乡村是社会治安环境较好的乡村类型，稳定的常住人口多为当地户籍人口，乡村结构是长久以来形成的稳定结构。在这类乡村中，处理突发性交通安全事故、偶发的矛盾纠纷化解是当地公安机关的主要工作内容。在强调"全国一盘棋"的社会治理背景下，差异化的乡村呼吁灵活的安全建设策略，需要各管理主体统筹布局、科学规划，回应政策要求与地方实际间的张力。

（二）案件和社会治安隐患结构改变

首先，乡村黑恶势力不断减少但仍需常态化治理。对于乡村而言，城乡融合不仅意味着产业、基础设施等物质实体层面的提档升级，而且意味着在乡风文明方面取得重大进展。2012年以前，乡村安全建设需要解决的主要问题是"村霸""乡痞"等农村黑恶势力问题。近年来，在中央和各级地方政府的坚决打击下，河南农村涉黑恶势力减少。基层选举、工程建设等关乎乡村发展的重大事项逐步回归正轨。这既体现了河南省扫黑除恶守护乡村安全的决心和努力，也说明在更高水平平安乡村建设中需要在扫黑除恶方面持续发力，进行常态化治理。其次，交通事故、电信诈骗成为河南省乡村安全建设的新突出问题。2023年，全省农村公路总里程达到23.8万公里，居全国第5位，等级路占比98.6%，91.4%的乡镇通二级及以上公路，99%的乡镇通三级及以上公路，100%的建制村和20户以上的自然村通硬化路。[①] 随着道路建设的进步，私家车数量不断增多。同年，全省农村汽车、驾驶人增长量均接近全省增长总量的七成，伴随而来的便是交通安全问题的增多。对鹤壁市浚县、安阳市汤阴县、周口市扶沟县2024年1月1日以来的每日警情进行抽样调查可以发现，交通类警情约占乡村每日警情的37.8%，成为乡村安全建设中最为突出的问题。诈骗类案件是农村环境中群众经济利益受损的主要原因。根据裁判文书网的信息，河南省已判决的发生于乡村的电信诈骗案件为295起，其中292起数额较大，被定性为刑事案件。以互联网为依托的电信诈骗，占诈骗类案件总量的58.3%。此外，传销、集资、高价售卖低值产品等诈骗手段也持续存在于乡村环境中。再次，青少年违法犯罪时有发生。随着大量青壮年劳动力外出务工，农村出现了留守儿童这一特殊

---

① 河南省委宣传部"全面贯彻党的二十大精神　奋力推进中国式现代化建设河南实践"系列第十场新闻发布会。

群体。根据《2023年河南省教育事业发展统计公报》，河南省义务教育阶段农村留守儿童在校生为126.13万人，占义务教育阶段在校生总数的8.57%，其中，小学78.95万人，初中47.18万人。由于缺少家长引导和规劝，部分留守儿童出现厌学、烦躁等心理特征，在行为上表现为校园欺凌、打架斗殴、偷盗等，成为未来较长时间内乡村安全建设亟待解决的问题之一。最后，纠纷依旧是当前建设更高水平平安乡村的主要隐患之一。与城市社区相比，农村有相对稳定的社群关系网络。村民间的矛盾纠纷易引发群体冲突，影响更高水平平安乡村建设。

（三）公众观念意识改变

众所周知，人口流动和信息设备的完善将极大地消除城乡信息壁垒、打破信息茧房。2023年，河南省全省行政村通光纤和通4G的比例双双超过99%。加上智能手机和数据流量价格的下降以及抖音、快手等短视频平台的现象级发展，乡村居民的观念和意识发生改变，对乡村安全建设的需求结构有所调整。一方面，群众在更多领域提出安全建设需求。具体来说，群众对乡村安全的要求由单一要求社会治安状况良好扩展为对食、药、环、网络等更多领域的安全要求。另一方面，群众对乡村安全建设提出更高的要求。在治安领域，群众对乡村安全的要求已经不再局限于传统的不发生打砸抢骗等暴力事件。2024年8月开展的乡村社区警务工作调查结果显示，约有9.3%的村民认为公安机关应当在有效防范化解治安风险、快速高效公正解决既发案件、提高社会面见警率和管事率、优化服务态度、延展服务内容等方面有所提升。此外，村民乡村安全建设观念变化不仅体现在不断提出新的要求方面，还包括参与、监督意识的增强。在参与意识方面，2023年，河南省乡村派出所的人民调解员覆盖率达到100%，这些人民调解员均为公益性质，由热爱基层调解工作、有公安工作参与积极性的群众主动申请并担任。在参与公安工作的同时，群众对于更高水平平安乡村建设过程和结果的合规性、透明性、全面性和高效性等的监督也在同步进行。

二 更高水平平安乡村建设的现实瓶颈

目前，河南省大力推动城乡融合，在乡村基础设施、公共服务建设等方面持续发力。在治安领域，2023 年，河南省共建设 4 项千万级"雪亮工程"及社会治安视频监控项目，项目预算总金额达 2.4649 亿元，主要用于对未完善监控系统的城市角落和乡村进行监控覆盖。项目数量居全国第 5 位，项目预算总金额居全国第 1 位。然而，相关投入的落地并未完全解决安全问题，乡村案件和治安隐患数量相对较多。这意味着更高水平平安乡村建设并非一蹴而就的短期工程，在不同时期面临不同的困境和难题。通过对既有文献和访谈资料的分析，当前更高水平平安乡村建设的现实瓶颈可以归纳为以下几个方面。

（一）更高水平平安乡村建设的制度体系尚不完善

制度建设是问题解决和治理优化的前提和基础，制度体系不完善影响更高水平平安乡村建设的推进。一方面，制度细化不到位。党和政府向来重视安全体系和能力建设，并不断通过顶层设计赋予这一议题高政治势能。《中华人民共和国国民经济和社会发展第十四个五年规划和 2035 年远景目标纲要》、《中共中央关于党的百年奋斗重大成就和历史经验的决议》、党的二十大报告均提及了这一问题。河南在中央政策的战略指引下，将乡村安全问题纳入《河南省乡村建设行动实施方案》《河南省"十四五"乡村振兴和农业农村现代化规划》等文件。但上述文件多为宏观规划，工作细则、评价指标、进度节点、实施方案、监督考核、目标任务等细化内容明显不足。难以确保更高水平平安乡村建设的延续性，易导致基层地方政府公安机关发生"目标偏离"和政策资源的结构性错配问题。另一方面，配套制度不健全。乡村治安环境的动态性和复杂性特征，决定了建设更高水平平安乡村绝非公安机关单一部门可以完成的，需要财政、教育、法院、土地等多部门的协同配合，以确保建设进程的常态化推进。但在既有政策体系中，政策主体以公安机关为主，财政支持、人才培养、城市规划支持等方面的制度建设滞后于更高水平平安乡村建设的现实需要。以乡村道路安全建设为例，2021～2024 年，全省共有 600 个路口发生过亡人事故，且仍有 6000 个存在不安全因素的国省道穿村过镇平交路口，① 相关设施的建设配备仍有待加强。

（二）更高水平平安乡村建设的运行机制不通畅

更高水平平安乡村建设运行机制方面的问题存在于纵向机制、横向机制两个方面。首先，纵向机制尚未贯通。一方面，部分决策要求脱离基层工作实际，例如，要求社区民警熟知辖区内所有住户的基本信息，考核时随机抽取住户，社区民警需要准确说出该户所有常住人口信息。另一方面，资源分配机制尚不健全，不利于处于基层的乡村派出所的业务开展。其次，横向机制尚不完善。如前所述，更高水平平安乡村建设非凭单一部门之力可以完成的，需要公安、财政等政府部门，社会组织，村民等多方参与，形成合力。合力产生的前提是在更高水平平安乡村建设的责任主体、建设目标等方面达成共识。目前，公安机关是公认的主要责任主体，应当成为制定更高水平平安乡村建设目标、实施方案的牵头力量。

（三）更高水平平安乡村建设的资源要素不充分

资源要素不充分始终是乡村安全建设的瓶颈，更高水平平安乡村建设也不例外。目前，资源要素不充分表现在两个方面，一是人、财、物、地等实体要素不足，二是新技术要素使用不充分。

在实体要素方面，最关键也是最亟须解决的是更高水平平安乡村建设缺乏公安知识储备足、治理工作本领强和智慧警务设备技术精的复合型人才。从河南省的当前警力来看，大多数民、辅警不具有公安学专业背景，且入职

---

① 《河南：农村平交路口"小治理" 让"村村通"变"路路安"》，河南日报客户端，2024 年 7 月 5 日，https：//baijiahao.baidu.com/s？id=1803671497943628813&wfr=spider&for=pc。

后的培养模式以"师傅带徒弟"为主，缺乏对现代警务，尤其是智慧警务的系统性学习，难以适应持续变化的乡村警务环境。另外，财政支持方面的短缺也需要关注。智慧警务设施的电子化、智能化也带来维护需求的增加，需要持续地运营、维护和升级管理，但囿于资金、技术和人力的短缺，智慧警务设备效能发挥的持续性难以保障。

在新技术要素使用方面，乡村安全建设中新技术要素使用不充分的问题与实体要素短缺息息相关。由于缺少专业人才和技能培训，乡村警务人员对联网监控、无人机、4G 执法记录仪等新执法工具的使用率较低。浙江杭州、河南郑州等地的部分城市社区已经开始使用大数据、物联网平台进行矛盾的防范化解。而在乡村，人民调解员、警务人员、社区工作人员对既发矛盾的事后调解依旧是主要的工作方式，这在一定程度上降低了乡村警务活动的效率，制约更高水平平安乡村建设。

三　更高水平平安乡村建设的优化路径

基于以上对河南省乡村安全建设状况和更高水平平安乡村建设瓶颈的分析可知，实现更高水平平安乡村建设，需要在制度建设、机制优化和资源要素完善等方面多措并举，全面优化。

（一）补正结合，构建完善的立体化制度网络

制度体系的优化包括补充既有的政策漏洞和对既有政策中不符合实际需求的部分予以修正。在政策优化方面，首先，需要优化顶层设计。在深入群众、基层民警群体，准确把握各地区人口结构、产业结构、村情文化、社会治安状况等地方性知识的基础上，将更高水平平安乡村建设规划向更符合省情民意的方向调整，通过确定统一、科学的建设方向，为全省的乡村安全建设提供指引，确保"全省一盘棋"。其次，基层单位应当根据地方性知识完成对省级方案的转译和落地，形成精细、有效且具有可操作性和考核性的行动方案。在政策补充方面，应当关注公安机关在进行制度建设、解决复杂问

271

题的过程中面临的困境，通过更高层级政府的协调督办、将制度建设进程纳入考核等方式，加强民政、教育、卫生、交通等相关部门的沟通与合作，在人才培养、财政支持、后勤保障等方面形成完善的政策支持体系，为乡村治安提供全面支撑。此外，还应在社会面推动村规民约的建立，发挥德治对乡村居民的约束作用。

（二）权责重构，建立协同高效的运行机制

更高水平平安乡村建设要求厘清权责关系、实现良性互动并形成多元共治格局。首先，需要建立公安、财政、土地、教育等多部门有效协调机制。根据政策共同体理论，协调机制的建立需要一致的认同。因此，应当在更高水平平安乡村建设决策、执行、考核、监督等各个环节中吸纳多部门共同参与，这不仅可以保证制度方案的可行性，还可以通过过程参与提升各部门对目标及各项决议的认可度，从而推动部门间的协同合作。其次，权责关系也是影响运行机制效率的关键因素，需要进一步厘清权责关系。在纵向机制方面，应当建立完善的资源下沉机制，通过明确的政策指令、有效的问题反馈渠道的建设等途径，确保资源分配更符合实际工作需要，从而提升资源使用效率，赋能乡村安全建设。在横向机制方面，应建立合理的部门间责任分配机制，明确平行部门间的职权范围和任务清单。

（三）内外发力，补齐要素缺口

资源要素是更高水平平安乡村建设的基础和保障。目前，资源要素方面存在的主要问题包括资源供给不足和资源分配不够合理。针对资源供给不足问题，应当向外求索。一是向上争取更高层级政府组织在专项资金、专项建设等方面的资源倾斜；二是与同级行政部门开展合作，在数据统计、村情摸排、基础设施建设等方面进行资源共享，通过减少资源投入缩小要素缺口；三是引入社会力量，在人民调解员的基础上强化社会人员和社会组织对乡村安全建设的支持和帮助，如提升"驻所律师""技术顾问"等公益力量在乡村中的作用，缓解法律类专业技术人员和智慧警务设备维

护人员短缺对乡村安全建设的约束。在资源分配方面，应当通过监督、考核机制等手段，确保资源能够精准、高效地投入最需要的地方。具体而言，可以建立资源使用的绩效评估体系，定期对各项资源的投入与乡村安全建设效果进行评估，及时发现问题并进行调整。同时，加强资源的动态管理，根据乡村安全建设的实际情况，灵活调整资源分配方案，确保资源能够随着乡村安全建设的发展而不断优化。例如，针对乡村警力不足的问题，可以打破警种间、城乡区域间的人员流动壁垒，推动警力资源科学有序健康流动。

参考文献

魏后凯：《深刻把握城乡融合发展的本质内涵》，《中国农村经济》2020 年第 6 期。

崔华滨、杨新宇：《"千万工程"经验助力新时代乡村治理的内在逻辑与优化路径》，《南京农业大学学报》（社会科学版）2024 年第 2 期。

陈潮辉：《我国乡村治理多元规范及其功能研究》，《湘潭大学学报》（哲学社会科学版）2024 年第 1 期。

程传兴、廖富洲：《完善"三治融合"乡村治理体系的对策研究》，《中州学刊》2023 年第 8 期。

刘杨、牛劭君：《技术赋能：数字化何以提升组织韧性——基于山西省绛县任村防返贫监测预警系统的单案例研究》，《经济研究参考》2023 年第 9 期。

B.22
河南提升农业防灾减灾救灾能力研究[*]

张 瑶[**]

摘　要： 有效防范应对灾害风险，避免灾害对全省粮食和重要农产品稳定安全供给造成重大冲击，对于守牢"中原粮仓"、加快建设农业强省至关重要。近年来，河南在防灾减灾救灾体制机制健全、技术进步、农业基础设施建设和气象服务水平提高等方面取得了显著成效，在一定程度上扭转了农业遇灾减产的被动局面。但也应看到，河南仍存在灾情规律和态势把握不足、防灾减灾救灾体系尚不健全、农民防灾减灾救灾意识与专业队伍建设亟待加强、资源供给错配、设施装备水平不高、科技支撑能力不足等短板弱项，需要从观念引领、体系建设、主体协同、要素保障和动力变革等方面综合施策，系统提升农业防灾减灾救灾能力。

关键词： 防灾减灾救灾　农业灾害　河南

农业是稳民心、安天下的战略产业，也是极容易遭受自然灾害侵袭并产生重大灾害损失的弱质产业。近年来，极端天气气候事件呈现多发、频发、广发、重发态势，农业灾害发生的时空不确定性、复杂性增强，多发群发链发效应明显，特别是 2023 年夏收"烂场雨"和秋粮收获期"华西秋雨"、2024 年旱涝急转使得河南农业生产脆弱性凸显，对农业防灾减灾救灾工作提出了新要求。习近平总书记多次强调，要抓好灾后恢复重建，全面提升农

---

[*] 本文为 2024 年度河南省政府决策研究招标课题"河南提升农业减灾抗灾能力研究"（编号：2024JC049）的阶段性成果。

[**] 张瑶，河南省社会科学院农村发展研究所助理研究员，主要研究方向为农村经济。

业防灾减灾救灾能力。① 2024 年中央一号文件明确提出，加强气象灾害短期预警和中长期趋势研判，健全农业防灾减灾救灾长效机制。有效防范应对灾害风险，避免灾害对全省粮食和重要农产品稳定安全供给造成重大冲击，对于守牢"中原粮仓"、加快建设农业强省至关重要。

一 河南农业防灾减灾救灾的现实进展

近年来，河南高度重视农业防灾减灾救灾工作，制定出台了《河南省农业生物灾害应急预案》等文件，注重通过健全防灾减灾救灾体制机制、加强农业基础设施建设、提升防灾减灾救灾技术水平、优化农业气象服务等提高农业防灾减灾救灾能力，有效应对了 2021 年特大暴雨灾害、2023 年夏收"烂场雨"和秋粮收获期"华西秋雨"双重灾害，粮食产量连续 7 年稳定在 1300 亿斤以上。

（一）防灾减灾救灾体制机制不断健全

一是深化防灾减灾救灾机制改革。整合设立河南省防灾减灾救灾委员会，推动形成党委领导、政府主导、部门协作、分级管理的灾害应对工作体制和覆盖全灾种、全流程、全方位的防灾减灾救灾工作机制。省、市、县应急管理部门科学谋划形成防灾减灾、技术支撑、宣传训练、抢险救援"四大功能"，为农业防灾减灾救灾提供了有力支撑。二是建立了从种子到田头完整的防灾减灾应对机制，大力推广良田、良种、良法、良机、良制"五良"配套融合，不断提高农业防灾减灾能力。河南省各地农业部门在关键时点同多部门联合召开会议，细化安排农业防灾减灾救灾工作，根据粮食长势、天气变化，及时制定田间管理和防灾减灾技术意见，指导农户因天因苗因灾科学应变管理。2024 年，18 个秋粮专家指导组持续分区包片，进村到

---

① 《中央农村工作会议在京召开　习近平对"三农"工作作出重要指示》，中国政府网，2023 年 12 月 20 日，https://www.gov.cn/yaowen/liebiao/202312/content_6921467.htm。

户入田进行针对性指导和技术服务，及时帮助农民群众解决秋田管理和防灾减灾中遇到的困难和问题。三是防灾减灾救灾工作考核机制不断完善。自2020年开始，河南省防灾减灾救灾委员会组织全省防灾减灾救灾工作考核，并将考核结果进行通报，聚焦综合协调、综合防灾、综合减灾、综合抗灾和综合救灾五个方面结合历年考核经验和当年工作实际，不断修改完善防灾减灾救灾考核细则和评分标准。省委组织部将防灾减灾救灾工作纳入行政村（社区）"五星"支部创建工作，省委农办将防灾减灾救灾工作纳入河南省乡村振兴战略实绩考核，农业农村防灾减灾救灾工作重要性日益凸显。

（二）农业基础设施日益改善

河南以农田水利为重点推进农业基础设施建设，改善农业生产基础条件，让农业防灾减灾救灾能力提升更有保障。一是扎实推进高标准农田建设。河南把高标准农田建设作为落实"藏粮于地、藏粮于技"战略的重要举措，制定印发《河南省高标准农田建设规划（2021—2030年）》《高标准农田建设规范》等文件，为高标准农田建设提供指导和规范。2023年，全省累计建成高标准农田8585万亩，占全省耕地总面积的76%，居全国第2位。[①] 在此基础上建设高标准农田示范区378万亩，探索形成高标准农田"投融建运管"一体化市场化推进机制，亩均提高粮食产量150~200斤，大大提升了粮食综合生产能力。[②] 在"中原农谷"已建成的100万亩高标准农田示范区里，全部统一配套完善了水、路、林、电、技、管、气象等多方面的基础设施，实现了"小田变大田，田田可防灾"。[③] 二是改善水利基础设施条件。水利基础设施建设是有效应对洪涝、干旱和其他极端气象灾害的重要基础设施，河南紧紧抓住水利这一命脉、灌区这一关键，不断增强农业防

① 《2023年河南省经济运行情况新闻发布会》，河南省人民政府网站，2024年1月24日，https：//www.henan.gov.cn/2024/01-24/2891898.html。
② 刘晓波：《河南：筑牢粮食安全"压舱石"（在希望的田野上）》，《河南日报》2024年3月18日，第3版。
③ 董豪杰：《粒粒饱满筑牢粮仓》，《河南日报》（农村版）2024年5月24日，第1版。

灾减灾救灾的能力和保障粮食安全的底气。2023 年实施 34 个大中型灌区续建配套与现代化改造项目，191 处大中型灌区累计供水 45.36 亿立方米，灌溉面积达 2646 万亩。①

（三）防灾减灾救灾技术手段日臻成熟

河南不仅将"一喷三防""一喷多促"等关键技术措施落实到位，还加强农业科技创新，利用智能化新技术、新装备打造一批数字农业应用新场景，不断提高农业防灾减灾救灾水平。在天气调控方面，在关键农时对干旱农区加大人工增雨作业力度，有效增补农业急需水源，减轻农业旱灾损失。在科技育种方面，河南全力打造的现代农业科技创新高地"中原农谷"，已经汇聚 53 家省级以上科研平台和 74 家种业企业，37 个农作物新品种通过审定，其中郑麦 379 等 5 个品种入选 2023 年农业农村部主导品种，选育出包含产量和抗病性能均能大幅提高的"普冰"系列小麦新品种在内的多个农作物新品种。②在智慧植保方面，河南建成"河南省农作物病虫疫情监测物联网管理系统"，实现了监测装备的互联互通、监测信息的自动采集和实时报送、监测数据的智能管理和自动分析利用，有力提升了全省农作物病虫害监测智能化水平。在农机装备方面，截至 2024 年 3 月，全省农业科技进步贡献率达 64.9%，农作物耕、种、收综合机械化率达 87.1%，高于全国平均水平 14 个百分点，小麦生产、玉米生产、花生生产基本实现全程机械化。②

（四）农业气象服务水平不断提高

一是探索高标准农田气象保障新模式。河南将气象与田、土、水、路、林、电、技、管并列，作为高标准农田建设内容之一，出台《高标准农田气象保障体系建设指南》等文件。智慧农业气象服务平台已经成功融入全

---

① 《让农田"喝饱水"！各地全力保障春耕灌溉 夏粮丰收基础牢》，光明网，2024 年 3 月 29 日，https://baijiahao.baidu.com/s?id=1794828851910231455&wfr=spider&for=pc。

② 《在希望的田野上｜诚邀春光至 共绘好"丰"景》，河南日报客户端，2024 年 3 月 21 日，https://baijiahao.baidu.com/s?id=1794068443849612940&wfr=spider&for=pc。

省所有高标准农田示范区信息化服务站，实时动态监测省市县乡的天气变化、苗情、墒情等信息。二是实施"智慧农业气象+"赋能行动。打造了"1+8+N"特色农业气象服务体系，即1个全国花生气象服务中心，茶叶、苹果、山药、烤烟、中草药、花卉、酥梨、设施农业等8个省级特色农业气象服务中心，N个地方优势特色农业气象服务中心。[6]嵩县气象局建成了"气象助力乡村振兴产业基地"，积极探索"中原药谷"特色气象服务模式，为嵩县农业产业高质量发展提供强有力的服务保障。三是发展精细化为农气象服务。研发推出"气象农事通"和"天象微农"智慧农业气象服务小程序，基于用户画像合理配置功能模块、精准推送服务信息，开展面向决策用户和新型农业经营主体的定制式气象服务。

二 新时期河南农业防灾减灾救灾存在的突出问题

尽管河南在提升农业防灾减灾救灾能力方面取得了一些进展，在一定程度上扭转了农业遇灾减产的被动局面。但是近些年，暴雨、台风、冷冻灾对农业生产的影响不容小觑，不仅加剧了农业的弱质性，也暴露出河南农业防灾减灾救灾存在的短板弱项。

（一）灾情规律和态势把握不足

防灾减灾救灾工作需要从多个维度和层面进行综合考量，各种风险因素之间耦合、叠加、强化导致河南对农业灾情规律和态势把握不足，不同程度地存在思想认知不足、系统分析不足的问题。思想认知不足主要体现在部分地方政府部门存在惯性思维，对小概率极端农业灾害的认识不充分。系统分析不足主要体现在对农业灾害生成机理、演化规律和致灾原理的研究不深入，缺乏对重大灾害形成运动过程与成灾致灾机理的系统研究，对农业灾害风险、致灾能力的认识与农业灾害的发展实际匹配度不高，特别是巨灾精准评估预测缺乏理论支撑，对巨灾系统的复杂性、极端性认识还有很大的提升空间。

（二）防灾减灾救灾体系尚不健全

精细化的灾害监测预警体系和统一的指挥调度系统建设滞后，存在部门协调不畅、响应不够迅速等问题，缺乏跨区域、跨部门、跨层级高效协同的监测预警平台和指挥调度系统，灾害信息的精准性、共享性、传递性较差，监测精密、预报精准、服务精细能力有待提升，灾害监测预警能力和应急响应能力不能满足日益增长的农业防灾减灾救灾业务需求。还有一些地方没有意识到灾后复盘的重要性，农业灾后复盘流于形式，为了复盘而复盘，复盘之后将对策和建议束之高阁。此外，与实际需求相比，河南农业防灾减灾救灾地方性法规和地方政府规章还不完善，没有明确划分政府、农业企业、民间救援团体、农民等各方在防灾减灾救灾工作中的具体责任和义务，没有明确规定应急物资的储备标准和调配机制，并且尚未建立法律法规动态修订机制。

（三）农民防灾减灾救灾意识与专业队伍建设亟待加强

伴随着农村青壮年劳动力大量外流，老人、妇女和儿童成为农业防灾减灾救灾的主力军。他们普遍受教育水平不高，对农业防灾减灾救灾的概念比较模糊，既缺乏必要的防灾避险知识和技能，遇到险情时也缺乏足够的逃生自救能力，防灾减灾救灾完全依靠政府。农村"空心化"、老龄化在一定程度上增加了农业防灾减灾救灾工作难度。另外，在农业防灾减灾救灾工作实操层面，仍是以政府参与为主、非政府组织参与为辅，但是企业、民间救援团体等社会组织普遍参与不足且缺乏较好的执行力，基层应急管理也存在人员配备不足、组织架构不完善等薄弱环节，应急救援队伍总量不足、分布不均、专业能力不强也是很多地区面临的共性问题，政府主导、社会参与、多方协同的农业防灾减灾救灾格局还有待完善。

（四）防灾减灾救灾资源供给侧与需求侧错配

在装备物资方面，救灾物资装备、应急物资储备数量与实际需求不匹配。灾前防灾备灾、灾中应急救灾、灾后恢复生产三个关键环节，都需要比较大的资源投入和物资储备，但是河南乡村面积大、数量多、分布广泛，发生灾害时，抢险的农机队伍和救灾种子等抢险救援物资储备难以快速调度应急。比如，2023年麦收期遭遇历史罕见"烂场雨"，很多地方粮食烘干机供给不足，导致小麦发芽或霉变。在农业保险方面，河南农业保险产品供给粗放与农业保险需求保障不足并存，导致农业保险的风险阻隔和经济补偿功能未能充分发挥。农业保险产品种类少、补贴方式单一，保费补贴比例缺乏弹性，尚不能满足不同类型经营主体多层次、多样性、全产业链风险保障需求；保险理赔标准不明确、赔付不精准，灾害损失补偿水平较低，难以覆盖农民的损失，导致农民"不愿保"现象普遍存在，农业新型经营主体认为投保补偿低，存在"保不够"现象。在数字技术供给方面，数字技术有效供给不足、分配不均，农业灾害数据库、数据平台建设滞后，导致数字技术在农业灾害模拟预测、风险评估等方面的赋能作用未能充分发挥，实现农业防灾减灾救灾工作数字化转型依然任重道远。

（五）防灾减灾救灾设施装备水平不高

一是农村公共基础设施抗灾能力不足。一些地方高标准农田管护不足，农田排涝设施短板突出，水利设施比较"脆弱"，部分农田支渠、毛渠配套不齐全，农田沟渠与骨干渠系衔接不畅，部分中小河流防洪标准有待提高，沟渠"涝能排"的问题还未得到很好的解决。通过大规模高标准农田建设，河南粮食生产"旱能浇"的问题已经基本得到解决，但是在还未开展高标准农田建设的村庄仍然存在农业灌溉难的问题，机井数量不多且老化严重，灌溉效率不高，在播种期仍需要排队抢井浇水。农业自动气象观测站和病虫害田间智能化监测点密度不能满足农业生产的需求，设备老化故障频发，监测数据传输速度慢、准确性不高。二是农机装备水平不高。存在装备总量不足、结构较为单一、技术水平不高、设施与装备不配套等问题。大型大马力智能农机和丘陵山区小型适用农机数量较少，烘干设施装备也不能满足粮食生产的需要。

（六）科技支撑能力不足

一是应急科技支撑不够，特别是这两年河南极端降雨天气偏多，但是受限于技术水平难以准确提供极端降雨落区、时段、强度预测。遥感监测、物联网、超前感知和人工智能等信息化手段应用水平不高，导致干旱、洪涝等灾害风险监测预警不够精细。二是种业科技创新能力不强，在肉牛、瓜果、蔬菜等某些领域与国际先进水平相比存在差距，育种创新与市场需求适配性不强，导致科技创新与产业融合不够。三是防灾减灾救灾新技术新模式研发不足，对农业灾害的精细化模拟程度不够，尤其是在极端天气气候事件的预测方面精准性有待提高。

三 河南提升农业减灾抗灾救灾能力的对策建议

在农业防灾减灾救灾形势严峻复杂的情况下，亟待结合河南省情农情，综合施策，强化理念引领、体系建设、主体协同、要素保障、工程建设和动力变革，系统提升农业防灾减灾救灾能力。

（一）坚持系统观念引领，全方位提高防灾减灾救灾水平

一是持续深化良种、良田、良法、良机、良制"五良"集成融合，多措并举推进新一轮千亿斤粮食产能提升行动，全环节、全过程、全要素挖掘农业防灾减灾救灾潜力。二是增强灾害链意识，全面分析风、水、土、山、物等各要素之间的互动影响和风险传导，充分估计链式灾害发生的可能性、先后顺序、影响范围和程度，将防灾、减灾、救灾三位一体前瞻性思考、全局性谋划、战略性布局、整体性推进。三是在农业风险治理体系中统筹协调防灾减灾和农业保险，推进防保一体化，把农业保险纳入地方政府防灾体系，对于市场可以分散转移的风险，要充分发挥保险、期货等市场化工具的力量。四是统筹生态建设、灾害防治与应对气候变化，处理好人与自然的关

系，坚持山水林田湖草沙一体化保护和系统治理，进一步增强农业灾害的综合防范能力，全面提升农业安全韧性水平。

（二）强化四大体系建设，完善防灾减灾救灾联动机制

一是强化监测预警体系建设。统筹建立省市县乡村农业灾害综合监测预警信息系统，接入不同部门、不同行业、不同层级的监控系统、监测数据，精准描绘风险隐患图，实时监测自然灾害演变趋势，实时分析倾向性、苗头性、趋势性问题，及时发布灾害预警信息。二是强化应急响应体系建设。织密纵向贯通、区域横向连接的协同应急指挥网，围绕"1+6+N"框架，构建以1项县级总体预案为纲领，以旱灾、涝灾、病虫害、低温霜冻、风灾、地质灾害等6大类专项预案为支撑，以N个乡镇预案为基础的应急预案体系，确保灾害发生时能够迅速响应、有效处置及高效恢复；完善灾后恢复重建机制，提高巨灾救助和基层灾害救助应急预案的操作性和应用性，制定加快农业农村灾后生产恢复的若干措施。三是强化复盘评估体系建设。坚持从灾害中学习，灾害发生的第一时间组织有关部门跟踪分析，灾后及时复盘总结，组织编报总结分析类、经验启示类信息，探索建立农村社区减灾能力的动态综合评估体系，通过定期评估，形成良性循环。四是强化法律法规体系建设。构建具有河南特色的农业防灾减灾救灾法规体系框架，加快研究制定农业自然灾害防治、应急救援组织等方面的法律法规，制定完善自然灾害应对、灾害救助等减灾救灾标准，逐步建立应急管理与减灾救灾地方标准体系，并根据农村社会经济发展变化适时调整修改。

（三）推动多元主体协同，汇聚防灾减灾救灾强大合力

一是强化政府统筹协调，抓好方案协同、落实协同、效果协同。加强顶层设计，把提升农业防灾减灾救灾能力纳入农业强省、强市、强县建设规划编制，结合《"十四五"国家综合防灾减灾规划》，制定省市县层面的农业防灾减灾规划和具体实施方案；加强指挥调度，完善"灾前、灾中、灾后"与"预防、响应、恢复"之间的业务流程，推动公安、消防、急救、应急

管理等部门跨部门合作、跨区域协作，构建跨域协同治理联动机制，增强共同应对灾害的统筹协调能力。二是完善社会力量参与机制，发挥民间专业救援队和志愿者的作用。以生产服务和防灾减灾应急为双重目标，充实农业社会化服务力量，引导利益相关的企业、智库专家、非政府组织、民间团体参与隐患排查、技术支持、救灾捐赠、转移安置、恢复重建、工程建设、政产学研企协同创新；利用市场机制，如保险、期货等，为农业防灾减灾救灾提供风险管理工具。三是发挥农民能动作用，调动农民参与防灾减灾救灾的积极性和主动性。健全防灾减灾救灾科普宣传长效机制，推动应急演练向多频次、多环节、多形式转变，重点针对多灾易灾和高风险农村居民开展灾害风险识别、防灾减灾知识和自救互救技巧方面的培训和演练，提升小农、家庭农场、合作社等经营主体的自救互救能力。

（四）加强三大要素保障，织密防灾减灾救灾"防护网"

一是加强救援装备设备及应急物资供给。建立实施省、市、县、乡、村应急救援装备设备共享联动机制，超前配备大型和特种应急救援设备；建立完善应急救灾物资保障体系，加强防旱、防汛、救灾等农村应急救灾物资储备库建设，多层级、多模式探索应急物资协议、定点储备、调拨和紧急配送新机制，提高应急储备成本节约化和资源统筹水平。二是强化保险赋能。加快构建和完善农业全产业链保险，完善设施农业保险以及高标准农田建设工程质量保险和管护保险，设立农业巨灾风险基金，推动"保险+期货"试点项目增点扩面，让农业保险与其他金融工具形成合力；改革优化农业保险补贴力度、范围、对象和方式等相关内容，推进农业保险风险区划、差异化费率、差异化保额、动态费率调整机制，合理预赔、能赔快赔。三是强化数字赋能。融通韧性乡村建设与数字农业发展，结合农业气候资源普查和区划试点工作，借助遥感技术和大数据，建立一套包含农村人文地理、社会经济、灾害信息等在内的分类型、分区域的农业灾害信息数据库，探索开发全灾种智能分析系统和全域智慧植保应用模式，落实灾害风险清单式管理，推动农业防灾减灾救灾工作数字化转型。

（五）开展三大工程建设，筑牢防灾减灾救灾基础支撑

一是实施基础设施提档升级工程。以提升农田抗旱排涝防渍减灾能力为重点，持续推行高标准农田建设"投融建运管"一体化模式，推进智能水肥一体化及配套基础设施建设；加强农田沟渠修复整治和平原涝区治理，分区分类补齐沟渠设施短板，完善农田排涝配套设施；加速高标准农田气象观测站和病虫害田间智能化监测点建设，提升田间气象和病虫害监测基础设施设备水平。二是实施农机装备水平提升工程。按照"缺什么补什么"的原则，加快农机装备产业链建设，落实农业防灾减灾农机储备和调用制度，储备一批"平急两用"应急救灾机具；优化农机装备结构，大力引进一批先进、适用、高性能、智能化的新型农机装备，推广应用智能水肥一体化设备，实现水肥施用的可管可控和人力节约。三是实施农业综合应急平台建设工程。科学规划布局县域"平急两用"一体化、一站式农业综合应急服务中心建设，着力打造乡镇街道、村庄立体式农事服务中心，提供全链条、全方位、"一站式"的综合农事服务。

（六）找准一个关键支点，推动防灾减灾救灾动力变革

新质生产力蕴含着巨大势能，是"撬动"农业防灾减灾救灾能力提升的新支点，可以带动和引领防灾减灾救灾工作理念创新、目标升级、技术迭代、应急转型。因此，要发展农业新质生产力，开展农业防灾减灾救灾新技术、新材料和新产品研发，打通原创科技成果供给侧与需求侧的联通渠道，联动防灾减灾救灾关联产业加速向先进生产力质态转化，通过颠覆性技术和前沿技术不断催生新产业、新模式，加速完善农业防灾减灾救灾体系。聚焦良种创新攻关，加强基因组测序、等位基因发掘、生物育种等核心新技术研发应用，培育出具有高产、抗病虫害、适应性强等优良性状的新品种。聚力打造全省"农业农村防灾减灾大脑"，探索智慧应急防灾减灾救灾模式，利用 VR 设备、数字孪生技术等打造沉浸式农业灾害仿真模拟系统，强化场景训练，提高农业风险预防的精准度和有效性以及农业灾害的主动应对能力。

参考文献

熊绍员、霍学喜、任大鹏：《全面提升农业防灾减灾救灾能力与水平》，《学习时报》2024 年 5 月 6 日，第 5 版。

王韧、郭晓鸣：《农业保险应当如何突破困境》，《中国乡村发现》2023 年第 4 期。

李天祥、许银珊、朱晶：《我国农业防灾减灾体系建设：成效、问题与建议》，《山西农业大学学报》（社会科学版）2023 年第 6 期。

麻吉亮、孔维升、朱铁辉：《农业灾害的特征、影响以及防灾减灾抗灾机制——基于文献综述视角》，《中国农业大学学报》（社会科学版）2020 年第 5 期。

B.23
促进河南农民持续稳定增收的
对策研究

张　坤[*]

摘　要： 新发展阶段促进农民持续稳定增收是防止返贫、实现农民共同富裕的必然要求。当前，河南农民收入持续增长且来源趋于多元化。农民工资性收入占比最高，经营净收入占比略有下降，转移净收入占比较高且增长较快，财产净收入占比小但存在巨大增长空间。农民非农就业难度加大、农业经营效益依然不高、农村制度改革和帮扶政策效能有限、农民普遍的弱势地位依然是未来农民增收的主要制约因素。促进农民稳定增收，要从四个方面发力：一是稳定农民非农就业，提高工资性收入；二是构筑现代乡村产业体系，提高经营净收入；三是持续深化农村产权制度改革，提高农民的财产净收入；四是优化农村社会救助体系，补齐农村社会福利短板。

关键词： 农民增收　收入结构　共同富裕

全面建成小康社会之后，中国进入全面建设社会主义现代化国家的新发展阶段，推动农民农村共同富裕既是新发展阶段一项重要而紧迫的战略任务，也是全面建设社会主义现代化国家的内在要求。然而，脱贫攻坚取得全面胜利之后，中国农村还存在数量庞大的中低收入人口，城乡居民收入差距依然较大，因此，新发展阶段推动农民持续稳定增收，是巩固拓展脱贫攻坚

---

* 张坤，河南省社会科学院农村发展研究所研究实习员，主要研究方向为农村经济。

成果、接续推动乡村全面振兴的重中之重。2023年中央一号文件提出"拓宽农民增收致富渠道"。2024年《中共中央　国务院关于学习运用"千村示范、万村整治"工程经验有力有效推进乡村全面振兴的意见》进一步提出"实施农民增收促进行动，持续壮大乡村富民产业"。党的二十届三中全会进一步明确指出，"建立农村低收入人口和欠发达地区分层分类帮扶制度"。本文将聚焦新发展阶段的农民增收问题，对河南农民收入总体状况、结构变化进行分析，在总结未来影响河南农民持续增收的主要困难与障碍的基础上，基于收入结构变化分析，提出促进河南农民稳定增收的对策建议。

一　河南农民收入状况

脱贫攻坚收官后，河南全力推进乡村全面振兴，促进农民农村共同富裕，农村居民收入保持较快增长，收入结构持续改善，但是农民富裕程度仍然不高，与全体人民共同富裕的目标相比仍有不小的差距。

（一）农民收入水平持续增长

近年来，河南把"三农"问题作为工作的重中之重，一系列强农惠农富农政策接连落地，推动全省农村居民收入水平不断提高。2024年上半年，河南农村居民人均可支配收入为9285元，与上年同期相比增加593元，增长6.8%，与全国平均增速持平；扣除价格因素，实际增长6.3%，低于全国0.3个百分点。2023年河南农村居民人均可支配收入达到20052元，比上年名义增长7.3%；扣除价格因素影响，实际增长7.5%（见表1）。2013～2023年，河南农村居民人均可支配收入年均实际增长7.7%，比同期城镇居民收入增速高3.2个百分点。在宏观经济下行压力加大的背景下，2018年以来，农村居民人均可支配收入增速高于全省GDP增速，增强了农民的获得感。

表1　2013年至2024年上半年河南农村居民人均可支配收入、增长情况
及GDP增长情况

单位：元，%

年份	人均可支配收入	名义增长	实际增长	GDP增长
2013	8475	12.6	9.7	9.2
2014	9416	11.1	9.5	9.3
2015	10853	15.3	7.7	7.3
2016	11697	7.8	5.8	8.5
2017	12719	8.7	7.5	11.4
2018	13831	8.7	6.7	11.4
2019	15164	9.6	6.5	7.6
2020	16108	6.2	2.9	1.0
2021	17533	8.8	8.0	8.5
2022	18697	6.6	4.9	3.1
2023	20052	7.3	7.5	4.1
2024	9285	6.8	6.3	—

注：2024年为上半年数据。
资料来源：河南省统计局。

（二）农民收入来源趋于多元化，收入结构持续改善

近年来，河南持续加大对农民增收的政策支持力度，农村居民人均可支配收入增速稳定，收入结构持续改善。

1. 工资性收入占比趋于稳定，成为农民增收的主要来源

工资性收入已成为河南农民收入的主要来源。2024年上半年，全省农村居民人均工资性收入为4035元，与上年同期相比增加271元，增长7.2%，占农村居民人均可支配收入的比重为43.5%，对农村居民人均可支配收入增长的贡献率为45.8%，拉动农村居民增收3.1个百分点，是农村居民收入增长的主要部分。[1] 2018~2023年，工资性收入占河南农村居民人均

---

① 本文所用数据，凡未标明出处的，均根据历年《河南统计年鉴》整理计算得出，因四舍五入存在误差。

可支配收入的比重分别为38.6%、38.7%、38.2%、38.2%、37.6%和37.6%，其间增长41.4%，对农村居民人均可支配收入增长的贡献达到35.5%，成为农村居民增收的第一动力。

农民务工收入稳定增长是工资性收入增长的关键。随着"人人持证、技能河南"建设工作深入推进，稳就业政策效应逐步释放，河南劳动参与率逐步回升，就业形势总体保持平稳。2024年上半年，全省农村劳动力新增转移就业38.97万人，新增农民工返乡创业11.46万人。2023年，河南出台《关于调整河南省最低工资标准的通知》，自2024年1月1日开始施行，得益于最低工资标准的提高，农民工月均收入水平有所提高。

2.经营净收入稳步增长，二三产业收入增速明显

近年来，农民人均经营净收入稳步增长，已成为河南农民收入的重要来源。2024年上半年，全省农村居民人均经营净收入为2168元，与上年同期相比增加152元，增长7.5%，占农村居民人均可支配收入的比重为23.4%，对农村居民人均可支配收入增长的贡献率为25.6%。其中第一产业经营净收入为1120元，同比增长5.9%；第二产业经营净收入为206元，同比增长8.1%；第三产业经营净收入为841元，同比增长9.6%。2018~2023年，经营净收入占河南农村居民人均可支配收入的比重分别为34.6%、33.5%、32.1%、32.0%、32.3%和31.8%，其间增长33.3%，对农村居民人均可支配收入增长的贡献达到25.6%，成为仅次于工资性收入的第二大收入来源。

农牧业产品种养收益增加、文旅消费市场持续火爆和投资潜力逐步释放，成为农村家庭经营净收入的增收动力。一是农牧业产品出栏量增加，生猪价格上涨，养殖扭亏为盈。2024年上半年，河南生猪、羊、家禽产量分别为257.4万吨、11.6万吨、192.0万吨，同比分别增加0.1%、11.8%、11.0%；生猪出栏价格为17.5~23.0元/公斤，出栏均重为120~160公斤，每头生猪出栏可收益200~720元；养殖成本下降，玉米均价为2470元/吨，同比下跌15.1%，豆粕均价为3390元/吨，同比下跌21.6%，麦麸均价为1870元/吨，同比下跌16.9%，育肥猪配合饲料均价为3280元/吨，同比下跌9.0%，均呈现下降趋势。生猪价格进一步上涨，饲料价格大幅下降，有

效带动了农村居民第一产业经营净收入的提升。二是文旅消费市场持续升温，乡村特色旅游受到推崇。河南文旅消费呈现爆发式增长态势，春节、清明、端午假期期间，河南省接待游客比上年同期分别增长48.8%、9.9%、14.0%，旅游总收入分别增长69.9%、20.6%、16.2%。三是投资潜力释放，助推二三产业发展。河南"万人助万企"活动持续推进，"三个一批"项目滚动实施，为河南经济高质量发展注入新动能，民间投资潜力加速释放，1~5月，全省民间投资增长10.3%，比前4个月加快3.0个百分点，高于全国平均水平10.2个百分点，这也是自2020年以来首次实现两位数增长。

3. 财产净收入占比小幅提升，存在巨大增长空间

2024年上半年，全省农村居民人均财产净收入为120元，与上年同期相比增加5元，增长4.3%，占农村居民人均可支配收入的比重为1.3%，拉动农村居民增收0.1个百分点。2018~2023年，财产净收入占河南农村居民人均可支配收入的比重分别为1.6%、1.5%、1.5%、1.4%、1.4%和1.4%。财产净收入在农民收入中的占比不高，反映出农村缺乏增加农民财产净收入的渠道。当前，土地流转收入是农村居民财产净收入的主要来源，在现行制度安排下，农村还存在大量未被盘活和有效利用的资源，农村居民财产净收入增长存在巨大空间。近年来，河南通过发展高效农业、盘活闲置资源、联村联建等方式，不断壮大农村集体经济，印发《河南省新型农村集体经济发展导则》，厘清了新型农村集体经济发展理念、机制和方法，为发展新型农村集体经济奠定坚实基础。农村集体经济的发展有效提高了农村居民财产净收入。

4. 转移净收入增长较快，成为农民增收的重要推动力

近年来，转移净收入在农民收入中的占比增长较快，已成为农民增收的重要组成部分。2024年上半年，全省农村居民人均转移净收入为2961元，与上年同期相比增加165元，增长5.9%，占农村居民人均可支配收入的比重为31.9%，对农村居民人均可支配收入增长的贡献率为27.8%，拉动农村居民增收1.9个百分点。2018~2023年，转移净收入占河南农民人均可支配收入的比重分别为25.2%、26.3%、28.2%、28.4%、28.7%和29.1%，占比呈不断上升趋势。家庭外出从业人员寄回带回收入是农民转移净收入的重要来源，2024 年河南外出务工农民工总量继续增长，外出从业人员寄回带回收入增加。上半年，全省农村居民人均家庭外出从业人员寄回带回收入为 2229 元，与上年同期相比增加 197 元，增长 9.7%。此外，2023 年 7 月 10 日，河南发布《关于 2023 年调整退休人员基本养老金的通知》，调整范围内的退休人员基本养老金每人每月增加 35 元，对应细项养老金或离退休金较上年同期增加 6.2%，这也提高了农民的转移净收入。

二 影响河南农民持续增收的主要困难与障碍

当前，世界经济复苏乏力，地缘政治冲突加剧，保护主义、单边主义上升，外部环境对我国发展的不利影响持续加大。与此同时，我国已经进入新发展阶段，正在加速转向创新驱动发展，推动建设现代化产业体系。受国际国内环境影响，未来河南推动农民增收仍然面临较多制约因素。

（一）促进农民非农就业难度加大

工资性收入对农村居民人均可支配收入的贡献已经达到较高水平，因此，通过保就业、稳就业提高农民的工资性收入是确保稳定增收的重点。未来一段时间，受经济形势、农村就业创业环境、农户自身人力资本水平影响，促进农民非农就业仍面临较大压力。一是宏观经济形势复杂严峻，农民就业创业难度加大。随着中国经济下行压力加大，宏观经济增速放缓、产业结构转型升级以及智能化对工人的替代等将减少对农民工的用工需求。受新冠疫情冲击，部分行业、中小微企业和个体工商户经营困难，减少了农民工就业创业机会。二是农村就业创业环境存在短板，制约农民就业创业。一方面，农村老龄化、"空心化"问题日益严重，导致农村生产要素短缺。另一方面，当下农村一二三产业融合程度仍然不高，产业链条短、附加值较低，无法为农民提供更多的就业岗位。同时，与城市相比农村基础设施建设落后、金融市场不发达、缺乏高层次创业人才，在一定程度上影响了农民创业的积极性和成功率，进而制约通过农民创业带动当地就业。三是农民自身人力资本投资不足，就业创业能力不强。目前，农民整体受教育水平不高，导致其就业创业不充分、层次不高，收入水平有限。与此同时，大部分农民缺乏创业经验，农民职业技能培训的针对性、有效性不强，难以激发农民就业创业致富潜力。

（二）提高农业经营效益任重道远

农民经营净收入主要来自农业经营收入，因此要提高农业经营效益，挖掘产业经营增收潜力，带动农民持续增收。由于历史和现实原因，提高农业经营效益面临较多制约因素。一是农业生产效率依然较低。基于人多地少的国情农情，中国农业经营以小农户为主，户均经营规模小，加之小农户经营在技术投入、经营能力方面普遍不足，导致农业劳动生产率不高，农业产业整体效益不高。二是部分地区乡村产业和特色农业发展水平低，同质化问题日益凸显。尽管各地大力发展乡村特色产业促进农民增收，但在产业发展中，先行地区抢占先机，带动农民增收成效显著，同时出现了部分后发地区盲目效仿、贸然跟进的现象，造成产业进入过度、同质化竞争严重、产能过剩等问题，导致产品价格下降、效益降低等问题相继出现，降低了产业质量效益和竞争力。三是联农带农机制还不完善。产业发展中农民参与程度低，新型农业经营主体服务带动农户能力不强，需要健全联农带农机制和利益联结机制，带动农民群体参与产业发展。

（三）农村制度改革和帮扶政策效能有限

通过农村土地制度改革和集体产权制度改革，可以增加农民的财产净收入，在短期内能够实现农民财产性收入的较快增长，但大多集中在城郊村、旅游村和特色资源丰富的村，对于一般村，通过增加财产净收入实现农民收入持续稳定增长难度较大。即使通过农村"三变"改革，使农民财产性收入有所增加，但由于房租、土地租金短期内相对稳定，也难以保证农民收入的持续稳定增长。如2024年鹤壁市集体经济收入在10万元以下的村占比

64.7%，多数村集体经济收入单一，多为资产租赁发包收入，产业收入较少，村集体经济"造血"功能不足。同时，一些村集体经济盈余后，多是优先偿还村集体欠款、补齐农村基础设施建设的短板，而不是向村民分红，从增收角度来说，农民群众获得感不强。此外，受宏观经济形势影响，大量地方小微企业、个体工商户出现短期经营困难，也压缩了对农村房屋、土地的需求，进而影响房租、土地租金等财产性收入的增长。另外，农民一部分转移净收入来自惠农补贴和脱贫攻坚时期的帮扶政策，随着脱贫攻坚战取得全面胜利，减贫工作由超常规转向日常性帮扶，各类转移性补贴的增长有限，享受帮扶的农民保持现有的收入增长幅度难度较大。

（四）农民群体普遍处于弱势地位且抗风险能力弱

与其他群体相比，农户在资本和资源方面普遍处于劣势地位且自身抵抗风险的能力较弱。农户户主年龄普遍偏大、受教育程度普遍不高、健康状况一般，人力资本水平明显偏低，因此，在就业创业市场中的竞争力不强，特别是在宏观经济下行压力增大的背景下，首先受影响的是在外务工的农民。在人均占有的耕地资源方面，农户自有耕地面积和人均自有耕地面积普遍较小，在区位条件上，一些低收入农户集中在山区、脱贫地区、民族地区等，也不利于低收入农户发展和收入的持续增长。另外，农民群体在抵抗风险和外部冲击方面通常能力较弱，如因灾因病致贫。此外，目前缺乏针对低收入群体的有效的风险防范和缓解机制，因此，该群体难以得到有效保护。在上述因素的共同作用下，实现农民持续稳定增收面临较大困难。

三 促进河南农民持续稳定增收的对策建议

促进农民持续稳定增收是一项长期任务。破解影响农民持续稳定增收面临的困境，需要从不同类型的收入结构入手，消除影响增收的制约因素和制度障碍，构建促进增收的长效机制，应重点从以下几个方面着手。

（一）稳定农民非农就业，提高工资性收入

一是发展壮大县域富民产业。依托各地资源优势，发展本地劳动密集型产业，提升县域就业承载能力。通过强化政策支持、搭建返乡创业平台、优化营商环境等，扎实推进特色产业发展。因地制宜发展乡村新产业新业态，大力发展休闲农业、乡村康养、乡村体育、教育研学、精品民宿等新业态，在项目建设过程中吸纳农民就业。二是开展就业帮扶。开展点对点劳务输出服务，为有就业能力但无就业机会的农户创造更多的外出就业机会，加强对无就业能力的低收入户的技能培训，提高针对性和时效性，提高其劳动能力。三是着力提升农民人力资本。创新开展农村劳动力素质和技能培训，开展订单式、菜单式、项目制技能培训，努力提高劳动者素质。实施就业支持计划，发展基于社区的养老照料、生产托管等公共服务，解除家庭劳动力全日制就业的后顾之忧。

（二）构筑现代乡村产业体系，提高经营净收入

第一，巩固特色产业，加快产业转型升级。围绕各地优势特色产业，出台推进城乡融合发展、促进乡村产业振兴的支持政策，从加强产业链管理、优化供应链管理、提高农业品质等方面，提高产业化、品牌化、标准化水平，支持高标准农田、绿色食品原料标准化生产基地建设。第二，发展多种类型的农村产业融合方式，促进农业与休闲、旅游、康养、生态、文化、养老等产业深度融合，丰富乡村产业的类型，建立一批带动农民增收致富能力强的特色产业。第三，加快培育一批家庭农场、农业企业、农民合作社、专业大户等新型农业经营主体，以新型农业经营主体为龙头带动农村经济多元化发展，推动新产业、新业态集聚，同时进一步扩大新型职业农民就业规模。第四，完善农村产业融合发展的服务体系，打造农产品销售公共服务平台，建立现代化农产品冷链仓储物流体系，加强涉农资金统筹整合，吸引更多社会资本投向农村产业融合发展。

（三）持续深化农村产权制度改革，提高农民的财产净收入

加快改革以宅基地、承包地、山地、林地等为重点的农村土地制度，健全城乡统一的建设用地市场流转制度，完善各项土地产权制度。相关工作应该围绕以下两个重点。一是针对目前农村土地流转市场信息不对称导致流转效率不高的问题，应充分发挥村集体作用，统筹规划，推动实施整村流转、对接，帮助低收入农户流转农地。二是以三产融合模式盘活用好闲置土地。如通过农旅融合、发展民宿等方式用好土地资源。同时要关注收益分配问题，确保农民能从产业融合发展中获益。要深化农村"三变"改革，推动资源、资产、资本的市场化运作，激发闲置宅基地和闲置农房等闲置资产的增收潜能，鼓励农民以承包地经营权、林权、宅基地使用权等入股经营主体，增加农民的资产收益，拓宽财产性收入渠道。

（四）优化农村社会救助体系，补齐农村社会福利短板

一是要加强基础性、普惠性、兜底性民生保障建设，强化互助共济功能。注重农村低收入群体的主体性发挥和抵御风险冲击能力的提升，重点是弥补"福利缺失"，同时要杜绝"福利依赖"。二是关注农村留守老人和儿童，完善"一老一小"的社会福利制度，应对人口老龄化和少子高龄化的挑战。推动医养结合，建立长期护理保险制度；同时健全儿童福利体系，建立基本儿童服务制度。三是将农村社会救助纳入乡村振兴战略统筹推进，扩大农村特殊人群的福利覆盖范围，逐步提高保障标准，在巩固拓展脱贫攻坚成果同乡村振兴有效衔接中发挥社会救助的积极作用。

参考文献

叶兴庆、殷浩栋：《促进农村低收入人口增收的政策取向》，《湖南农业大学学报》

（社会科学版）2022年第1期。

姜惠宸：《农村低收入人口增收：困难挑战与促进对策》，《南京农业大学学报》（社会科学版）2024年第1期。

左停、李颖、李世雄：《农村低收入人口识别问题探析》，《中国农村经济》2023年第9期。

李实等：《以农村低收入人口增收为抓手促进共同富裕：重点、难点与政策建议》，《农业经济问题》2023年第2期。

习近平：《扎实推动共同富裕》，《求是》2021年第20期。

魏后凯、杜志雄主编《中国农村发展报告——促进农民农村共同富裕》，中国社会科学出版社，2022。

Abstract

This book is compiled under the auspices of Henan Academy of Social Sciences. With the theme of "Deepen the Development of Urban-rural Integration", it deeply and systematically analyzes the situation and characteristics of Henan's agricultural and rural development in the year 2024, and looks forward to 2025. Based on the present situation of Henan's agricultural and rural development, it empirically measures the level of urban-rural integration in each prefecture-level city in Henan Province, and the realization path of deepening urban-rural integrated development was explored in multiple dimensions and angles. The book consists of a total of 23 reports on 6 topics, including general report, evaluation report, urban-rural industrial integration, urban-rural spatial integration, urban-rural reform linkage, and urban-rural governance optimization.

The year 2024 is the key year for realizing the objectives and tasks of the Fourteenth Five-Year Plan, and it is of great significance to do a good job. Henan has carried out in-depth implementation of the spirit of the Third Plenary Session of the 20th CPC Central Committee, deployed a systematic mechanism for perfecting the integrated development of urban and rural areas in a regionally coordinated manner, and earnestly pushed forward the implementation of various reform tasks in the field of the "three rural areas".

The general report of this book analyzes and looks forward to the situation of agricultural and rural development in Henan from 2024 to 2025. The report concluded that in 2024, the province's agricultural and rural development as a whole showed a steady increase, steady progress, steady improvement in quality, food production growth, rural industry momentum, accelerated the construction of agricultural modernization, stable growth in farmers' incomes, good use of the

Green Rural Revival Program experience, rural reform continues to promote, but there are also agricultural disaster prevention and mitigation capacity is still insufficient, the structural transformation and upgrading of the agricultural industry is limited, there are large differences between urban and rural public facilities, the quality of county's economic development needs to be improved and other issues. However, there are still problems such as insufficient agricultural disaster prevention and mitigation capacity, limited transformation and upgrading of the agricultural industry structure, large differences in public facilities between urban and rural areas, and the quality of economic development in counties needs to be improved. 2025 is the concluding year of the 14th Five-Year Plan. Despite facing some challenges in agriculture and rural development in Henan, favorable supporting elements are also accumulating. With the boost from initiatives to enhance grain production capacity, new quality productivity, comprehensive reform, the new urbanization strategy, by pushing forward the improvement of the urban-rural planning system, optimizing the industrial policies for urban-rural development, breaking down barriers to the free flow of urban-rural factors, improving the urban-rural population management system, and exploring the urban-rural public supply mechanism, the agriculture and rural development in the province will show a sustained upward trend, and the coordinated integration of urban and rural development, the comprehensive revitalization of rural areas, and the building of an agricultural powerhouse in Henan will reach a new level.

The evaluation report measures and evaluates the level of urban-rural integration development in each region of Henan Province. The report believes that as a major economic and agricultural province in China, pushing forward the integration of urban and rural development is an important pathway to achieving common prosperity and an inevitable choice for carrying out the practice of China-style modernization in Henan Province. The study measures the level of urban-rural integration development in Henan Province at the current stage, which is of great value in promoting the comprehensive revitalization of the countryside and accelerating the modernization of agriculture and rural areas. Based mainly on statistical yearbook data, the report provides a comprehensive measurement and evaluation of the level of urban-rural integrated development in 18 provincial municipalities in Henan Province. In order to better coordinate urban-rural integrated development, the report proposes to strengthen urban-rural industrial interaction, deepen institutional mechanism reforms, strengthen urban-rural planning and construction, optimize urban-rural public product supply, and improve the urban-rural ecological system.

The urban-rural industrial integration part explores the realization path of high-quality development of rural industries in the context of urban-rural integration, mainly focusing on the extension of the agricultural industry chain and value chain enhancement, the integrated development of rural industries, the development of agricultural product e-tailing, the development of a sound agricultural socialized service system, as well as the high-quality development of the animal husbandry industry, the dairy industry, and the pre-prepared vegetable industry as a thematic study. It also puts forward countermeasures and suggestions to promote the high-quality development of rural industry from the aspects of strengthening scientific and technological innovation leadership, enhancing brand influence, strengthening consumption guidance, and prioritizing the protection of factor inputs.

The urban-rural spatial integration part takes three different levels of regional studies, namely, provincial, municipal and county, as the entry point, and analyzes and refines the problems, typical practices and experience revelations of Henan in urban-rural integration and development through theoretical discussions, analysis of the current situation and case studies. This book argues that deepening urban-rural integrated development should strengthen the leading role of central cities, strengthen the chassis of county economy, strengthen the support of real economy, and improve the two-way flow of urban and rural factors.

The urban-rural reform linkage part focuses on the further comprehensive deepening of reforms in the agricultural and rural areas, and carries out thematic researches on optimizing the operation of agricultural land, upgrading the quality of arable land, coordinating the establishment of an inter-provincial horizontal benefit compensation mechanism for grain production and marketing zones, innovating effective forms of realization of a new type of rural collective economy, and exploring the formation mechanism for the price of rural land transfers,

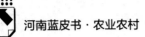
河南蓝皮书·农业农村

respectively. This book proposes that deepening rural reform should strengthen the top-level design, focus on giving full play to the market mechanism, strengthen rural reform and innovation, and improve the reform supporting integration.

The urban-rural governance optimization part focuses on topics such as party-building-led rural governace, improving agricultural disaster mitigation capacity, and promoting sustainable income generation for farmers. The book believes that improving rural governance should focus on strengthening the construction of grassroots party organizations, building a complete system of rules and regulations, and establishing a coordinated and efficient operating mechanism. To enhance agricultural disaster resilience, it is suggested that a coordinated mechanism for disaster prevention, relief, and recovery be established, that diverse stakeholders work together, and that a solid foundation of disaster prevention and relief be built through strengthening disaster-resistant infrastructure. To promote sustained rural income growth, it is proposed that non-agricultural income of farmers be stabilized, that rural industries be developed in a high-quality manner, and that the reform of rural property rights be deepened continuously.

Keywords: Deepen the Development of Urban-rural Integration; Promoting Comprehensive Rural Revitalization; Henan

Contents

I General Report

Abstract: The year 2024 is the key year for realizing the objectives and tasks of the Fourteenth Five-Year Plan, and it is of great significance to do a good job. Henan has fully implemented the spirit of the Third Plenary Session of the 20th CPC Central Committee, taking the experience of the Green Rural Revival Program as a guide, and accelerating the construction of an agricultural powerhouse. Overall, agriculture and rural development in the province has shown a stable increase, stable progress, and stable quality. Grain production has recovered and grown, rural industries are booming, farmers' income has increased steadily, rural construction has been steadily advanced, and rural reform has continued to move forward. However, there are also problems such as insufficient agricultural disaster prevention and reduction capacity, limited transformation and upgrading of agricultural industrial structure, significant differences in urban and rural public facilities, and urgent need to improve the quality of county-level economic development. 2025 is the year when the 14th Five-Year Plan concludes, and in the agriculture and rural development of Henan, there are both positive factors and negative ones. However, with the further promotion of comprehensive reform, the vitality and momentum of agricultural and rural development will continue to gather, and the integration of urban and rural development, the comprehensive revitalization of rural areas, and the construction of an agricultural powerhouse will reach new heights. To better promote the agricultural and rural development, this article suggests the following five areas of work: first, promoting the improvement of the urban and rural planning system; second, optimizing urban and rural industrial development policies; third, breaking down barriers to the flow of urban and rural factors; fourth, improving the urban and rural population management system; and fifth, exploring urban and rural public supply mechanisms.

Keywords: Urban-rural Integration; Comprehensive Rural Revitalization; Henan

II   Evaluation Report

B.2   Measurement and Evaluation of the Urban-rural
Integration Level in Henan Region

Research Group of Henan Academy of Social Sciences / 027

Abstract: Urban-rural integration is an inevitable requirement of China's modernization. This report constructs an evaluation index system for urban-rural integration development from five dimensions of economic integration, living integration, spatial integration, social integration, and ecological integration. Based on the data of *Henan Statistical Yearbook 2023*, the report uses the entropy weight method to measure and analyze the level of urban-rural integration development in 18 prefecture-level cities in Henan Province. Finally, the report proposes optimization suggestions from five aspects of enhancing urban-rural industrial interaction, deepening institutional and mechanism reform, strengthening urban-rural planning and construction, optimizing urban-rural public product supply, and improving urban-rural ecological system, to continuously promote the high-quality urban-rural integration development in Henan Province.

Keywords: Integrated Urban-rural Development; Economic Integration; Ecological Integration; Henan

III Integration of Urban-rural Industries

B. 3 Under the Background of Urban-rural Integration Research on the Extension of Agricultural Industry Chain and the Promotion Path of Value Chain on Henan Province

Li Guoying / 046

Abstract: Under the background of urban-rural integration, the extension of agricultural industry chain and the promotion of value chain have become an important path to promote agricultural modernization and rural economic development in Henan Province. The integrated development of urban and rural areas can not only provide a broader market space, more financial support and technical resources for the agricultural industry chain, but also help to form a mechanism of interest linkage between small farmers and new business entities relying on policy guidance, and protect the rights and interests of small farmers. At present, there are still some problems in Henan agricultural industry chain, such as lagging infrastructure construction, insufficient processing capacity and lack of effective market entities, which restrict the improvement of agricultural value chain. Based on this, this article puts forward the following specific measures for the extension of industrial chain and the promotion of value chain: promoting the rapid development of information technology to inject new vitality into the research and development of agricultural enterprises; supported by characteristic brands, broaden the sales of local characteristic agricultural products; guide the participation of multiple forces and build a new pattern of urban and rural co-construction and sharing; improve the diversified financial support system.

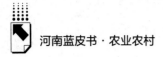

Keywords: Urban and Rural Industrial Integration Development; Industrial Chain Extension; Value Chain to Enhance; Urban and Rural Economic Community

B.4　Research on Development Situation and Countermeasures

of Animal Husbandry in Henan Province　　*Zhang Junhua* / 059

Abstract: Animal husbandry is an important pillar industry of rural economy in Henan Province. In recent years, Henan Province has vigorously promoted the modernization of animal husbandry. Although it has achieved remarkable results, it is also facing new challenges. In 2024, the overall situation of animal husbandry production in Henan Province is relatively stable, but it also faces the problems of phased supply, relative, structural increase and weakening demand. In the first half of the year, under the double squeeze of depressed market and high cost, the development of animal husbandry fell into a dilemma of supply and demand; In the second half of the year, the market of livestock products gradually improved, but the overall recovery momentum was still weak. The development of animal husbandry in Henan Province relies on various measures such as high-quality forage supply, scientific breeding, application of digital intelligent equipment, large-scale breeding, disease prevention and control, social services, green development and promotion of new business models to promote the quality and efficiency of the industry. However, it also faces many challenges, such as the mismatch between industrial structure and market demand, high breeding costs, imperfect industrial chain integration and linkage mechanism, weak financial and insurance service guarantee system, lagging brand construction and imbalance of animal husbandry talent supply and demand. To promote the healthy and stable development of animal husbandry in Henan Province to the stage of high-quality development, efforts should be made in industrial structure optimization, business risk prevention and control, industrial chain integration and linkage, optimizing financial ervices, strengthening brand building and improvement of personnel training and introduction mechanism, so as to ensure that animal husbandry in Henan Province can efficiently, environmentally friendly and sustainably serve the economic development and people's livelihood requirements of the region.

Keywords: Animal Husbandry; Industrial Structure; Scientific Breeding; High-quality Development

B.5　Research on the Development Status and Countermeasures
of Prefabricated Vegetable Industry in Henan　　*Li Tianhua* / 077

Abstract: Prefabricated vegetable industry is a new industry that integrates modern agriculture, food processing industry and catering industry, and it is also an industry that enriches the people by promoting the prosperity of rural industries. Henan regards the development of prefabricated vegetable industry as a major opportunity and an important gripper to promote the superiority reconstruction of food industry and change lanes to lead. At present, prefabricated vegetable industry in Henan has a good foundation for development. With the continuous release of policy dividends and the continuous optimization of business environment, it has maintained a stable and positive development trend. At the same time, there are some problems, such as the imperfect industrial standard system, the weak innovation and R&D ability of enterprises, the insufficient development of the C-end consumer market, and the fading enthusiasm of consumers. Therefore, this report puts forward some countermeasures and suggestions based on the premise of clear standards, driven by innovative research and development, guided by market demand, with publicity and education as the gripper and strengthened supervision as the guarantee, so as to promote the benign development of Henan prefabricated vegetable industry.

Keywords: Prefabricated Vegetable Industry; Food Industry; Henan

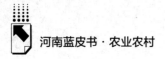

B.6 High-quality Development Trend and Countermeasures of

Dairy Industry in Henan Province   *Song Zhengyu* / 088

Abstract: As a landmark industry of agricultural modernization, dairy industry is not only an important part of high-quality agricultural development, but also an important support for the revitalization of rural industries. As a major dairy province, Henan's 2022 Provincial Party Committee Rural Work Conference proposed to promote the revitalization of the "wine, dairy, and traditional Chinese medicine industries". Among them, since the implementation of the revitalization of the dairy industry, Henan has taken the construction of large projects as the starting point to accelerate the formation of a dairy industry chain of "large-scale planting of forage grass-standard breeding of dairy cows-driven by leading enterprises", and the development of dairy industry has entered the fast lane. However, while the dairy industry in Henan is developing rapidly, it is also facing a series of problems such as imperfect industrial chain, poor consumption capacity of dairy products, and weak scientific and technological research and development strength. Henan should adhere to problem-oriented and systematic thinking, coordinate the expansion of domestic demand and deepen the supply-side structural reform, and continuously increase policy support for the dairy industry; increase investment in science and technology; Strengthen consumption guidance and take multiple measures to help the high-quality development of the dairy industry.

Keywords: Dairy Industry; High-quality Development; Henan

B.7 Research on the Development Status and Countermeasures

for the Development of Rural Specialty Industries in Henan

—*Research based on six cities in northern Henan*   *Li Jingyuan* / 098

Abstract: Rural Specialty Industry is an important part of rural industry, which is a minority and diversified rural industry with distinct regional characteristics, covering characteristic processing and manufacturing industry, characteristic handicraft industry, trade circulation industry, leisure tourism, new service industry, characteristic cultural industry, etc. The development of rural specialty industry industries is one of the paths of industrial prosperity, and is an important way to comprehensively promote rural revitalization and promote the common prosperity of rural farmers. Based on the differences in regional resource endowment, the six cities of Anyang, Hebi, Xinxiang, Jiaozuo, Puyang, and Jiyuan have developed rural non-agricultural industries with their own characteristics, and presented more prominent, integrated, concentrated and rich characteristics. But, also want to see, compared with other rural industries, non-agricultural industry faces more serious land property restrictions, investment channels and brain drain, need to tap potential rural specialty industry industry basic elements, in security land index, flexible funding sources, stimulate vitality, guide the industry transformation to take effective measures.

Keywords: Rural Specialty Industry; Rural Revitalization; Northern Henan Region

B.8   Research on the Path and Countermeasures of Empowering

Rural Industrial Integration Development in Henan

Province with Agricultural New Quality Productivity

Ma Yinlong / 108

Abstract: Rural industrial integration is the internal division of labor in rural areas achieved through the redistribution and reorganization of agriculture and its related industries between urban and rural areas. As a major agricultural province, how to take the opportunity of urban-rural integration development and fully leverage the driving effect of agricultural new quality productivity on rural industrial integration in Henan is a highly valuable research question. At present, the new quality productivity of agriculture in Henan Province is gradually forming, and the integration of rural industries has achieved rapid development. However, both the new quality productivity of agriculture and the integration of rural industries are facing problems such as an incomplete development system, low overall level, and uncoordinated internal structure. Therefore, Henan should promote appropriate scale operation of rural land and rural labor transfer, strengthen the integration of urban and rural markets, promote the expansion and upgrading of rural consumption, actively mobilize external factors that help to leverage agricultural new quality productivity to drive rural industrial integration, and thereby enhance the driving effect of agricultural new quality productivity on rural industrial integration.

Keywords: Urban-rural Integration; Agriculture New Quality Productivity; Rural Industry Integration

B.9 Analysis of the Development Trend and Policy Suggestions for Agricultural Products E-commerce in Henan Province

Research Group of Agricultural Products Online Retail / 117

Abstract: This article provides a comprehensive analysis of the online retail data of agricultural products in Henan Province for the first half of 2024. It objectively presents the current state of the industry, highlighting the overall expansion of the retail scale, a moderating growth rate, concentrated category sales, a tiered regional distribution, distinct platform sales features, and an imbalance in brand distribution. The report delves into the development opportunities faced by Henan's agricultural product online retail, such as the support from new e-commerce, leadership through branding, empowerment through digitalization, and the promotion of rural revitalization. It further dissects the real challenges, including the need to uncover development momentum, improve development balance, enhance the influence of high-quality agricultural products, and strengthen the e-commerce brand effect. Based on this analysis, the report proposes strategies to enhance digital empowerment, coordinate overall development, increase the cultivation of high-quality agricultural products, and raise brand awareness to promote the high-quality development of online retail of agricultural products in Henan Province.

Keywords: Agricultural Products; E-commerce; Henan

Abstract: Improving the socialized agricultural service system is an important reform deployment made at the Third Plenary Session of the 20th Central Committee of the Communist Party of China, and it is also an important content emphasized in the No. 1 Document of the Henan Provincial Party Committee in 2024 to build a modern agricultural strong province. A sound agricultural socialized service system is helpful in stabilizing grain production, developing rural industries, and promoting rural construction, which is of great significance for promoting the integrated development of urban and rural areas and common prosperity. In recent years, the construction of agricultural socialized service system in Henan has made great progress, laying a solid foundation for comprehensively promoting the construction of Chinese path to modernization in Henan. However, it still faces external and internal challenges, but the favorable conditions are stronger than the unfavorable factors. It is necessary to further deepen reform, increase the input of funds, science and technology and talents, actively develop agricultural productive services, and continuously improve the rural public service capacity to continuously improve and perfect the agricultural socialized service system, so as to promote the integrated development of urban and rural areas in Henan.

Keywords: Agricultural Service Industry; Socialized Services; Urban-rural Integration Development

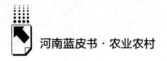

Ⅳ Urban-rural spatial integration

B.11 The Logic and Path of Integrated Urban-rural Development
in Henan Province from the Perspective of Chinese
Path to Modernization   *Qiao Yufeng* / 148

Abstract: Integrated urban-rural development is an inevitable requirement of Chinese path to modernization. Henan province has a large rural population. The urbanization rate of permanent residents is lower than the national average level. The problems of unbalanced and insufficient urban-rural development are prominent. Breaking the urban-rural dual structure, promoting equal exchange and two-way flow of urban-rural factors, and narrowing the urban-rural gap are the top priorities for high-quality development in Henan. The construction of urban-rural factor markets in Henan faces institutional obstacles. The coordinated development of urban-rural industries requires structural adjustments. The equalization of urban-rural public services needs functional improvement. We must adhere to giving priority to agricultural and rural development, coordinate new industrialization, new urbanization and comprehensive rural revitalization, improve the two-way flow mechanism of urban-rural factors, improve the efficiency of resource allocation, promote the upgrading of rural industrial structure, broaden farmers' income channels, strengthen the supply of basic rural public services, realize urban-rural inclusive sharing, improve the institutional mechanism of new urbanization, and ensure integrated urban-rural development.

Keywords: Integrated Urban-rural Development; New Urbanization; Comprehensive Rural Revitalization; Henan

Abstract: The integration of urban and rural development is the inevitable requirement of Chinese modernization. Since Xuchang was designated as the National Experimental Zone for Urban-Rural Integration Development in 2019, it has continuously promoted the strategic design and policy integration of urban-rural integration, further promoted urban-rural industrial integration and green and low-carbon transformation, solidly promoted the co-construction and sharing of infrastructure and public services, and continuously deepened agricultural and rural reform and the flow of urban-rural factors. The urban-rural integration has continued to deepen, the integration momentum has continued to increase, the urban-rural reform has continued to deepen, and the business environment has continued to be optimized. The pilot project of exploring urban-rural integration development in Xuchang City shows that to promote urban-rural integration, it is necessary to strengthen the guidance of central cities, consolidate the support of real economy, build a solid county economic chassis, innovate the municipal governance system, promote experimental demonstration integration, and effectively promote the common prosperity of farmers and rural areas and the comprehensive revitalization of rural areas.

Keywords: Urban-rural Integration; Agricultural and Rural Reform; Common Prosperity

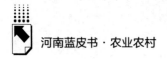

B . 13   Research and Reflections on the High-quality Development
of County Economy in the Central Region

Research Group of Henan Academy of Social Sciences / 173

Abstract: In recent years, the central region has been promoting the high-quality development of county-level economies by highlighting mechanism innovation, cluster aggregation, integration into economic circles, reform empowerment, and urban-rural integration, with remarkable achievements in county-level economic development. The high-quality development of the county economy in central China mainly lies in the following aspects: paying attention to coordinated efforts and differentiated development, paying attention to multi-dimensional integration and multi-dimensional transformation, paying attention to the dual role of government and market, and paying attention to positive incentives and the creation of exemplary models. Based on this, it is suggested that Henan should deepen reform and development, strengthen top-level planning for county development, enhance the industrial development level of county areas through intensifying industrial chain integration and cooperation, fill the shortcomings of county development, implement the action plan for enhancing the quality of county towns, enhance the vitality of county-level economic development by improving the business environment, and stimulate the driving force of county-level economic development by improving the incentive mechanism.

Keywords: County Economy; High-quality Development; The Central Region

V   Urban-rural Coordinated Reform

B . 14   Exploration and Realization Path of Farmland Management
Optimization in Henan Province from the Perspective of
Farmer Differentiation   *Liu Yihang* / 184

Abstract: With the modernization of agriculture and rural areas and the continuous optimization of the agricultural industrial structure in Henan, the production and operation methods of rural households have also undergone a series of evolutions, and have shown a diversified development model. Based on the differences in the main logic of rural households, the reform of agricultural management methods and the improvement of agricultural socialized service system, the structural differentiation of rural households provides internal motivation and external conditions, and they are divided into different types of subsistence farmers, part-time farmers, production farmers and exit farmers, and the behavioral logic of different types of farmers will directly affect the farmland management mode. Therefore, under the structural differentiation of rural households, the management of farmland in Henan should be combined with the characteristics of the main differentiation of rural households to design more precise support policies, give full play to the diversified role and development ability of rural households, and promote the development of modern agriculture and the comprehensive revitalization of rural areas.

Keywords: Differentiation of Peasant Households; Farmland Management; Smallholder Economy; Henan

Abstract: While the grain output in Henan Province has been increasing year by year, the soil productivity has been declining due to low grain production efficiency, lack of farmers' enthusiasm for grain cultivation, reduced input, and extensive farming practices. The problem of land quality arises from the combined effects of factors such as decreasing profit margins for grain farming, agricultural diversification, and fragmentation of land ownership. Establishing a long-term mechanism to improve land quality means completely eliminating the unfavorable factors that affect soil quality from the institutional incentives. This article puts forward corresponding policy recommendations to address these issues: deepen the strategy of storing grain in the land, plan high-standard grain fields with a new perspective, continue to carry out actions to protect and improve the quality of cultivated land, accelerate the promotion of moderate-scale farming, focus on developing agricultural production services for small farmers, deepen the reform of "three rights division" of rural land, improve the long-term mechanism for improving the quality of cultivated land, and stimulate the enthusiasm of local governments and farmers to plant crops.

Keywords: Land Quality; Cultivated Land Fragmentation; Moderate-scale Farming

B.16 Difficulties and Countermeasures of Establishing Inter-provincial Horizontal Benefit Compensation Mechanism for Main Grain Producing and Marketing Areas

Miao Jie / 205

Abstract: Establishing inter-provincial horizontal benefit compensation mechanism for main grain production and marketing areas is an effective way to improve the benefit compensation mechanism in the main producing areas, a major measure to ensure China's food security and an important manifestation of promoting regional coordinated development. Due to the difficulty in statistics of grain circulation data between provinces, the complexity of benefit compensation standard accounting, the great impact on the benefits of some regions, and the lack of mature experience for reference, there are still many difficulties in the implementation of inter-provincial benefit compensation mechanism. It is necessary to coordinate the multi-objectives of economy, society and ecology, as well as the links of grain production, circulation and consumption, and coordinate the relationship between the central and local governments, production areas and sales areas. On the basis of re-division and adjustment of grain production and sales areas, we should speed up the implementation of horizontal benefit compensation mechanism, expand multi-form and multi-channel compensation methods, and innovate compensation policy tools and realization paths. As a major grain producing area and a grain-exporting province, Henan should clarify the actual needs of the inter-provincial horizontal benefit compensation mechanism as soon as possible, rely on counterpart cooperation to carry out pilot trials, and explore the relevant content of horizontal benefit compensation.

Keywords: Main Grain Producing Areas; Main Grain Marketing Areas; Horizontal Benefit Compensation Mechanism; Food Security; Regional Coordination

B.17 Exploration and Enlightenment of the Mechanism for
Realizing the Value of Ecological Products
in Henan Province *Sun Yueyue* / 216

Abstract: Exploring the value realization of ecological products is of great significance for meeting the needs of the people for a better life, accelerating the development of new quality productive forces, and achieving common prosperity. In recent years, various regions in Henan Province have combined their own realities, relied on ecological endowments, leveraged resource advantages, actively expanded the path of realizing the value of ecological products, carried out diversified and multi-level innovative practices, and achieved many valuable experiences and progress, initially forming the Nanyang model, Sanmenxia model, and Xinyang model. In future development, it is necessary to adhere to the original intention of ecological protection and take into account the benefits of economic development; Fully leverage the role of the market and strengthen financial policy support; Build an ecological trading platform and innovate value monetization models.

Keywords: Green Development; Ecological Product Value Realization; Henan Province

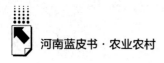

B.18 Actively Explore Effective Forms of Realization of New
Rural Collective Economy

—*Based on the Research and Reflections of Hebi City*

Research Group of Henan Academy of Social Sciences / 228

Abstract: Exploring effective forms of new rural collective economy is of great
significance for promoting comprehensive rural revitalization, accelerating agricultural
and rural modernization, and achieving common prosperity. In recent years, Hebi
City has actively explored diverse paths to develop and strengthen rural collective
economy. Through selecting good projects, optimizing production relations,
promoting business model innovation, and strengthening joint construction and
sharing, rural collective economy has achieved good results. In developing new-type
rural collective economy, Hebi City has paid attention to organizational leadership,
support and guarantee, resource development and utilization, subject driving, and
interest linkage, which has strong reference value for other areas. To further develop
and strengthen rural collective economy in the province, Henan need to make a
comprehensive plan, focus on using "three types" of people, continuously deepen
the reform of "three changes", strengthen the coordination of the four levels, and
truly ensure the "five layers" of safeguards.

Keywords: New Rural Collective Economy; Rural Realization; Hebi

B.19 Exploration and Enlightenment of Price Formation
Mechanism of Rural Land Transfer

—*Based on the Research of Luoyang City*   *Song Yanfeng* / 239

Abstract: Reasonable land transfer prices are of great significance in
promoting the optimal allocation of factors of production in rural areas, promoting
large-scale operations and raising farmers' incomes. Luoyang was one of the first
cities to pilot the standardization of rural property rights trading, and in practical

work, Luoyang has achieved this through the rational guidance of the government and the effective regulation of the market, as well as the introduction of multiple risk prevention mechanisms. It has formed a pricing model for rural land transfer that combines the guidance price set by the government and the open bidding in the property rights trading market, effectively safeguarding the rights of multiple stakeholders and promoting the healthy development of the land transfer market. The rural land transfer pricing formation mechanism explored in Luoyang indicates that the formation of agricultural land transfer prices should focus on leveraging the new advantage of digitalization to break through the problem of high transaction costs in rural land transfer; rely on the function of village collective economic organizations to break through the problem of low-position transfer in rural land transfer; rely on the function of market allocation of resources to break through the problem of high-position operation in rural land transfer; and rely on the innovation of transaction rule and system to break through the problem of risk management in rural land transfer.

Keywords: Rural Land Transfer Price; Formation of Mechanisms; Rural Property Rights Trading Platform; Luoyang

Ⅵ Optimization of Urban and Rural Governance

B.20 The Process and Countermeasures of Party Building

Leading Rural Governance in Henan Province

Weng Ming / 250

Abstract: The construction of rural party organizations is not only an important part of the comprehensive rural revitalization strategy, but also an important basis for the effective implementation of the strategy, and a prerequisite for party-building-led rural governance. Rural Party organizations should focus on enhancing their organizational strength, highlighting their political functions, and building themselves into strong fortresses of promoting Party's policies,

---

implementing Party's decisions, leading grassroots governance, uniting and mobilizing the masses, and driving reform and development. In recent years, Henan has strengthened rural party organization building with the goal of creating "five-star" party branches, innovated rural governance, and effectively promoted rural revitalization. In the future, we will further strengthen the construction of city, county, and rural governance systems, encourage grassroots cadres to engage in practical innovation, and accelerate the process of modernizing rural governance systems and governance capacity.

Keywords: Rural Party Building; Rural Governance; Rural Revitalization

B.21 Research on the Practical Bottlenecks and Optimization Paths for Higher-level Construction of Peaceful Countryside Under the Background of Urban-rural Integration   *Tian Xuesen* / 264

Abstract: Higher-level construction of peaceful countryside is an important foundation for achieving urban-rural integration and is also an integral part of it. Urban-rural integration has driven changes in the rural security environment, including the emergence of heterogeneity between rural social areas, changes in the structure of cases, events, and social security risks, and public perception. In the new rural security environment, problems that hinder the construction of a higher-level peaceful countryside have become prominent, such as an imperfect institutional system, an imperfect operational mechanism, and insufficient resource elements. It is necessary to jointly apply multiple solutions, including correcting and improving the institutional system, restructuring authority and responsibility to optimize the system and mechanism, and filling in the gaps in elements both internally and externally, in order to ultimately promote the realization of the goal of a higher-level peaceful countryside construction.

Keywords: Urban-rural Integration; Peaceful Countryside Construction; Grassroots Public Security Governance

B.22　Research on Enhancing Agricultural Disaster Prevention,

　　　Reduction and Relief Capability in Henan Province

Zhang Yao / 274

　　Abstract: Effectively preventing and responding to disaster risks, avoiding major impacts on the stable and safe supply of grain and important agricultural products in the province, is crucial for safeguarding the "Central Plains granary" and accelerating the construction of a strong agricultural province. In recent years, Henan has achieved significant results in improving disaster prevention, reduction, and relief systems and mechanisms, technological progress, as well as improving agricultural infrastructure construction and meteorological service levels, which has to some extent reversed the passive situation of agricultural disaster reduction and fluctuation. However, it should also be noted that Henan still has shortcomings and weaknesses such as insufficient understanding of disaster patterns and situations, an incomplete disaster prevention, reduction, and relief system, urgent need to strengthen awareness and professional team building, mismatched resource supply, low level of facilities and equipment, and insufficient technological support capabilities. Comprehensive measures need to be taken from the aspects of concept guidance, system construction, subject coordination, element guarantee, and dynamic transformation to systematically enhance agricultural disaster prevention, reduction, and relief capabilities.

　　Keywords: Agricultural Disaster Prevention, Reduction and Relief; Agricultural Disasters; Henan

B.23　Research on Countermeasures to Promote Sustainable and

　　　Stable Income Increase of Farmers in Henan Province

Zhang Kun / 286

　　Abstract: Promoting sustained and stable income increase for farmers in the

319

new development stage is an inevitable requirement to prevent poverty from returning and achieve common prosperity for farmers. Currently, the income level of farmers in Henan continues to grow and the sources tend to be diversified. Farmers have the highest proportion of wage income, while the proportion of net operating income has slightly decreased. The proportion of net transfer income is relatively high and growing rapidly, while the proportion of net property income is small but there is huge room for growth. The increasing difficulty of non-agricultural employment for farmers, the still low efficiency of agricultural management, the limited effectiveness of rural system reform and assistance policies, and the generally disadvantaged position of farmers are still the main limiting factors for increasing farmers' income in the future. To promote stable income growth for farmers, efforts should be made in four aspects: first, stabilizing non-agricultural employment for farmers and increasing wage income; The second is to build a modern rural industrial system and increase net operating income; Thirdly, we will continue to deepen the reform of the rural property rights system and increase the net income of farmers' property; The fourth is to optimize the rural social assistance system and fill the gaps in rural social welfare.

Keywords: Farmers' Income Increase; Income Structure; Common Prosperity

权威报告·连续出版·独家资源

皮书数据库
ANNUAL REPORT(YEARBOOK)
DATABASE

分析解读当下中国发展变迁的高端智库平台

所获荣誉

- 2022年，入选技术赋能"新闻+"推荐案例
- 2020年，入选全国新闻出版深度融合发展创新案例
- 2019年，入选国家新闻出版署数字出版精品遴选推荐计划
- 2016年，入选"十三五"国家重点电子出版物出版规划骨干工程
- 2013年，荣获"中国出版政府奖·网络出版物奖"提名奖

皮书数据库

"社科数托邦"
微信公众号

成为用户

　　登录网址www.pishu.com.cn访问皮书数据库网站或下载皮书数据库APP，通过手机号码验证或邮箱验证即可成为皮书数据库用户。

用户福利

- 已注册用户购书后可免费获赠100元皮书数据库充值卡。刮开充值卡涂层获取充值密码，登录并进入"会员中心"—"在线充值"—"充值卡充值"，充值成功即可购买和查看数据库内容。
- 用户福利最终解释权归社会科学文献出版社所有。

数据库服务热线：010-59367265
数据库服务QQ：2475522410
数据库服务邮箱：database@ssap.cn
图书销售热线：010-59367070/7028
图书服务QQ：1265056568
图书服务邮箱：duzhe@ssap.cn

社会科学文献出版社 皮书系列
SOCIAL SCIENCES ACADEMIC PRESS (CHINA)

卡号：867539574128
密码：

S 基本子库
SUB DATABASE

中国社会发展数据库（下设 12 个专题子库）

紧扣人口、政治、外交、法律、教育、医疗卫生、资源环境等 12 个社会发展领域的前沿和热点，全面整合专业著作、智库报告、学术资讯、调研数据等类型资源，帮助用户追踪中国社会发展动态、研究社会发展战略与政策、了解社会热点问题、分析社会发展趋势。

中国经济发展数据库（下设 12 专题子库）

内容涵盖宏观经济、产业经济、工业经济、农业经济、财政金融、房地产经济、城市经济、商业贸易等 12 个重点经济领域，为把握经济运行态势、洞察经济发展规律、研判经济发展趋势、进行经济调控决策提供参考和依据。

中国行业发展数据库（下设 17 个专题子库）

以中国国民经济行业分类为依据，覆盖金融业、旅游业、交通运输业、能源矿产业、制造业等 100 多个行业，跟踪分析国民经济相关行业市场运行状况和政策导向，汇集行业发展前沿资讯，为投资、从业及各种经济决策提供理论支撑和实践指导。

中国区域发展数据库（下设 4 个专题子库）

对中国特定区域内的经济、社会、文化等领域现状与发展情况进行深度分析和预测，涉及省级行政区、城市群、城市、农村等不同维度，研究层级至县及县以下行政区，为学者研究地方经济社会宏观态势、经验模式、发展案例提供支撑，为地方政府决策提供参考。

中国文化传媒数据库（下设 18 个专题子库）

内容覆盖文化产业、新闻传播、电影娱乐、文学艺术、群众文化、图书情报等 18 个重点研究领域，聚焦文化传媒领域发展前沿、热点话题、行业实践，服务用户的教学科研、文化投资、企业规划等需要。

世界经济与国际关系数据库（下设 6 个专题子库）

整合世界经济、国际政治、世界文化与科技、全球性问题、国际组织与国际法、区域研究 6 大领域研究成果，对世界经济形势、国际形势进行连续性深度分析，对年度热点问题进行专题解读，为研判全球发展趋势提供事实和数据支持。

法律声明

"皮书系列"（含蓝皮书、绿皮书、黄皮书）之品牌由社会科学文献出版社最早使用并持续至今，现已被中国图书行业所熟知。"皮书系列"的相关商标已在国家商标管理部门商标局注册，包括但不限于LOGO（▓）、皮书、Pishu、经济蓝皮书、社会蓝皮书等。"皮书系列"图书的注册商标专用权及封面设计、版式设计的著作权均为社会科学文献出版社所有。未经社会科学文献出版社书面授权许可，任何使用与"皮书系列"图书注册商标、封面设计、版式设计相同或者近似的文字、图形或其组合的行为均系侵权行为。

经作者授权，本书的专有出版权及信息网络传播权等为社会科学文献出版社享有。未经社会科学文献出版社书面授权许可，任何就本书内容的复制、发行或以数字形式进行网络传播的行为均系侵权行为。

社会科学文献出版社将通过法律途径追究上述侵权行为的法律责任，维护自身合法权益。

欢迎社会各界人士对侵犯社会科学文献出版社上述权利的侵权行为进行举报。电话：010-59367121，电子邮箱：fawubu@ssap.cn。

社会科学文献出版社